潘海颖 赵磊 主编

高等院校经济学管理学系列教材

2016浙江工业大学重点教材立项资助
（立项编号：JC1608）

现代商务礼仪教程

A Guide to Modern Business Etiquette

图书在版编目(CIP)数据

现代商务礼仪教程/潘海颖,赵磊主编. —北京:北京大学出版社,2017.1
(高等院校经济学管理学系列教材)
ISBN 978-7-301-27947-2

Ⅰ. ①现… Ⅱ. ①潘… ②赵… Ⅲ. ①商务—礼仪—高等学校—教材 Ⅳ. ①F718

中国版本图书馆 CIP 数据核字(2017)第 007812 号

书　　　名	现代商务礼仪教程 XIANDAI SHANGWU LIYI JIAOCHENG
著作责任者	潘海颖　赵　磊　主编
策划编辑	杨丽明　姚文海
责任编辑	朱梅全　杨丽明
标准书号	ISBN 978-7-301-27947-2
出版发行	北京大学出版社
地　　　址	北京市海淀区成府路 205 号　100871
网　　　址	http://www.pup.cn
电子信箱	sdyy_2005@126.com
新浪微博	@北京大学出版社
电　　　话	邮购部 62752015　发行部 62750672　编辑部 021-62071998
印 刷 者	河北滦县鑫华书刊印刷厂
经 销 者	新华书店
	730 毫米×980 毫米　16 开本　19.75 印张　344 千字 2017 年 1 月第 1 版　2020 年 8 月第 2 次印刷
定　　　价	49.00 元

未经许可,不得以任何方式复制或抄袭本书之部分或全部内容。
版权所有,侵权必究
举报电话:010-62752024　电子信箱:fd@pup.pku.edu.cn
图书如有印装质量问题,请与出版部联系,电话:010-62756370

前　言

众所周知,商务礼仪对于构建现代文明社会、合作共赢的商务环境意义重大。从文明基石到职业素养,从文化比较到美学伦理,商务礼仪既是人文化育的厚积薄发,也是生活美学的点滴体现。

商务礼仪是商业活动中,以考虑、尊重和真诚的方式对待他人的学问。子曰:"君子博学于文,约之以礼",良好的人际交往能力和在工作中恰如其分地表现自我的能力,是推动工商管理者实现自我、实现团队目标、实现广泛商业合作的润滑剂。

《现代商务礼仪教程》旨在提升商务人士的人文素养,培育职业精神。通过礼仪文化的讲解,使商务人士重视仪容、仪表和仪态,了解商务礼仪的规范和技能,在商务活动中通过言行举止尊重他人并赢得客户、同事的尊重,使个人形象和组织形象在商务活动中得到提升,展现美好的精神风貌。在当今的商务活动中,团队理念不断受到推崇,工作的流动性在增加,全球化市场中对不同文化差异的重视也与日俱增。为了适应时代和教育教学的要求,需要培养符合经济建设和社会发展需要的应用型高级商务管理人才。本教程的编写基于文化的历史性和整体性,坚持历史观和新实践论,关注形象、关注细节,以多元化的视角,突出国际视野,强调知行合一,以兼容并蓄的姿态引导商务人士体认中西文化,通过细微之处的言行举止提升其文化品位和审美修养,从而培育形象气质俱佳、富有人格魅力的高级工商管理者。

本教程由文化篇、标准篇、行为篇三个部分组成。第一部分"文化篇"由"人文化育"的理念出发,以礼仪文化、社会伦理和审美文化的视角,引导商务人士重视人文教养、审美修养、职业素养、精神信仰的习得和养成,从厚基础、小细节入手,让礼仪内化于心、外化于形。第二部分"标准篇"主要介绍个人礼仪行为举止规范,通过仪态、仪表、仪容三个方面展开,让商务人士了解如何在商务环境中体现良好的个人形象。第三部分"行为篇"由商务交往、通信联络、会务仪典、商务宴请、对外礼宾等内容组成,探讨不同商务情境下如何与人成功相处,以更好地提升组织形象。

《现代商务礼仪教程》重视中西文化比较,使商务人士既了解历史传承,又能与时俱进;坚持应用导向和实践导向,如各章以礼仪小故事导入,章后增加案例分析和模拟实训,目的在于使学生通过课堂参与和案例的解读分析,通过观摩和研讨,融会贯通,深入领会礼仪文化之精髓,达到知行合一之目标。

"现代商务礼仪"是以礼仪文化为基础的实践课程,其重要特点是与时俱进、中西合璧。本课程牵涉诸多文化,尤其是美学、伦理学的背景知识,意在引导商务人士以全球化视野、多元化视角、批判性思维,以高远的"担承自己、担承人类命运"的使命感,安顿生命、成己成物;通过学习,认识商务活动中礼仪规范的重要性,掌握商务活动中的礼仪交往原则和规范,既了解传统中西文化对礼仪的影响,也时时关注时尚发展动态,"传统—现代—国际化",三者不可或缺,达到礼仪内化于心、外化于行的目标。

《现代商务礼仪教程》各章节编著工作分工如下:潘海颖承担第一、第二、第三、第五章,李敏承担第四、第六章,赵磊承担第七、第八、第十一章,王崧承担第九、第十章。

参与商务礼仪教学和培训工作多年,一直酝酿出版关于商务礼仪的教材。《现代商务礼仪教程》终于脱稿,即将付梓。在此,衷心感谢浙江工业大学重点教材的立项资助,感谢浙江工业大学 MBA 中心和经贸管理学院同事们的鼎力相助,感谢北京大学出版社杨丽明编辑的认可和勤奋工作,感谢研究生孙金艺、黄建同学帮助查找资料和梳理文本,感谢多年来为我提供商务礼仪讲台的各类组织机构。

每次在商务礼仪课程的结束篇章中,我都会与学员分享《论语》中的一句话:"兴于诗,立于礼,成于乐。""诗"能以情动人,还能"正人心";"礼"能树立是非标准,使人循规蹈矩;"乐"能使人化于规矩,更具有快乐的意味,同美好人生的现实追求联系在一起。

纷繁复杂的商务环境,挑战与机会并存;跌宕起伏的人生路上,困难与喜乐相伴。"从心所欲而不逾矩"是境界,更是路径——敬畏、感恩、坚守、前行。

潘海颖
2016 年 7 月于磐石斋

目录
Contents

文化篇

第一章 礼仪文化 (3)
 第一节 礼仪的起源与发展 (4)
 第二节 中西方礼仪的差异 (14)
 第三节 礼仪的内涵和原则 (17)
 第四节 学习礼仪的意义和方法 (24)

第二章 礼仪与伦理 (29)
 第一节 礼仪与德行 (30)
 第二节 中国儒家伦理与礼仪 (32)
 第三节 礼仪公共性与公民道德 (35)
 第四节 道德多样性 (38)
 第五节 商业伦理与职业道德建设 (41)

第三章 礼仪与审美 (52)
 第一节 中国传统文化之审美化育 (53)
 第二节 审美修养 (61)
 第三节 日常生活审美化 (67)

标准篇

第四章　仪容礼仪 …………………………………………… (77)
　　第一节　仪容之美 ………………………………………… (77)
　　第二节　面部保养与修饰 ………………………………… (80)
　　第三节　头发保养与修饰 ………………………………… (89)
　　第四节　肢体保养与规范 ………………………………… (95)

第五章　仪表礼仪 …………………………………………… (98)
　　第一节　着装原则 ………………………………………… (99)
　　第二节　服饰三美 ………………………………………… (99)
　　第三节　男士仪表 ………………………………………… (104)
　　第四节　女士仪表 ………………………………………… (107)
　　第五节　气质与风格 ……………………………………… (110)

第六章　仪态礼仪 …………………………………………… (118)
　　第一节　仪态之美 ………………………………………… (119)
　　第二节　仪态 ……………………………………………… (121)
　　第三节　表情与手势 ……………………………………… (142)
　　第四节　行为礼仪 ………………………………………… (152)

行为篇

第七章　商务交往礼仪 ……………………………………… (167)
　　第一节　见面行礼 ………………………………………… (168)
　　第二节　介绍与称呼 ……………………………………… (176)
　　第三节　名片的使用 ……………………………………… (181)
　　第四节　邀请与拜访 ……………………………………… (185)
　　第五节　聚会礼仪 ………………………………………… (196)
　　第六节　馈赠礼仪 ………………………………………… (207)

第八章　商务通信联络礼仪 …………………………………（213）
 第一节　电话礼仪 ……………………………………………（214）
 第二节　传真 …………………………………………………（224）
 第三节　电子邮件 ……………………………………………（226）

第九章　会务仪典礼仪 ……………………………………………（234）
 第一节　签约仪式 ……………………………………………（234）
 第二节　开业典礼 ……………………………………………（238）
 第三节　剪彩仪式 ……………………………………………（242）
 第四节　庆典与颁奖会 ………………………………………（247）
 第五节　新闻发布会 …………………………………………（249）

第十章　商务宴请礼仪 ……………………………………………（263）
 第一节　宴请的形式与特点 …………………………………（263）
 第二节　宴请筹备与出席 ……………………………………（268）
 第三节　用餐礼仪 ……………………………………………（277）

第十一章　涉外礼仪礼宾 …………………………………………（287）
 第一节　涉外商务礼仪概述 …………………………………（288）
 第二节　各国商务礼俗及禁忌 ………………………………（290）

参考文献 ……………………………………………………………（308）

文 化 篇

第一章 礼仪文化

☞ 学习目标

1. 了解什么是礼,了解中西方礼仪的起源以及发展过程。
2. 了解中西方礼仪文化的差异。
3. 掌握礼仪的含义、特征以及原则。
4. 了解学习礼仪的现实意义以及掌握学习礼仪的方法。

☞ 情境导入

上世纪60年代中期,美国总统约翰逊应邀访问泰国,泰国电视台现场直播了泰国国王接见约翰逊总统的场面。宾主在贵宾室会谈之际,约翰逊突然站起来走向邻座的王后,与其热烈拥抱,王后窘得手足无措,一旁的国王也尴尬不已。泰国是个君主立宪制国家,按照泰国的宗教要求及王室的礼仪,国王是神圣的,王后更是金玉其身,不能随便触摸。约翰逊并不了解这一习俗,自然未意识到这样做的后果。第二天,泰国的新闻媒体对这件事作了猛烈的抨击,约翰逊被迫快快而归。

1959年,苏联元首赫鲁晓夫访美,在飞机舷梯上向前来迎接的美国人高举双臂,双手在头上相握向群众前后摆动,向他们表示致意和问候,没想到这样的举动却激怒了美国人。原来,这个动作在美国通常是拳击手在比赛中获胜时表达喜悦的方式。当时苏美关系正处于十分微妙的状态,赫鲁晓夫访美表明苏联想改善美苏之间的紧张关系,因而一言一行对双方来说都十分敏感。赫鲁晓夫因不了解美国文化中的这一含义,无形中向到场的美国人作出了示威的举动。赫鲁晓夫的女儿拉达·尼基季齐娜在回忆父亲的往事时,曾这样说道:"当时站在大道两边,手拿苏联和美国小旗帜的人群都一声不吭,用一种诧异的目光看着我们。"她当时怎么也不会想到,父亲的这一手势在美国人的心中所造成的伤害。

第一节 礼仪的起源与发展

一、礼仪概述

礼仪是人类文明发展的产物。礼仪反映着一个民族的精神面貌,是民族凝聚力的体现。中国自古就被誉为"礼仪之邦",礼是中国传统文化的核心所在,是中国社会的基本精神。礼,以其宏大的理论体系,形成了完整的伦理道德和生活行为规范。这个完整的伦理道德、生活行为规范就构成了一种文化,即礼仪文化。

广义的礼是指一个时代的典章制度;狭义的礼则专指人们的行为规范、规矩、礼节等。礼仪是以礼为基础,并通过某种仪式来表现礼的过程。礼仪要求人们在社会活动中的行为按规定的或约定俗成的程序、方式来进行。比如,交谈礼仪、服饰礼仪、社交礼仪以及涉外礼仪等。总之,礼仪涉及人们的衣食住行,涉及人们的交往和沟通。

礼在中国古代是社会的典章制度和道德规范。作为典章制度,它是社会政治制度的体现,是维护上层建筑以及与之相适应的人与人交往中的礼节仪式。作为道德规范,它是国家领导者和贵族等一切行为的标准和要求。在孔子以前已有夏礼、殷礼、周礼。夏、殷、周三代之礼,因革相沿,到周公时代的周礼,已比较完善。作为观念形态的礼,在孔子的思想体系中是同"仁"分不开的。孔子说:"人而不仁,如礼何?"他主张"道之以德,齐之以礼"的德治,打破了"礼不下庶人"的限制。到了战国时期,孟子把仁、义、礼、智作为基本的道德规范,礼为"辞让之心",成为人的德行之一。荀子比孟子更为重视礼,他著有《礼论》,论证了"礼"的起源和社会作用。他认为,礼使社会上的每个人在贵贱、长幼、贫富的等级制中都有恰当的地位。在长期的历史发展中,礼作为中国社会的道德规范和生活准则,对中华民族素质的培养起到了重要作用;同时,随着社会的变革和发展,礼不断被赋予新的内容,不断发生着改变和调整。在封建时代,礼是维持社会、政治秩序,巩固等级制度,调整人与人之间的各种社会关系和权利义务的规范和准则。礼既是中国古代法律的渊源之一,也是古代法律的重要组成部分。

礼的中心是社会关系,所有的社会结构都是从礼衍生出来的。从某种意义上说,礼是社会关系的表达。儒家的"礼"不是仅指一般的礼仪,礼仪是遵循礼(社会关系)的一种表达形式,有什么样的社会关系就有什么样的礼,所以三代(夏、商、周)不同礼。因此,礼也是与时俱进的。礼有三方面的内容:一是指治理国家的典章制度;二是指古代社会生活所形成的行为规范和交往仪式的礼制,以及待人接物之道;三是对社会成员具有约束力的道德规范。我们今天所说的礼主要是指第二方面,把人内心待人接物的真诚通过美好的仪表、规范的仪式表现出来即为礼仪。简而言之,"礼",即礼貌、礼节;"仪",即仪表、仪态、仪式。遵行礼仪就是要在思想上对对方有尊敬之意,有真诚之心;举止谈吐懂得礼仪规矩;外表上注重仪容、仪态、服饰和风度;在一些特殊场合还要遵守一定的规章典制等。

二、中国礼仪的起源与发展

礼仪起源于祭祀和习俗。从理论上说,礼仪是人类在生存和发展过程中,为协调人与自然、人与人之间的主观和客观矛盾,为寻求欲望与条件之间的平衡,逐步积累而形成的。纵观世界各地的文化,礼仪的形成和发展与人类及人类社会的演进和发展是密不可分的;同时,其形式、内容、社会功能等在不同的历史阶段也是有区别的。

(一)礼仪的萌芽时期(公元前5万年至公元前1万年)

礼仪起源于原始社会时期,在长达一百多万年的原始社会历史中,人类逐渐开化。在原始社会中晚期(约旧石器时期)出现了早期礼仪的萌芽。例如,生活在距今约1.8万年前的北京周口店山顶洞人,就已经知道打扮自己。他们用穿孔的兽齿、石珠作为装饰品,挂在脖子上。他们在去世的族人身旁撒放赤铁矿粉,举行原始宗教仪式,这是迄今为止在中国发现的最早的葬仪。

(二)礼仪的草创时期(公元前1万年至公元前22世纪)

公元前1万年左右,人类进入新石器时期,不仅能制作精细的磨光石器,并且开始从事农耕和畜牧。在其后数千年岁月里,原始礼仪渐具雏形。例如在今西安附近的半坡遗址中,发现了距今约五千年前的半坡村人的公共墓地。墓地中坑位排列有序,死者的身份有所区别,有带殉葬品的仰身葬,还有无殉葬品的俯身葬等。此外,仰韶文化时期的其他遗址及有关资料表明,当时人们已经注意尊卑有序、男女有别。长辈坐上席,晚辈坐下席;男子坐左边,女子坐右边等礼仪日趋明确。

(三)礼仪的形成时期(公元前21世纪至公元前771年)

约公元前21世纪至公元前771年,中国由金石并用时代进入青铜时代。金属器的使用,使农业、畜牧业、手工业生产跃上一个新台阶。随着生活水平的提高,社会财富除消费外有了剩余并逐渐集中在少数人手里,因而出现阶级对立,原始社会由此解体。

公元前21世纪至公元前15世纪的夏代,开始从中国原始社会末期向早期奴隶社会过渡。在此期间,尊神活动升温。

在原始社会,由于缺乏科学知识,人们不理解一些自然现象。他们猜想,照耀大地的太阳是神,风有风神,河有河神……因此,他们敬畏"天神",祭祀"天神"。从某种意义上说,早期礼仪包含原始社会人类生活的若干准则,又是原始社会宗教信仰的产物。礼的繁体字"禮",左边代表神,右边是向神进贡的祭物。因此,汉代学者许慎说:"礼,履也,所以事神致福也。"(《说文解字》)

图 1-1　祭祀

(图片来源:百度图库)

以殷墟为中心展开活动的殷人,在公元前14世纪至前11世纪活跃在华夏大地。他们建造了中国第一个古都——地处现河南安阳的殷都,他们不仅拥有婚礼习俗,而且尊神、信鬼非常普遍。

推翻殷王朝并取而代之的周朝,对礼仪建树颇多。特别是周武王的兄弟、辅佐周成王的周公,对周代礼制的确立起到了重要作用。他制作礼乐,将人们的行为举止、心理情操等统统纳入一个尊卑有序的模式之中。全面介绍周朝制度的《周礼》(又名《周官》),是中国流传至今的第一部礼仪专著。《周礼》,本为一官职表,后经整理,成为讲述周朝典章制度的书。《周礼》原有6篇,详细介绍六类官名及其职权,现存5篇,第6篇用《考工记》弥补。六官分别称为天官、地官、春官、夏官、秋官、冬官。其中,天官主管宫事、财货等;地官主管教育、市政等;春官主管五礼、乐舞等;夏官主管军旅、边防等;秋官主管刑法、外交等;冬官主管土木建筑等。

春官主管的五礼即吉礼、凶礼、宾礼、军礼、嘉礼,是周朝礼仪制度的重要方面。吉礼,指祭祀的典礼;凶礼,主要指丧葬礼仪;宾礼,指诸侯对天子的朝觐及诸侯之间的会盟等礼节;军礼,主要包括阅兵、出师等仪式;嘉礼,包括冠礼、婚礼、乡饮酒礼等。由此可见,许多基本礼仪在商末周初已基本形成。此外,成书于商周之际的《易经》和在周代大体定型的《诗经》,也有一些涉及礼仪的内容。

在西周,青铜礼器是个人身份的表征。礼器的多寡代表身份地位高低,形制的大小显示权力等级。当时,贵族流行佩带成组的饰玉。相见礼和婚礼(包括纳采、问名、纳吉、纳徵、请期、亲迎"六礼")成为定式,流行民间。此外,尊老爱幼等礼仪,也已明显确立。

图1-2 古代鞠躬礼

(图片来源:百度图库)

(四)礼仪的发展、变革时期(公元前770—公元前221年,东周时期)

西周末期,王室衰微,诸侯纷起争霸。公元前770年,周平王东迁洛邑,史称东周。承继西周的东周王朝已无力全面恪守传统礼制,出现了所谓"礼崩乐坏"的局面。

春秋战国时期是我国奴隶社会向封建社会转型的时期。在此期间,相继涌现出孔子、孟子、荀子等思想巨人,发展和革新了礼仪理论。

孔子(公元前551年—公元前479年)是中国古代大思想家、大教育家,他首开私人讲学之风,打破贵族垄断教育的局面。他删《诗》《书》,定《礼》《乐》,赞《周易》,修《春秋》,为历史文化的整理和保存做出了重要贡献。他编订的《仪礼》,详细记录了战国以前贵族生活的各种礼节仪式。《仪礼》与前述《周礼》和孔门后学编的《礼记》,合称"三礼",是中国古代最早、最重要的礼仪著作。

孔子认为,"不学礼,无以立"。(《论语·季氏篇》)"质胜文则野,文胜质则史。文质彬彬,然后君子。"(《论语·雍也》)他要求人们用道德规范约束自己的行为,要做到"非礼勿视,非礼勿听,非礼勿言,非礼勿动"。(《论语·颜渊》)他倡导的"仁者爱人",强调人与人之间要有同情心,要互相关心,彼此尊重。总之,孔子较系统地阐述了礼及礼仪的本质与功能,把礼仪理论提高到一个新的高度。

孟子(约公元前372—公元前289年)是战国时期儒家主要代表人物。在政治思想上,孟子把孔子的"仁学"思想加以发展,提出了"王道""仁政"的学说和民贵君轻说,主张"以德服人"。在道德修养方面,他主张"舍生而取义"。(《孟子·告子上》),讲究"修身"和培养"浩然之气"等。

荀子(约公元前298—公元前238年)是战国末期的大思想家。他主张"隆礼""重法",提倡礼法并重。他说:"礼者,贵贱有等,长幼有差,贫富轻重皆有称者也。"(《荀子·富国》)荀子指出:"礼之于正国家也,如权衡之于轻重也,如绳墨之于曲直也。故人无礼不生,事无礼不成,国家无礼不宁。"(《荀子·大略》)荀子还提出,不仅要有礼治,还要有法治。只有尊崇礼,法制完备,国家才能安宁。荀子重视客观环境对人性的影响,倡导学而至善。

(五)礼仪的强化时期(公元前221—公元1796年)

公元前221年,秦王嬴政最终吞并六国,建立起中国历史上第一个中央集权的封建王朝,秦始皇在全国推行"书同文"、"车同轨"、"行同伦"。秦朝制定的集权制度,成为后来延续两千余年的封建体制的基础。

西汉初期,叔孙通协助汉高帝刘邦制定了朝礼之仪,突出发展了礼的仪式和礼节。西汉思想家董仲舒(公元前179—公元前104年)把封建专制制度的理论系统化,提出"唯天子受命于天,天下受命于天子"的"天人感应"之说。(《汉书·董仲舒传》)他把儒家礼仪具体概况为"三纲五常"。"三纲"即"君为臣纲,父为子纲,夫为妻纲"。"五常"即仁、义、礼、智、信。汉武帝刘彻采纳董仲舒"罢黜百家,独尊儒术"的建议,使儒家礼教成为定制。

第一章 礼仪文化 9

图1-3 礼乐之礼

(图片来源:百度图库)

汉代时,孔门后学编撰的《礼记》问世。《礼记》共计49篇,包罗宏富。其中,有讲述古代风俗的《曲礼》(第1篇);有谈论古代饮食居住进化概况的《礼运》(第9篇);有记录家庭礼仪的《内则》(第12篇);有记载服饰制度的《玉藻》(第13篇);有论述师生关系的《学记》(第18篇);还有教导人们道德修养的途径和方法,即"修身、齐家、治国、平天下"的《大学》(第42篇)等。总之,《礼记》堪称集上古礼仪之大成,上承奴隶社会、下启封建社会的礼仪汇集,是封建时代礼仪的主要源泉。

盛唐时期,《礼记》由"记"上升为"经",成为"礼经"三书之一(另外两本为《周礼》和《仪礼》)。

宋代时,出现了以儒家思想为基础,兼容道学、佛学思想的理学,程颐兄弟和朱熹为其主要代表。二程认为:"父子君臣,天下之定理,无所逃于天地之间。"(《二程遗书》卷五)"礼即是理也。"(《二程遗书》卷二十五)朱熹进一步指出:"仁莫大于父子,义莫大于君臣,是谓三纲之要,五常之本。人伦天理之至,无所逃于天地间。"(《朱子文集·未垂拱奏礼·二》)朱熹的论述使二程"天理"

说更加严密、精致。家庭礼仪研究硕果累累,是宋代礼仪发展的另一个特点。在大量家庭礼仪著作中,以撰《资治通鉴》而名垂青史的北宋史学家司马光(1019—1086年)的《涑水家仪》和以《四书集注》名扬天下的南宋理学家朱熹(1130—1200年)的《朱子家礼》最著名。明代时,交友之礼更加完善,而忠、孝、节、义等礼仪日趋繁多。

(六)礼仪的衰落时期(1796—1911年)

满族入关后,逐渐接受了汉族的礼制,并使其复杂化,导致一些礼仪日渐虚浮和烦琐。例如清代的品官相见礼,当品级低者向品级高者行拜礼时,动辄一跪三叩,重则三跪九叩。(《大清会典》)清代后期,清王朝政权腐败,民不聊生。古代礼仪盛极而衰。伴随着西学东渐,一些西方礼仪传入中国,北洋新军时期的陆军便采用西方军队的举手礼等,以代替不合时宜的打千礼等。

(七)现代礼仪时期(1911—1949年,民国时期)

1911年年末,清王朝土崩瓦解,当时远在美国的孙中山先生(1866—1925年)赶回祖国,于1912年1月1日在南京就任中华民国临时大总统。孙中山先生和战友们破旧立新,用民权代替君权,用自由、平等取代宗法等级制;普及教育,废除祭孔读经;改易陋俗,剪辫子、禁缠足等,从而正式拉开现代礼仪的帷幕。民国期间,由西方传入中国的握手礼开始流行于上层社会,后逐渐普及民间。

20世纪三四十年代,中国共产党领导的苏区、解放区,重视文化教育事业及移风易俗,进而谱写了现代礼仪的新篇章。

(八)当代礼仪时期(1949年至今)

1949年10月1日,中华人民共和国宣告成立,中国的礼仪建设从此进入一个崭新的历史时期。这个时期礼仪的发展大致可以分为三个阶段:

1. 礼仪革新阶段(1949—1966年)

1949年至1966年,是中国当代礼仪发展史上的革新阶段。此间,摒弃了昔日束缚人们的"神权天命""愚忠愚孝"以及严重束缚妇女的"三从四德"等封建礼教,确立了同志式的合作互助关系和男女平等的新型社会关系,而尊老爱幼、讲究信义、以诚待人、先人后己、礼尚往来等中国传统礼仪中的精华,则得到继承和发扬。

2. 礼仪退化阶段(1966—1976年)

1966年至1976年,中国进行了"文化大革命"。十年动乱使国家遭受了难以弥补的严重损失,也给礼仪带来一场"浩劫"。许多优良的传统礼仪,被当作"封资修"货色扫进垃圾堆。礼仪受到摧残,社会风气恶化。

3. 礼仪复兴阶段(1977年至今)

1978年党的十一届三中全会以来,中国的礼仪建设进入新的全面复兴时期。从推行文明礼貌用语到积极树立行业新风,从开展"18岁成人仪式教育活动"到制定市民文明公约,各行各业的礼仪规范纷纷出台,"礼仪"问题重新得到国家的重视。《公共关系报》《现代交际》等一批涉及礼仪的报刊应运而出,《中国应用礼仪大全》《称谓大辞典》《外国习俗与礼仪》等介绍、研究礼仪的图书、辞典、教材不断问世。广阔的华夏大地上再度兴起礼仪文化热,具有优良文化传统的中华民族又掀起了精神文明建设的新高潮。

三、西方礼仪的起源与发展

礼仪是人们在日常生活中为维持社会正常秩序所需要的一种行为规范。西方礼仪,实际上是以西欧为中心而形成的欧洲礼仪,也影响着一些欧化的国家如美国、加拿大、澳大利亚等。在西方国家,"礼"最初是指上层社会中的一种行为准则以及宫廷规则,或者官员生活当中被公认的交际标准。法国的国王路易十四把"礼仪"(etiquette)这个词语推广并普及到西方各个国家。当年,在一次大型的宴会中,每一个客人手中持有一张卡片,里边书写了每人需要遵循的行为标准。而卡片在法文当中相对应的词就是etiquette,从此以后,etiquette就被赋予一种特殊的含义,成为一整套适应于高层社会交际行为准则的代名词。卡斯迪哥隆(Castiglione)在其著作《朝臣记》(Book of the Couter)中论述了礼的概念,即指朝廷交际中的一种礼仪规范,其中包括言谈、举止以及服饰等。当时,这些礼仪主要是维护贵族与平民之间界限的社会准则,它和我们古代封建社会的"刑不上大夫,礼不下庶人"有异曲同工之效。当今,很多西方国家的礼仪中仍透射着古代欧洲宫廷交际礼仪的影子。

(一) 西方历史的开源——古希腊时期

公元前8世纪到公元前2世纪产生了光辉灿烂的希腊文化,并且为罗马帝国所继承,它所产生的影响一直延续至今。在这一时期,毕达哥拉斯、苏格拉底、柏拉图、亚里士多德等先哲的著作中都有很多关于礼仪的论述。例如毕达哥拉斯(公元前580—前500年)率先提出了"美德即是一种和谐与秩序"的观点;苏格拉底(公元前469—前399年)认为,哲学的任务不在于谈天说地,而在于认识人的内心世界,培植人的道德观念。他不仅教导人们要待人以礼,而且在生活中身体力行,为人师表;柏拉图(公元前427年—前347年)强调教育的重要性,指出理想的四大道德目标:智慧、勇敢、节制、公正;亚里士多德(公元前384年—前322年)指出,德行就是公正。他说:"人类由于志趣善良而有所成就,成为最优良的动物,如果不讲礼法、违背正义,他就堕落为最恶劣的动物。"
(亚里士多德:《政治学》)

爱琴海地区和希腊是亚欧大陆西方古典文明的发源地。约自公元前六千年起,爱琴海诸岛居民开始从事农业生产。此后,相继产生了克里特文化和迈锡尼文化。公元前11世纪,古希腊进入因《荷马史诗》而得名的"荷马时代"。《荷马史诗》包括《伊里亚特》和《奥德赛》两部分。这部著名的叙事诗主要描写特洛伊战役和希腊英雄奥德赛的故事,其中也有关于礼仪的论述。如讲礼貌、守信用的人才受人尊重。

(二) 西方礼仪的形成时期

1世纪末至5世纪,是罗马帝国统治西欧时期。此间,教育理论家昆体良撰写了《雄辩术原理》一书。书中论及罗马帝国的教育情况,认为一个人的道德、礼仪教育应从幼儿期开始。而诗人奥维德通过诗作《爱的艺术》,告诫青年朋友不要贪杯,用餐不可狼吞虎咽。

476年,西罗马帝国灭亡,欧洲开始封建化进程,12至17世纪,是欧洲封建社会鼎盛时期。中世纪欧洲形成的封建等级制,以土地关系为纽带,将封建主与附庸联系在一起。此间制定了严格而烦琐的贵族礼仪、宫廷礼仪等。例如于12世纪写定的冰岛诗集《埃达》,就详尽地叙述了当时用餐的规矩,佳宾贵客居上座,举杯祝酒有讲究等。

(三) 西方礼仪的发展时期

14至16世纪,欧洲进入文艺复兴时期,是礼仪发展的鼎盛时代。文艺复兴以后,欧美的礼仪有了新的发展,从上层社会对遵循礼节的烦琐要求到20世纪中期对优美举止的赞赏,一直到适应社会平等关系的比较简单的礼仪规则。该时期出版的涉及礼仪的名著有:意大利作家加斯梯良编著的《朝臣》,论述了从政的成功之道和礼仪规范及其重要性;尼德兰人文主义者伊拉斯谟(1466—1536年)撰写的《礼貌》,着重论述了个人礼仪和进餐礼仪等,提醒人们讲究道德、清洁卫生和外表美。英国哲学家弗兰西斯·培根(1561—1626年)指出:"一个人若有好的仪容,那对他的名声大有裨益,并且,正如女王伊莎伯拉所说,那就'好像一封永久的推荐书一样'。"(《培根论说文集·论礼节与仪容》)。

17、18世纪是欧洲资产阶级革命浪潮兴起的时期,尼德兰革命、英国革命和法国大革命相继爆发。随着资本主义制度在欧洲的确立和发展,资本主义社会的礼仪逐渐取代封建社会的礼仪。资本主义社会奉行"一切人生而自由、平等"的原则,但由于社会各阶层经济上、政治上、法律上的不平等,因此未能做到真正的自由、平等。不过,资本主义时代也编撰了大量礼仪著作。例如,捷克资产阶级教育家夸美纽斯(1592—1670年)编撰了《青年行为手册》等；英国资产阶级教育思想家约翰·洛克于1693年写了《教育漫话》。《教育漫话》系统地、深入地论述了礼仪的地位、作用以及礼仪教育的意义和方法。德国学者缅南杰斯的礼仪专著《论接待权贵和女士的礼仪，兼论女士如何对男士保持雍容态度》，于1716年在汉堡问世。英国政治家切斯特菲尔德勋爵(1694—1773年)在其名著《教子书》中指出："世间最低微、最贫穷的人都期待从一个绅士身上看到良好的教养，他们有此权利，因为他们在本性上是和你相等的，并不因为教育和财富的缘故而比你低劣。同他们说话时，要非常谦虚、温和，否则，他们会以为你骄傲，而憎恨你。"

纵观西方礼仪发展的轨迹，尤其是20世纪特别是两次世界大战以后，礼仪逐渐变得简单而随意、自由和舒适，突出表现在宗教、服饰、饮食和丧葬喜庆等方面。

现代西方礼仪讲求对等性，即认为礼节、礼貌不是单方的、单向的，而是对等的、双向的。违背了礼仪的对等性，就是失礼行为。由于西方社会最早建立了主张民主与平等的共和制度，礼仪形式便最早、最鲜明地体现出对等性。在平行的官方和商务活动中，礼节应酬必须有来有往、相互对等。属下尊重、服从上司，先对上司敬礼，同时上司要做出相应的礼节表示。不同公司、机构人员来往通常由业务相同、职位相近的人员迎送、陪同、洽谈工作；国家与国家的来往要遵循国际通行礼仪，相互派驻相同等级的外交代表或机构。交际礼仪中最重要的方面是待客，主客双方在接待规格上讲求对等，才能保持稳定的关系。当然，现代礼仪的对等性，不仅仅是规格形式上的对等，也表现为形式与实质、精神与物质的平衡、统一和对等。在某种情况下，对某些个人、公司和国家代表团给予最高的礼遇，或者破格接待，通过这些手段，达到建立友谊、获得实利的目的，这本身也是一种对等的表现。针对这种特性，西方现代学者编撰、出版了不少礼仪书籍，其中比较著名的有：法国学者让·赛尔著的《西方礼节与习俗》，英国学者埃尔西·伯奇·唐纳德编的《现代西方礼仪》，德国作家卡尔·斯莫卡尔著的《请注意您的风度》，美国礼仪专家伊丽莎白·波斯特编的《西方礼仪集萃》以及美国教育家卡耐基编撰的《成功之路丛书》等。

西方礼仪在世界各地继续产生深远的影响。现代化都市是当今社会文明的聚焦处，这种都市生活模式实际上是以西方发达国家生活方式为基本原型。伴随着全球化的进程，一方面，西方礼仪作为西方生活方式的重要内容，仍将对全球各民族的未来生活产生广泛的影响；另一方面，西方礼仪也将受到其他国家和民族礼仪文化的影响。未来各种礼仪将是相互影响、相互融合的。现代文明节奏的加快,科技与信息的高度发达,使得人们的生活节奏与之相适应,服饰变得实用而舒适,饮食简单而富有营养,交际自由而随意。礼仪的发展趋势是,一方面礼仪仍然保持民族风格与特征,另一方面,礼仪的某些内容诸如公共礼仪、社交礼仪等有着走向统一的趋势。

第二节 中西方礼仪的差异

1983年7月,著名史学大师钱穆向美国学者邓尔麟谈及中国文化的特点以及中西文化的区别,认为礼是区别中西方文化的核心。钱穆先生所论如下:

中国文化是由中国士人在许多世纪培养起来的,而中国的士人是相当具有世界性的。与欧洲的文人不同的是,中国士人不管来自何方都有一个共同的文化。在西方人看来,文化与区域相连,各地的风俗和语言就标志着各地的文化。但对中国人来说,文化是宇宙性的,所谓乡俗、风情和方言只代表某一地区。要理解这一区别必须理解"礼"这个概念。在西方语言中没有"礼"的同义词。它是整个中国人世界里一切习俗行为的准则,标志着中国的特殊性。正因为西方语言中没有"礼"这个概念,西方只是用风俗之类的差异来区分文化,似乎文化只是其影响所及地区各种风俗习惯的总和。如果你要了解中国各地的风俗,你就会发现各地的风俗差异很大。即使在无锡县,荡口的风俗也与荣乡不同。国家的这一端与那一端的差别就更大了。然而,无论在哪儿,"礼"都是一样的。"礼"是一个家庭的准则,管理着生死婚嫁等一切家务和外事。同样,"礼"也是一个政府的准则,管辖着一切内务和外交,比如,政府与人民的关系,征兵、签订和约和继承权位等。要理解中国文化非如此不可,因为中国文化不同于风俗习惯。

中国文化还有一个西方文化没有的概念,那就是"族"。你可以说是家。在家里"礼"得到传播,但我们一定要区分"家庭"和"家族"。通过家族,社会关系准则从家庭成员延伸到亲戚。遵守"礼",双方家族所有亲戚的"家族"关系才能存在。换言之。当"礼"被延伸的时候,家族就形成了,"礼"的适用范围再扩大就形成了"民族"。中国人之所以成为民族,就因为"礼"为全中国人民树立了社会关系准则。当实践与"礼"不同之时,便要归咎于当地的风俗或经济,它们才是改变的对象。

(资料来源:〔美〕邓尔麟:《钱穆与七房桥世界》,
蓝桦译,社会科学文献出版社1998年版)

图 1-4　钱穆(宾四)先生像

(图片来源:彭林:《中华传统礼仪概要》,高等教育出版社 2006 年版)

我们可以这样定义,东方礼仪主要指中国、日本、朝鲜、泰国、新加坡等亚洲国家所代表的具有东方民族特点的礼仪文化。西方礼仪主要指流传于欧洲、北美各国的礼仪文化。东西方礼仪的差异性主要体现在以下几个方面:

1. 在对待血缘亲情方面

东方人非常重视家族和血缘关系,"血浓于水"的传统观念根深蒂固,人际关系中最稳定的是血缘关系。每一个家族都有一个大家长,在大家长的带领下团结发展。

西方人独立意识强,相比较而言,重视家庭血缘关系远远不如看重利益关系。他们将责任、义务分得很清楚,责任必须尽到,义务则完全取决于实际能力,绝不勉为其难;处处强调个人拥有的自由,追求个人利益。

2. 在表达形式方面

东方人以"让"为礼,凡事都要礼让三分,与西方人相比,常显得谦逊和含蓄。西方礼仪强调实用、效率,表达率直、坦诚。另外,面对他人夸奖所表现出来的行为,东、西方人也不相同。面对他人的夸奖,中国人常常会说"过奖了""惭愧""我还差得很远"等字眼,表示自己的谦虚;而西方人面对别人真诚的赞美或赞扬,往往会用"谢谢"来表示接受对方的美意。

3. 在礼品馈赠方面

在中国,人际交往特别讲究礼数,重视礼尚往来,往往将礼作为人际交往的媒介和桥梁。东方人送礼的名目繁多,除了重要节日互相拜访需要送礼外,平时的婚、丧、嫁、娶、生日、提职、加薪都可以作为送礼的理由。

西方礼仪强调交际务实,在讲究礼貌的基础上力求简洁便利,反对繁文缛节、过分客套。西方人一般不轻易送礼给别人,除非相互之间建立了较为稳固的人际关系。在送礼形式上也比东方人简单得多。一般情况下,他们既不送过于贵重的礼品,也不送廉价的物品,但却非常重视礼品的包装,特别讲究礼品的文化格调与艺术品位。

同时,在送礼和接受礼品时,东西方也存在着差异。西方人送礼时,总是向受礼人直截了当地说明:"这是我精心为你挑选的礼物,希望你喜欢",或者说"这是最好的礼物"之类的话;西方人一般不推辞别人的礼物,接受礼物时先对送礼者表示感谢,接过礼物后总是当面拆看礼物,并对礼物赞扬一番。而东方人则不同,中国人和日本人在送礼时也费尽心机、精心挑选,但在受礼人面前却总是谦虚而恭敬地说"微薄之礼不成敬意,请笑纳"之类的话。东方人在受礼时,通常会客气地推辞一番。接过礼品后,一般不当面拆看礼物,惟恐对方因礼物过轻或不尽如人意而难堪,或显得自己重利轻义,有失礼貌。

4. 在对待"老"的态度方面

东西方礼仪在对待人的身份地位和年龄上也有许多观念和表达上的差异。东方礼仪一般是老者、尊者优先,凡事讲究论资排辈。

西方礼仪崇尚自由平等,在礼仪中,等级的强调没有东方礼仪那么突出,而且西方人独立意识强,不愿老,不服老,特别忌讳"老"。

5. 在时间观念方面

西方人时间观念强,做事讲究效率。出门常带记事本,记录日程和安排,有约必须提前到达,至少要准时,且不应随意改动。西方人不仅惜时如金,而且常常把交往的另一方是否遵守时间当作判断其工作是否负责、是否值得与其合作的重要依据,在他们看来这直接反映了一个人的形象和素质。

遵守时间秩序,养成了西方人严谨的工作作风,办起事来井井有条。西方人工作时间和业余时间区别分明,休假时间不打电话谈论工作,甚至在休假期间断绝非生活范畴的交往。相对来讲,中国人比较随意,时间观念比较淡漠。

中国人做事讲究细致、认真、周全,所以经常会出现时间规划不合理的现象,包括改变原定的时间和先后顺序,开会做报告延长时间等。这在西方人看来是不可思议的,他们认为不尊重别人拥有的时间是最大的不敬。

6. 在对待隐私权方面

西方礼仪处处强调个人拥有的自由(在不违反法律的前提下),将个人的尊严看得神圣不可侵犯。在西方,冒犯对方"私人的"所有权利,是非常失礼的行为。因为西方人尊重别人的隐私权,同样也要求别人尊重他们的隐私权。

东方人非常注重共性拥有,强调群体,强调人际关系的和谐,邻里间的相互关心,问寒问暖,是一种富于人情味的表现。

第三节　礼仪的内涵和原则

一、礼、礼貌、礼节与礼仪

(一) 礼

礼的本意为敬神,后引申为表示敬意的通称。礼的含义比较丰富,它既可以指表示敬意和隆重而举行的仪式,也可泛指社会交往中的礼貌礼节,是人们在长期的生活实践中约定俗成、共同认可的行为规范,还特指奴隶社会、封建社会等级森严的社会规范和道德规范。在《中国礼仪大辞典》中,"礼"被定义为特定的民族、人群或国家基于客观历史传统而形成的价值观念、道德规范以及与之相适应的典章制度和行为方式。礼的本质是"诚",有敬重、友好、谦恭、关心、体贴之意。"礼"是人际乃至国际交往中,相互表示尊重、亲善和友好的行为。

(二) 礼貌

礼貌是指人们在交往过程中相互表示敬意和友好的行为准则和精神风貌,是一个人在待人接物时的外在表现。它通过仪表及言谈举止来表示对交往对象的尊重。它反映了时代的风尚与道德水准,体现了人们的文化层次和文明程度。

(三) 礼节

礼节是指人们在日常生活中,特别是在交际场合中,相互表示问候、致意、祝愿、慰问以及给予必要的协助与照料的惯用形式。礼节是礼貌的具体表现,具有形式化的特点,主要指日常生活中的个体礼貌行为。

(四) 礼仪

礼仪包括"礼"和"仪"两部分。"礼",即礼貌、礼节;"仪"即仪表、仪态、仪式、仪容,是对礼节、仪式的统称。

礼仪是指人们在各种社会的具体交往中,为了相互尊重,在仪表、仪态、仪式、仪容、言谈举止等方面约定俗成的、共同认可的规范和程序。从广义的角度看,它泛指人们在社会交往中的行为规范和交际艺术。狭义的角度看,通常是指在较大或隆重的正式场合,为表示敬意、尊重、重视等所举行的合乎社交规范和道德规范的仪式。

(五)礼、礼貌、礼节、礼仪之间的关系

礼是一种社会道德规范,是人们社会交际中的行为准则。礼貌、礼节、礼仪都属于礼的范畴,礼貌是表示尊重的言行规范,礼节是表示尊重的惯用形式和具体要求,礼仪是由一系列具体表示礼貌的礼节所构成的完整过程。"礼貌""礼节""礼仪"三者尽管名称不同,但都是人们在相互交往中表示尊敬、友好的行为,其本质都是尊重人、关心人。三者相辅相成,密不可分。有礼貌而不懂礼节,往往容易失礼;谙熟礼节却流于形式,充其量只是客套。礼貌是礼仪的基础,礼节是礼仪的基本组成部分。礼是仪的本质,而仪则是礼的外在表现。礼仪在层次上要高于礼貌礼节,其内涵更深、更广,它是由一系列具体的礼貌礼节所构成;礼节只是一种具体的做法,而礼仪则是一个表示礼貌的系统、完整的过程。

二、礼仪的特征

(一)国际性

不同民族的人们生活方式不同、知识体系不同、文化环境背景不同,对社会交往的要求自然也不尽相同,对礼仪的规范也是千差万别。每个民族都在自己独特的语言环境、共同的生活地域以及统一的生活习俗的基础上,形成了适应自己风俗习惯的一套礼仪,因此不同的民族就形成了不同的礼仪。但是尊老爱幼、礼貌待客、遵时守约等符合大多数人礼仪取向的基本礼仪,是全球各民族人民所共同遵守的准则。在不断加强、不断扩大的国际交往中,以讲究文明、相互尊重为原则基础而形成的现代国际礼仪,已经逐步规范化和完善化,也已经成了被广泛认可和通用的礼仪规范和准则,礼仪因此具有国际性的特征。

在国际交际中,人们使用礼貌用语通常要做到"四有四避",即有分寸、有礼节、有教养、有学识,要避隐私、避浅薄、避粗鄙、避忌讳。

(二)差异性

礼仪是一种约定俗成的行为准则和规范,但在具体运用中,由于文化传统、风俗习惯与宗教信仰的不同,以及时间、空间和所选对象的不同,也存在着很大的差异。这种差异主要表现在三个方面:首先,同一种礼仪内容由于时间、空间的差别,有着不同的表现形式。例如,我们现代的握手礼就等同于古代的跪拜礼。比如见面礼,不同的民族和地区也有不同的表达形式,除了较为通行的握手礼外,还有鞠躬礼、合十礼、抱拳礼、拥抱礼等。其次,同一种礼仪形式在不同的国家、地区和民族有不同的意义。例如,在阿拉伯地区,男人之间一起手拉手行走是一种友好和尊重的表现,而在美国则被视为同性恋人。最后,同一种礼节在不同场合、对不同对象也有差别。例如,握手,若是初识,不易握手太久;特别是男士与女士握手,一般轻轻握一下就松开,不宜太久,否则有失礼之嫌。一般男士碰到久别重逢的挚友,都会很热情地拥抱对方来表达自己的喜悦之情。所以我们在日常的社交活动特别是涉外活动中,要尽可能多地了解和掌握对方的礼仪习惯,充分地表达出对对方的尊重,言行举止有礼有仪,以促进社会交往活动的成功。

(三) 民族性

每个民族都在自己独特的语言环境、共同的生活地缘以及统一的生活习俗的基础上,形成了有自己风俗习惯的一套礼仪,因此不同的民族就形成了不同的礼仪。

以我国为例,五千年文化形成了具有中华民族特色的礼仪文化。作为世界四大文明古国之一,我国享有"文明之邦"的美誉。从古至今流传下来的,不仅有灿烂的中华文化,也有着博大精深的伦理文化遗产。翻阅古代关于"礼"的书籍,我们不难发现很多的价值观仍然流传了下来,影响着我们一代又一代人。"孔融让梨"是礼,"程门立雪"是礼,"礼尚往来"是礼,礼已经扎根到我们每个人的身边,融入我们的思维方式之中。

礼仪有民族性,彼此只有互相理解和尊重,才能和谐相处。比如说衣着方面,阿拉伯女性不允许在公共场合露出自己的肌肤,而我们走在大街上,随处都可以看见穿着裙子、露着胳臂的年轻姑娘。比如印度人视牛为神,牛可以到大街上随意吃商贩的水果,但是对我们而言,牛只是一种牲畜。我们到了春节,会走访亲戚拜年,长辈们会给小孩子分发压岁钱;在端午节包粽子;在中秋节思念家人、吃月饼。而西方国家却有着另外一套节日系统:圣诞节、愚人节、万圣节、感恩节等。在我国,亲吻、贴脸,是父母对小孩子或者情侣之间才会有的行为,即使情侣们在公众场合拥抱亲吻也会被认为举止不雅。而有些西方国家则把亲吻、贴面当做问候礼,在巴黎的埃菲尔铁塔下,总能看到幸福地拥吻在一起的情侣。所以礼仪与一个民族的文化密切相关,作为文化民族性的一部分存在着。

(四) 继承性

礼仪的继承性是指礼仪形成本身是个动态发展的过程,是在风俗和传统变化中形成的行为规范。在这种发展变化中,表现为一种继承和发展。礼仪一旦形成,就有一种相对独立性。我们今天的礼仪形式就是从昨天的历史中继承下来的,有不少优秀的还要继续传承下去。交际礼仪的沿袭和继承是个不断扬弃的社会进步的过程。

世界上的任何事物都是发展变化的,礼仪虽然有较强的稳定性,但它也毫不例外地随着时代的发展而发展变化。随着社会交往的扩大,各国民族的礼仪文化都会互相渗透,尤其是西方礼仪文化引入中国,使中华礼仪在保持传统民族特色的基础上,发生了更文明、更简洁、更实用的变化。

(五)时代性

礼仪作为一种文化范畴,必然具有浓厚的时代特征。比如,礼仪起源于原始的祭神,因而人类最初的礼仪是从祭神开始的。例如,古代把裸体怀孕的妇女陶塑像作为生育女神来祭拜,正是基于人类在蒙昧时期无法更好地保护自己而产生的强烈的生殖崇拜的一种礼仪。

礼仪随着时代的发展在不断变化,因此,具有时代性特征。

例一:过去的跪拜礼,现代用点头、鞠躬、举手礼等代替。

例二:中华人民共和国成立初期,迎接外宾的大规模欢迎仪式,随着国际交往的增多,大大简化了。

例三:过去"串门"的习俗随着人们生活节奏加快减少了,不是十分必要的情况下很少串门;即使做客,也是完事就走,免得打扰别人。

时代的特色对文化冲击的烙印是巨大的,可以说,每个时代的文化正是时代变迁的缩影,而礼仪文化也如此。如辛亥革命的爆发,猛烈地撞击了封建社会的上层建筑及其意识形态,也影响到了人们日常生活的方方面面,造就了一代新风尚。1912年某报纸曾记载:"清朝灭,总统成,皇帝灭……新礼服兴,翎顶补服灭,剪发兴,辫子灭,爱国帽兴,瓜皮帽灭,放足鞋兴,菱鞋灭,鞠躬礼兴,跪拜礼灭,卡片兴,大名刺灭……"可见,礼仪文化总是一个时代的写照。"文革"时期,清一色的服饰文化曾是人们思想行为统一到一个文化模式中的反映。而现在丰富多彩的服饰文化也正是现代人丰富的内心世界的反映,也是社会改革开放的缩影。

礼仪是个人、组织外在形象与内在素质的集中体现。对于个人来说,适当的礼仪既是尊重别人同时也是尊重自己的体现,在个人事业发展中起着决定性作用。它提升人的涵养,增进了解沟通,细微之处显真情。对内可融洽关系,对外可树立形象,营造和谐的工作和生活环境。

当今世界已成为一个开放的世界,国际合作与贸易交流日趋频繁,一个企业只有在国内外贸易往来中才能够求得生存和发展。在市场经济的大潮中,交际是一种参与竞争的手段,也是人们适应对外开放、开拓局面的一种本领。现代化的社会、现代化的生产方式、频繁的对外交往要求我们不仅具有良好的业务素质,而且还要具有丰富的交际礼节常识。正是因为礼仪在人际交往中具有不可忽视的作用,有时甚至决定商务活动的最终结果,所以,在现代社会,任何人都不能轻视礼仪,都应学礼仪、讲礼仪。商务礼仪具有时代性特征,我们要不断地学习、更新礼仪知识来适应时代的潮流。

三、礼仪的原则

(一) 尊重

古人云:"敬人者,人恒敬之。"只有相互尊重,人与人之间的关系才会融洽和谐。上海有一家电影院曾发生这样一件事:年末,电影院经理把员工包括离退休人员及其家属都请到电影院来参加一个茶话会。会前,专门制作了这些离退休人员和在职职工的生活录像,会上放给大家看。每个人,尤其是离退休职工非常感动。原因很简单,这些人一辈子干的工作就是给别人放电影,从来未感受到自己上银幕是什么滋味。今天他们有机会在给人们放了一辈子电影的电影院里,看自己走上银幕,感到电影院领导没有忘记自己一辈子的辛苦,他们能不感动吗?因而很自然地加深了对自己单位的感情,同时也使在职职工感到振奋,团体的凝聚力大增。

要想在人际交往中通过礼仪体现出对对方的尊重,就应从以下几个方面做起:

第一,与人交往,要热情而真诚。热情的态度,意味着对别人的隆重接纳,会给人留下受欢迎、受重视、受尊重的感觉,而这本来就是礼仪的初衷和要旨。当然,热情不能过火,过分的热情会使人感到虚伪和缺乏诚意。所以,待人热情一定要出自真诚,是尊重他人的真挚情感的自然流露。如果心存不敬,却又要故意表现出热情,只会让人感到做作,引起反感。这一点在与客户及其他来访者打交道时尤为重要。不论来访者是不是客户,客户部的工作人员都要热情接待;不论是不是自己的客户,我们都要热情真诚地为其服务。

第二,要给他人以尊严。每个人都有自尊心。失去自尊,对一个人来说,是一件非常痛苦、难以容忍的事情。所以,伤害别人的自尊是严重失礼的行为。

第三,允许他人表达思想,表现自己。每个人都有表达自己思想、表现自身的愿望。社会的发展,为人们弘扬个性提供了更为广阔的空间。丰富的个性色彩和多元思想的共存,是现代社会区别于传统社会的一个基本特征。因此,现代礼仪中的互尊原则,要求人们必须学会彼此宽容,尊重他人的思想观点和个性。

(二) 遵守

1. 遵守公德

公德,是指一个社会的公民为了维护整个社会生活的正常秩序而共同遵循的最简单、最起码的公共生活准则。公德是日常生活中的道德,是人们普遍应该做到,又不难做到的最低限度的行为要求,是道德体系中的最低层次,是文明公民应该具备的最基本的品质。其内容包括尊重妇女、尊老爱幼、爱护公物、遵守公共秩序、救死扶伤等。社会公德是礼仪的基础,是形成礼仪的前提,礼仪的内容基本涵盖了社会公德的全部。遵守公德,表现了人与人之间的互相尊重及对社会的责任感。所以遵守公德是文明公民应该具备的品质,也是礼仪修养的基本要求。

2. 遵时守信

遵时,就是要遵守规定的时间和约定的时间,不得违时,不可失约。守信,就是要讲信用,对自己的承诺认真负责。遵时守信是人际交往极为重要的礼貌。在服务接待工作中,与宾客约定的时间或作出的承诺,一般不要轻易变更,因发生人为不可抗拒的因素不得已改动时,应及早打招呼,做好说明解释工作,尽量避免给对方造成麻烦或令人产生误会。凡是需要承诺的事情,要量力而行,不要因为顾及面子答应不能做到的事情,一旦失约,不仅会对别人造成损失,也会给自己的形象和所在组织的声誉造成损失。

3. 真诚友善

以诚待人,是礼仪的本质特征。在人际交往中,礼仪不是虚伪的客套,而是表达对人的尊重和友好,需要诚心待人,表里如一。"尊重,还是贬低"是人际交往中最敏感的问题。从善良的愿望出发,以诚相待,才能赢得别人的依赖和尊重,保证交往顺利与成功。

4. 谦虚随和

谦虚随和的人,待人处事自然大方。这样的人,待人态度亲切,善于听取他人的意见,有事能与他人商量,表现出虚怀若谷的胸襟,容易同他人建立亲近的关系。社会生活中常可以见到越是博学多识、修养越好的人,越是平易近人,也更能得到人们的敬重;相反,若是自视高明,目中无人,或夸夸其谈,妄自尊大,卖弄学问,这种自以为是的言行,往往会被人视为傲慢无理,对其敬而远之。但是谦虚也要适度。

5. 理解宽容

理解，就是懂得别人的思想感情，意识到和理解别人的立场、观点和态度，能够根据具体的情况体谅别人、尊重别人，心领神会地理解别人心灵深处的喜、怒、哀、乐。在人际交往和服务接待工作中，最怕的就是互相缺乏理解，甚至产生误解。缺乏理解就无法沟通感情，产生误解则往往容易导致失礼，在交往者之间产生妨碍交流思想的隔膜，甚至会使关系僵化。宽容就是大度、宽宏大量、能容人，尤其在非原则问题上，能够原谅别人的过失。如果你谅解了他人的过失，不仅可以化解矛盾，还能赢得他人的敬重，有利于大局的发展。

（三）适度

应用礼仪时要注意把握分寸，认真得体。适度就是把握分寸。礼仪是一种程序规定，而程序自身就是一种"度"。礼仪无论是表示尊敬还是热情都有一个"度"的问题，没有"度"，施礼就可能进入误区。有人说："礼仪使人们接近，礼仪使人们疏远。"为什么呢？陌生人初次见面，礼仪可以表现为有教养，展示气质与人格魅力。可是不分场合、亲疏，乱用礼仪，过于讲究，反而显得不真诚，不实在，令人难以相处，甚至会弄巧成拙。例如：接待宾客时，时间安排得过满，恨不得24小时陪同，不给人家留一点私人空间。结果，自己费时费力，人家还不满意。

和谐适度的原则，是要求使用礼仪一定要具体情况具体分析，因人、因事、因时、因地恰当处理。应用礼仪时特别要注意做到把握分寸，认真得体，不卑不亢，热情大方，有理、有礼、有节，避免过犹不及。分寸感是礼仪实践的最高技巧，运用礼仪时，假如做得过了头，或者做得不到位，都不能正确地表达自己的自律、敬人之意。因此一定要做到和谐适度。

（四）自律

自律是对待个人的要求，是礼仪的基础和出发点。最重要的就是要自我要求、自我约束、自我控制、自我对照、自我反省、自我检点，这就是所谓自律的原则。

自律也是自我约束，按照礼仪规范严格要求自己，知道自己该做什么，不该做什么。人们在交际活动中运用礼仪时，既要严于律己，更要宽以待人。要多容忍他人，多体谅他人，多理解他人，学会为他人着想，善解人意。豁达大度、容纳意识和自控能力是现代人应具备的基本素质。只有能理解人，才能做到宽宏大量，千万不要求全责备，斤斤计较，咄咄逼人。

第四节 学习礼仪的意义和方法

一、学习礼仪文化的意义

(1) 当前,随着社会的快速发展,人与人的交流越来越频繁,各种商业活动不胜枚举。此时,人与人的交流不再是单纯的本能需要,同时也是适应社会发展、加强自我修养的一种有效途径,随着交流范围的不断扩大,就需要一种有效的行为约束准则,即现代商务礼仪来对商务活动中的行为进行规范,使其符合各方的道德和审美标准,以提高个人的亲和力,得到别人的肯定。

(2) 现代礼仪在商务活动中作为一种行为准则,约束着日常商务活动中的方方面面。在市场经济发展中,各种商务活动和商务会议越来越频繁,商务礼仪在正式的场合变得尤为重要。礼节、礼貌对于人际关系来说,就像"润滑剂",能够有效地减少摩擦、避免冲突。它充分体现了人与人的互相尊重、平等交流,增强人与人之间的好感,拉近彼此之间的距离,促进双方加深感情,对商务活动的成功起着重要的作用。

(3) 礼仪是一种非常重要的交往方式,重视礼仪,能够提高个人修养。对于企业而言,良好的礼仪体现的是一种优秀的企业文化,对于树立企业良好的形象有很大帮助。现在,越来越多的企业重视员工的商务礼仪培训,期望可以为公司的长足发展服务。良好的商务礼仪会营造出一种良好的交流氛围,为企业的合作奠定良好的基础。相反,就会为企业带来巨大的损失。

(4) 良好的礼仪品质不仅在人与人、企业与企业之间的交往中起重要的作用,在国家与国家的交往中,更是体现了一个民族的优良传统和文明素质。当今社会,现代商务礼仪的重要性日趋上升,商务礼仪已经成为新世纪人才的必备素质。

二、现代商务礼仪的作用

(一) 规范行为

礼仪最基本的功能就是规范各种行为。在商务交往中,人们相互影响、相互作用、相互合作,如果不遵循一定的规范,双方就缺乏协作的基础。在众多的商务规范中,礼仪规范可以使人明白应该怎样做,不应该怎样做,哪些可以做,哪些不可以做,有利于确定自我形象,尊重他人,赢得友谊。

(二) 传递信息

礼仪是一种信息,通过这种信息可以表达出尊敬、友善、真诚等感情,使别人感到温暖。在商务活动中,恰当的礼仪可以获得对方的好感、信任,进而有助于事业的发展。

（三）增进感情

在商务活动中,随着交往的深入,双方可能都会产生一定的情绪体验。它表现为两种情感状态:一是感情共鸣,另一种是感情排斥。礼仪容易使双方互相吸引,增进感情,导致良好的人际关系的建立和发展。反之,如果不讲礼仪,粗俗不堪,那么就容易产生感情排斥,造成人际关系紧张,给对方造成不好的印象。

（四）树立形象

一个人讲究礼仪,就会在众人面前树立良好的个人形象;一个组织的成员讲究礼仪,就会为自己的组织树立良好的形象,赢得公众的赞赏。现代市场竞争除了产品竞争外,更体现为形象竞争。一个具有良好信誉和形象的组织,就容易获得社会各方的信任和支持,就可在激烈的竞争中处于不败之地。所以,商务人员时刻注重礼仪,既是个人和组织良好素质的体现,也是树立和巩固良好形象的需要。

商务礼仪是在商务活动中体现相互尊重的行为准则。商务礼仪的核心作用是为了体现人与人之间的相互尊重。

三、学习礼仪的方法

随着社会的进步、科技的发展和国际交往的增多,礼仪必将得到新的完善和发展。在商务活动中践行礼仪,可以更好地展示中国人民的精神风貌,增强民族自尊、自信、自强的精神,加深与世界各国人民的友谊和交流,提高我国的国际地位和威望,使中华民族的优秀文化传统得以弘扬,使中国以泱泱大国之风屹立于世界民族之林。所以我们必须加强对礼仪的学习,把握礼仪的实质,把礼仪运用于我们的实际生活中。目前比较通用的几种学习礼仪的方法如下:

（一）理论学习法

礼仪修养观念的塑成和礼仪知识的多少有很大关系。中国是礼仪之邦,五千年文化积淀下来一套规范的礼仪知识系统,同时也随着时代的发展而不断发展完善。礼仪理论知识的学习有利于指导礼仪行为的规范有序。礼仪知识的缺乏,肯定会影响礼仪在实践中的运用。通过理论学习来提高礼仪的修养就是利用图书资料、广播电视、互联网、教学函授,系统地、全面地进行礼仪知识的学习。

（二）社会实践法

在礼仪修养方面,就必须强调实践的作用。实践是检验真理的唯一标准,同时也是提高礼仪修养最好的途径。人们在学习礼仪知识的过程中懂得了哪些行为是符合礼仪的，哪些行为是不符合礼仪的，那么就要把这些原则、规范运用到商务交往实践中，运用到日常的生活和工作中，并时刻以这些规则为镜，对比、检查、修正自己思想和行为中与礼仪不符的东西，从而不断地提高自己的礼仪修养与品质。礼仪的修养必须依托于相互交往才能体现，同时也才能得到不断的提升。也就是说，礼仪修养必须结合人与人之间的交往活动来进行。礼仪修养是一个从认识到实践不断反复的过程。礼仪品质的形成是一个长期的过程，不是短时间内一蹴而就的。人们在社会生活中接触不同的人和事，受不同文化的影响，一定要时刻谨守礼仪规范，正所谓有"礼"走遍天下也不怕。要使自己成为一个知礼、守礼、行礼的人，必须把学到的礼仪理论知识运用到实践中去，化为实际的礼仪行动，从而达到提高礼仪品质的目的。与实践相联系是提高礼仪修养的根本途径，如果脱离了实践这块土壤的孕育，礼仪的理论知识就不会生根发芽，也就成了空洞的理论说教。

（三）专家指导法

专家法主要指的是向专业人士学习以及接受专业的培训。这里的专家指的是礼仪教师、培训专家、礼仪顾问，也可以是在某些方面有经验或者是特长者。所谓的专家，他们的共同点就是本身对礼仪有独到的见解，也能灵活地将礼仪运用于日常生活中，向他们学习可以快速地提高自己的礼仪修养水平。现阶段，常规的专家指导法指的是听礼仪教师的讲课、接受培训老师的训练、咨询礼仪顾问等。他们能在整体水平上提高人们的礼仪素养，这在日常的生活以及商务人际交往中是非常重要的。同时，也不要忽略存在于我们身边的礼仪老师，毕竟由于文化的不同，有些礼仪规范还是存在差异的，文化具有传承性，那么礼仪也同样具有传承性，我们需要从不同的方面学习，来丰富自己的礼仪知识，提升自己的礼仪素养。

故事感悟

1954年4月，苏联主席伏罗希诺夫访华，在结束访问与中国送行的领导人道别时，来到宋庆龄的面前，先是微微一鞠躬，然后轻轻举起宋庆龄的右手，象征性地抬到嘴边，在场记者此时拍下了这一镜头。贵宾刚走，宋的秘书即对记者说："吻手礼在我国老百姓中还不习惯，各位记者可否手下留情，照片不要登报，消息也不必提到。"应该说伏罗希诺夫在这一告别礼中并无过错，更无违反国际外交礼节，这其中的主要原因就是不同礼仪文化所引起的差异。我国传统文化中，人际交往讲究男女有别，在交往中无论是见面还是告别，同性之间可以相互拥抱以示热情,而异性之间则往往以握手或挥手表达。握手礼代替了我们旧时的"拱手、作揖、抱拳"礼节而融入我国传统文化中,成为人们普通交往的礼节。而"吻手礼"则是西方对"尊敬妇女"的礼节,我国的传统礼节中没有这一习惯,所以考虑到当时民众对异族文化的接受心理,不让登报报道"吻手礼",既有对我国传统文化的维护,也有对西方传统文化的尊重。

(资料来源:豆丁文库,http://www.docin.com/p-693015289.html)

本章小结

礼仪作为人类文明的载体,反映着一个国家、一个民族的价值观念、道德规范和行为方式。随着文明的进步,社会对个人素质提出了更高的标准和更加具体的要求,在这种背景下,我们有必要加强现代礼仪学习。学习现代礼仪,对我们今后的工作、生活有重要的意义。

学习礼仪,首先要了解礼仪文化的起源与发展,本章详细介绍了中西礼仪的起源与发展,让大家对礼仪文化的理解更加深刻。同时通过中西礼仪文化的差异对比,学习并掌握中国礼仪的内涵与原则,做一个有品位、懂礼仪的新时代高素质人才。

模拟实训

实训目的
使学生了解礼仪文化。

实训场地
教室、培训室或者礼堂。

实训方式
老师根据班级人数多少进行分组,每一小组的学生根据所学习到的内容做一次礼仪文化的 PPT 演讲,具体演讲内容不限,时间5~10分钟。

实训评价
1. 每一小组的学生演讲完后,其他小组的学生找出问题对其进行提问,由本组的非演讲学生进行回答。

2. 老师点评学生存在的个性和共性问题。

礼仪小贴士

中华礼仪用语

头次见面用久仰,很久不见说久违。
认人不清用眼拙,向人表歉用失敬。
请人批评说指教,求人原谅用包涵。
请人帮忙说劳驾,请给方便说借光。
麻烦别人说打扰,不知适宜用冒昧。
求人解答用请问,请人指点用赐教。
赞人见解用高见,自身意见用拙见。
看望别人用拜访,宾客来到用光临。
陪伴朋友用奉陪,中途先走用失陪。
等待客人用恭候,迎接表歉用失迎。
别人离开用再见,请人不送用留步。
欢迎顾客称光顾,答人问候用托福。
问人年龄用贵庚,老人年龄用高寿。
读人文章用拜读,请人改文用斧正。
对方字画为墨宝,招待不周说怠慢。

第二章 礼仪与伦理

☞ 学习目标

1. 了解礼仪的含义以及礼仪与道德的关系。
2. 了解儒家伦理所包含的内容。
3. 通过对礼仪公共性的学习,了解何为公民以及学习公民道德的重要性。
4. 学习道德的多样性发展,将道德运用于实践生活之中。
5. 学习市场经济下的商业伦理,加强职业道德建设。

☞ 情境导入

道 德 反 思

2011年9月3日,武汉市88岁的李老汉在离家不到百米的菜场口摔倒后,众多围观者无人伸出援手,直到老人的家人赶到才被送往医院。遗憾的是,由于没有得到及时救治,老人因鼻血堵塞呼吸道窒息死亡。

自从南京"彭宇案"之后,老人摔倒无人敢扶,这样的新闻已经不少。不久前,武汉一电动车主因好心扶起不慎摔倒的八旬老太,反被老太认定是撞人者。就在车主自认倒霉,准备赔200元了事时,在数名现场目击者的坚持下,交警判定这起事故并非交通事故,让车主离开现场。无独有偶,在江苏如皋,也有监控视频证实,一位被老太认定在路边撞倒自己的大巴司机,实际上是出手相助的热心人。事后,老人全家内疚之余,为司机送去锦旗。

一方称好心助人为乐,一方称对方肇事扶人,这样的"罗生门"案件并不罕见。有网友评论,自"彭宇案"后,社会道德滑坡30年。各地频现的翻版"彭宇案",恰是道德丧失、信任危机的体现。如果没有了监控视频和目击证人,人们还敢做好事吗?

(资料来源:《楚天都市报》)

礼仪,是关于"是"与"应该"的学问。简单地说,礼仪是生活的准则。礼仪,表面上看,是礼貌的言行举止。礼貌的言行举止背后,其实暗含着社会的评判标准以及个人的价值观。第一方面,指整个社会的等级制度、法律规定和伦理规范的总称;第二方面,指整个社会的道德规范;第三方面,指礼仪、礼节仪式以及待人接物和处事之道。伦理,就是指在处理人与人、人与社会相互关系时应遵循的道理和准则。古今中外,礼仪与个人之美德、情操之良善、社会之伦理息息相关。

社会越来越多元化,世界的发展越来越像一个地球村。从宽泛的角度来说,礼仪是生活中任何情况下人类行为的技巧和正确的行为。礼仪的养成,如同建造房屋,伦理道德就是礼仪的坚实基础;良好的品位、正确的语言、安静的仪态、谦逊的品质、适当的自尊,就是搭建礼仪之屋的最好材料。作为建构礼仪大厦的基石,伦理是礼仪的精髓与灵魂。

第一节 礼仪与德行

一、礼与德

礼仪,是德行修养的支点。德性属于内在的东西,它本身不能直接地被感知,而要通过礼仪等行为表现出来。《礼记》说,礼的最高境界是"德辉动于内,礼发诸于外"。德是礼的源泉和动力,礼是德的载体和表征。礼仪对于德性的塑造和完善,是通过它的教育功能和激励功能来实现的。教育功能,通过认知的方式,自觉地培养礼的精神和礼仪素质;激励功能,通过评价的方式,塑造一种将内在的思想素质与外在的礼仪修养有机结合的完善的人格形象。

礼仪,是道德教育的载体。礼仪作为普遍的道德准则,及其将德性与实践性紧密结合的特征,自古以来就是道德教育的基础和核心内容。礼的本意为敬神,后被引申为表示敬意的通称。古人将纷繁的礼仪分为"吉、凶、军、宾、嘉"五类,称为"五礼"。在汉代出现了作为礼仪文化理论进步的三部巨著《礼仪》《礼记》《周礼》,称为"三礼",这标志着礼仪的发展到了较成熟的阶段。这三本巨著被列入儒家经典,对中国文化产生了巨大影响,扬名海外。生活类的礼仪起源,按荀子的说法有"三本",即是"天地生之本""先祖者类之本""君师者治之本"。在礼仪中,丧礼的产生最早,丧礼于死者是安抚其魂魄,于生者则是长幼尊卑、尽孝、正人伦的礼仪。从礼仪的道德本质来看,它是"礼"德的表现形式,它所表现的是一种善良的人性,是一种高尚的人格,是一种规范的人伦。启蒙教育有《三字经》《增广贤文》《百家姓》《千字文》《弟子规》《仪礼蒙求》《蒙养礼》等。礼乐教育有《周礼》《仪礼》《礼记》。古人强调"以吉礼敬鬼神;以凶礼哀邦国;以宾礼待宾客;以军礼摄不协;以嘉礼亲万民"。习俗要求各种等级的人们互相恭敬和谦逊；谁要是在这一方面越犯规矩，如果是为了利益，则被人视为卑鄙，如果是由于无知，则被人视为愚蠢。

礼仪，是规范社会关系的秩序。礼仪以其特有的方式评价人们的行为，告诉人们哪些行为是有礼的，哪些行为是无礼的，哪些行为是善的，哪些行为是恶的，哪些行为是美的，哪些行为是丑的，并以特有的感召力引导人们扬善抑恶、趋美避丑，把人们的思想和行为纳入社会所需要的秩序轨道。礼仪作为一种操作性很强的道德规范，可以用语言、文字、动作进行准确的描述和规定，可以在社会交往中进行标准化操作，可以落实到人们的行为举止、仪态容貌、语言文字上，使人们按照"礼"的精神做符合道德的事情，对人们的社会行为、家庭行为、职业行为均有很强的调节作用。

礼仪，是民族形象的标杆。在国际交往中，国民言行举止的文明程度，反映一个国家伦理修养和道德品性的高低。在国际社会中，个体礼仪、群体礼仪、社会礼仪常常被视为民族形象的标的。个体礼仪，主要表现形式为整洁的仪容、优雅的举止、得体的服饰、礼貌的谈吐；其核心是律己敬人，表里如一。群体礼仪，即群体中的称呼、介绍、致意以及使用公共设施的礼节；交际中的语言礼仪、馈赠礼仪、迎送礼仪；沙龙、舞会与宴请礼仪等。

二、礼仪与德育

礼仪的本质就是教育，是一种自我修养，用来规范人的态度和言行。礼仪作为一种道德的意识、规范和行为，具有最基本的道德规范功能：一是通过调节功能控制人的行为，即行为调控；二是通过认识功能完善人的人格，即人格完善。礼仪道德可以帮助人们调节行为的发生、发展和修正，从而将人们的行为控制在符合礼仪道德要求的范围内。礼仪具有导向的功能，它本身体现着一种价值导向，引导着人们选择正确的价值方向和目标，去做符合礼仪规范的事情。礼仪作为普遍的道德准则及其将德性与实践性紧密结合的特征，自古以来就是道德教育的基础和核心内容。

第一，以礼"引"德。礼仪作为一种基础性的行为规范，可以"引导"人们加强道德修养。第二，以礼"显"德。礼仪作为一种道德精神的外在形式，可以"显现"人们的道德水平。第三，以礼"保"德。礼仪作为一种操作性强的道德规范，可以"保证"伦理原则的实施。

礼仪规范和准则的操作性很强，可以用语言、文字、动作进行准确的描述和规定。礼仪作为社交必不可少的手段，可提高社交能力，调节人际关系，有了礼仪才能提高人们的交际能力，才能调节人们彼此之间的关系。在我国，人口民族众多,习俗复杂纷繁,若没有统一的道德标准,就没有文化上的认同。社会道德用礼仪的方式推广流传,使得中华民族具备强烈的文化认同和民族凝聚力。在人类社会经济、文化发展迅速的今天,崇尚礼仪是全体社会成员的精神需求,在面向多种价值取向及多元化的交融、碰撞中,传统的礼仪道德规范难免受到冲撞。作为新时代的社会成员,应自觉学习和运用各种优秀礼仪形式,共同努力弘扬礼仪精神,共创礼仪文明新风。中共中央颁发的《公民道德建设实施纲要》把明礼作为基本道德规范之一,综合概括了礼所涉及的礼仪、谦让、规矩的内涵。

伦理的基本含义是指处理好人际关系的根本道德和原则。伦理学,是关于道德的科学,且是关于优良道德的科学。人们所制定的社会契约,不仅是人的精神提升与享受,同时也应当是人物质生活方式的有机内容。至少,礼仪与伦理学的两个重要组成部分:规范伦理学和美德伦理学有关;礼仪,关乎优良道德之制定,也关乎优良道德之实现。换句话说,礼仪的践行,既是社会既定的道德规范的表现,也是追求道德价值真理的过程。

伦理学学科产生于西方,但中国传统文化中有着丰富的伦理学思想。我国是一个有着悠久伦理文化的国家。儒家之伦理说、礼法说,不仅蕴含着独特的内容,也是对世界文化的重要贡献。

第二节　中国儒家伦理与礼仪

我国古代有三部著名的礼典,即《周礼》《仪礼》《礼记》。可以说,它们是有关各种礼制的百科全书。其中,《周礼》侧重于政治制度;《礼记》主要是对礼的各个细节作出符合统治阶级利益需要的解释;《仪礼》则记载行为规范。这三部书涵盖了中国古代"礼"的基本内容。

我国历史上崇尚儒家思想,仁、义、礼、智、信合称"五常"。

第一,在中国儒家的伦理思想中,仁有"全德"之称,是一个包罗"众德"的范畴,其他的道德规范,如忠恕、克己、孝悌、智、勇、恭、宽、信、敏、慧等,都可以视为仁的不同方面的要求。在孔孟看来,人一生下来,就被置于家庭血缘亲情之中,享受着父母亲人的爱抚,并由此逐渐产生了对亲人的深深依恋和敬爱。因而仁爱是从家庭血缘亲情中直接引发出来的,有其自然的心理基础。仁爱的基本内涵就是亲亲敬长。把这种家庭血缘的亲爱之情向外扩充,就会产生对他人的爱心,以仁爱之心对待一切人,老吾老以及人之老,幼吾幼以及人之幼,建立人与人之间相亲相爱的、和谐的人际关系,并最终扩大为对天地万物的爱。可以说,儒家的仁爱观念源于家庭血缘亲情而又超越了血缘亲情,它要求在尊亲敬长的自然道德情感的基础上,由己推人,由内而外,由近及远,层层向外递推,最终达到"仁者与天地万物为一体"的境界。

第二,在儒家的伦理思想中,义是很重要的一部分,义最为核心的是忠和孝。义是人类共同的、根本的利益的体现,它与个人的自身现实利益之间关系如何?换而言之,如何正确认识道德行为与物质利益,个人利益与社会、国家整体利益的关系?忠于国家是历代朝代所推崇的,国家的利益至上,个人微利又算得了什么?古往今来,对国家尽忠的榜样很多,比如宋代的文天祥,在国家灭亡的情况下,身为宰相的他仍然坚持救国运动,在元朝的威逼利诱之下,仍然不屈服,写下了流转千古的名句"人生自古谁无死"。何所谓大丈夫?文天祥是也。孝,自古就有天、君、父母、老师的排行,在古代除了天、君,就是父母了。可见孝的地位何其高。古代官员父母去世后,都必须为父母守孝七七四十九天。在古代,"孝"成为官员升降的一个标准,守孝一直流转至今,可见孝在中国历史上的重要性。

第三,儒家对礼非常重视,并进行了全面细致的探讨,构建了一个庞大、完善的,涉及社会日常生活各个方面的礼的体系。儒家以君臣、父子、夫妇、兄弟、朋友"五伦"对主要的社会道德关系进行了整体的概括,提出了包括君仁臣忠、父慈子孝、夫义妇顺、兄友悌敬、朋友有信在内的五伦之礼,对于其中每一种特定的关系,都有具体的礼节规定。在古代,礼对个人来说非常重要。比如说,出门有朋友之礼,尊师之礼,在朝廷有君臣之礼,在家有父子之礼,每天早上必须向父母问好。对于个人来说,要成功地扮演特定的社会角色,成为合格的社会成员,得到整个社会的承认,就必须首先认同、学习社会对该角色所提出的各种要求,并体现到行动中去,否则就寸步难行。《礼记·曲礼上》中说:"人有礼则安,无礼则危。"可见,在儒家看来,礼是人们立身处世的基础,而学礼也就自然成为人们立身处世的前提条件。

第四,智在"五常"之中有着非常特别的地位。智即是智慧、理智、理性的意识。忠奸分明、大是大非说的就是"智"。小不忍则乱大谋,智是其他方面的基础。明清之际大儒王夫之谈到,"智"离开"仁"便显得苛刻,离开"礼"便显得浅薄,离开"义"便显得乖巧,离开"信"便显得诡诈。这是非常深刻的见解。也正因为如此,儒家谈"智",总是与其他四德联系在一起。智的基本功能就是明辨是非善恶,树立正确的道德观念。人总是处在错综复杂的社会生活之中,处在现实的道德环境之中,各种社会现象扑朔迷离,是非善恶难以区分,这就需要运用理性、智慧进行分析、判断,树立正确的道德认识,并在道德理性的指导下对行为作出正确的选择。一个人如果对人与人之间的道德关系没有正确的认识和理解,没有明确把握什么是应该的,什么是不应该的,什么是善的,什么是恶的,很难想象会有正确的道德信念、道德品质以及自觉的道德行为。

第五,信是中国传统文化的原则,要求人们真实无妄,诚善于心,言行一致。儒家重视、提倡信,要求人们能够言行一致,但并不是把言行一致作为绝对的行为戒律,僵化地套用于人际交往之中。孟子说,在人与人的相互交往中,必须言行一致,重承诺,守信用,这是取得他人尊重、理解,建立相互信任的基础。如果不以诚挚之心待人,言行不一,翻云覆雨,相互欺骗、相互猜疑,则会产生信任危机,造成沟通的隔膜,导致人际关系的恶化。可以说,信是人与人之间交往的精神纽带,它能把人紧密、牢固地联系在一起。缺少"信"这一纽带,人与人之间,哪怕最亲近的人之间,也无法建立真诚、和谐的关系。儒家讲信,注重的不是其形式,而是其精神实质。如果离开道德的标准,片面地强调信,必然导致对道德责任的否定,破坏正常的社会秩序,这是不符合信的本质的。

孔子主要的礼仪思想是"礼治":首先,礼是判断社会成员言行标准的基本

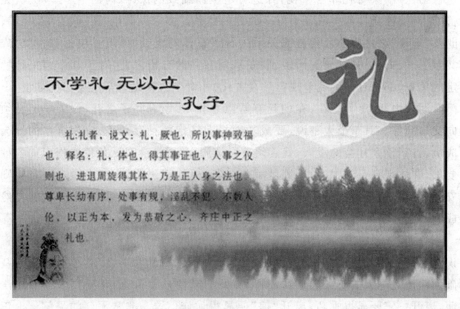

图2-1 儒家之礼

(图片来源:百度图库)

准则;其次,礼是治国安邦的基本法度,"治国不以礼,犹无耜而耕","为国以礼";最后,礼是个人践行的自觉要求:"非礼勿视,非礼勿听,非礼勿言,非礼勿动"。孟子主要的礼仪思想是"仁政":人性本善,生来就有某些礼节如恭敬、辞让;人要达到礼的标准,根本问题是主观反省,尽可能减少自己的各种欲望。

第三节 礼仪公共性与公民道德

一、礼仪公共性

礼仪是自律和他律的有机结合。礼仪教育使人们接受礼仪道德规范,并转化为个体的意识和价值目标,从而内在地要求人们发生礼仪行为。礼仪管理使人们遵守礼仪道德规范,并转化为公众的要求和价值目标,从而外在地要求人们发生礼仪行为。礼仪的教育和管理使礼仪规范变成社会的共同要求与个体的价值目标,从而实现自律与他律的有机结合。

礼仪是人类社会为了维系社会正常的生活秩序,所需要共同遵循的那些符合礼的精神的行为规范准则和仪式的总和。我国古代社会,礼仪的含义是十分广泛的,它是治国、育人、维系社会之根本。在礼学体系中,礼仪是有形的,存在于社会的一切交往活动中,包括政治体制、朝廷法典、天地神鬼祭祀、陵墓营造、婚丧嫁娶、衣食住行、言谈举止等,几乎包容了国家的政治、经济、军事、文化等诸方面。其基本形式受物质水平、历史传统、文化心态、民族习俗等众多因素的影响。礼仪要求待人文明礼貌、举止有礼、尊老爱幼、爱护公物、诚实正直、与人为善等。这些行为规范都是社会公德的主要内容与原则,因此礼仪是社会公德的一个主要组成部分。

二、公民

自 2001 年我国《公民道德实施纲要》发表以来,"公民道德建设"已经成为人人耳熟能详的术语,但是多数情况下我们都是在不言自明中使用这个概念,很少作出明确的界定,这不仅造成对这一概念理论上理解的模糊和混乱,更影响了其实践上的有效性。公民道德建设要想取得突破性进展,我们首先需要明确其概念。"公民道德"的概念核心在于什么是"公民"。公民是一个从西方舶来的概念,它在西方政治哲学领域中占有重要的地位。公民概念突显了政治与哲学的勾连,作为一个体现权利义务观的政治学概念,同时又蕴含了公民德性与社会生活目的论相关联的哲学思想。在政治与哲学的互动中,公民概念也在不断发生着演变。

　　作为现代西方社会政治、经济、社会生活中的主要角色或"剧中人",公民被一致认为是一个内涵丰富的概念。在古希腊,亚里士多德把"有权参加议事和审判职能的人"称为公民,公民可以通过直接民主的形式参与国事,进行表决、议政,担任公职,有选举权和被选举权。因此,政治属性是公民概念的起始性特征。但古希腊的公民是一个垄断城邦政治领域的特权阶层,侨民和奴隶不属于公民。古罗马人将公民特权扩展到帝国疆域内绝大多数男性平民,公民地位与个人的出生、宗教、政治信仰、文化相分离,并取得一定的法律保障,致使臣民和市民相混合,但权利大大贬值的公民概念更为发达,并以此为基础形成了完整、系统的法律体系。西塞罗宣称:"希腊人赋予法律以公平概念,我们赋予法律以选择概念",自主选择的确立大大推动了公民意识的发展。罗马把公民从政治人变成了法律人。因此,古希腊强调公民的政治属性,罗马帝国侧重臣民和市民服从法律,法律属性成为古典公民角色的又一个基本属性。

　　公民的政治属性和法律属性作为起始性特征在漫长的中世纪被封存起来。中世纪后期,伴随着市民社会的崛起以及近代民族国家的形成,公民概念开始重新出现。中世纪欧洲市民发育与生成的实践进程瓦解了传统的身份体制,培育出人们普遍的权利意识。为了争取更多的权利,市民结为市民社会,开始参与塑造国家,提出了公共生活的要求,让国家保障其权利、消除参与公共生活的障碍。市民社会的出现打破了传统社会的混沌状态,形成了国家与社会的二元格局,为公民的产生拓展了空间。尤其是1789年法国大革命抹去了世袭制和等级制的传统社会阶层的界限,开始用"公民"给社会成员进行新的身份定位。从此,资产阶级民主国家将国家、社会和公民的关系以宪法的形式确立下来。公民概念在重新获得政治性、法律性等起始性属性的同时,突破古希腊古罗马时代的诸种限制,具有了普遍平等的意义,只要具备法定资格的人(如国籍)都是公民。因此,近代公民"是现代国家形成过程中市民参与形塑国家的一种结果"。在现代社会中,公民是体现人之自主性的社会共同体成员。随着公共领域与私人领域的日渐疏离,人在现实生活世界中往往表现为"私人"和"公民"二重属性,由此产生了公共性与私人性两种内在价值关系的对立,引出政治哲学史上对公民理论的另一种划分:自由主义的公民观和共和主义的公民观。自由主义的公民观是以非公共社会的"私人性"为基础,强调公民权利,而共和主义的公民观以政治共同体的"公共性"为基础,强调的是公民德行。

　　公民概念不仅是历史的,而且是地域的、文化的,因国家和社会文化的差异而具有不同的内涵。在当代社会,公民身份已经从国民扩展至小到社区成员、大到世界公民等更为广泛的层次,我国公民(身份)既有公民概念的普适性,又有其特殊性,这反映在我国公民身份和公民意识形成的过程之中。20世纪中华民族的历史是一部救亡图存的历史,是一部国家寻求现代化发展的历史,同时也是一部公民锻造和臣民退场的历史。公民思想萌芽阶段首先出现于救国图强的思想家和教育家的书信与言说中,公民概念在我国的发展也是一部追求民主政治和宪政的历史,体现了丰富的政治内涵。在法律规定的我国公民所享有的各项权利和义务中,公民享有的政治权利和义务尤为突出。

三、公民道德

在西方,公民道德起源于公民美德,同时也是公民美德日趋式微的产物。公民美德通常被认为是一种政治美德,以及公民个体在社会公共生活中应该具备的具有示范意义的公共性美德。这是由公民的政治属性和公共属性决定的。政治属性是公民的本质属性,政治义务的履行是公民身份实现的基本前提。亚里士多德认为理想城邦国家的公民应该有智慧、节制、勇敢、正义四种美德,并且将积极参与城邦政治生活视为构成公民资格的实质性要件,如果没有参与能力或参与事实,即使具备了公民资格,依然不能算是真正的公民。参与本身是公民最大限度地实现自身,成为一个好公民的重要途径。孟德斯鸠认为好公民就是政治上的好人,是具有政治美德的人,比如爱国就是最好的公民美德。公民美德的另一个特点公共性,是由公民身份存在的领域——公共领域决定的,如果没有公共领域,公民身份也就不复存在,因为只有在公共领域公民才有参与、商谈、辩论和监督的可能。健康而发达的公共领域是公民理性地批判公共权力、形成公共舆论进而影响政府决策的理想之域。不存在公共领域的地方就不存在公民身份。正如阿伦特所言:"没有分享公共幸福,就没有人会是幸福的;没有体验公共自由,就没有人可以称作是自由的;没有分享公共权力,就没有人会是快乐和自由的。"总之,"政治性与公共性是公民美德的基本特性"。(阿伦特,1956)

随着自由主义的崛起,公民美德不再被重视。自由主义最看重个人权利,崇尚个体作为一个自由竞争者在市场领域的成功,因而他们更强调理性和批判精神,对爱国、积极参与等公民美德并不重视。积极公民日益转化为消极公民,美德愈来愈被视为是一种奢侈和浪费。在自由主义关于权利的争取和维护过程中,公民美德一再退守,最终被"公民道德"的表述所代替。由于自由主义者追求市场利益、信赖制度和程序,普遍认为即便是缺乏良好德性的公民,只要有最佳的制度设计,自由主义政府依然能够确保民主政体的推行,所以他们特别强调公民遵纪守法、平等独立契约精神等公民风范。因此公民道德在批判地继承了公民美德的两个本质属性"政治性"和"公共性"的同时，又有了制度性、规范性、契约性等特征。

对于幸福而言，德性是幸福生活的中心和重要部分。这个德性，既是社会中人的德性，也是公民的德性。托克维尔指出："公民美德只不过是有节制的私人美德效果的延伸"。虽然近现代以来，自由主义过分强调个人权利和个人自由的主张带来公共生活的衰落，公民美德降格为公民道德，但这种价值理念所带来的负面影响得到了知识分子的广泛关注，无论是自由主义、新共和主义还是社群主义、多元文化主义都开始重提公民美德的概念，重塑"既能治理又乐于受治"的亚里士多德式的积极公民理想，意识到公民的个体德性对于培育积极公民的重要性。

图 2-2　公民道德 20 字纲要

（图片来源：百度图库）

第四节　道德多样性

一、道德观的发展

在西方，古希腊、古罗马、荷马史诗等著作中有礼仪的论述《伊达》，论述礼宾次序、餐桌规矩、祝酒和交谈的辞令修饰；到了中世纪，教会礼仪盛行，主要体现在《圣经》中；文艺复兴运动开始，自由、平等、博爱的礼仪观念逐渐普及并得到社会的认同。

图 2-3　中世纪教会

（图片来源：百度图库）

从历史上看,凡是美的对象在伦理学意义上亦是善的,这尤其表现在社会美的领域里。社会美的内容在某种意义上来说就是以美的形式来表现善。美与善,尽管联系密切,但并非可以等同,形式美并不一定就是善,但善可以滋生内在美。

任何国家的礼仪都具有自己鲜明的民族特色,任何国家的当代礼仪都是在本国古代礼仪的基础上继承、发展起来的。离开了对本国、本民族既往礼仪成果的传承、扬弃,就不可能形成当代礼仪。作为一种人类的文明积累,礼仪将人们在交际应酬之中的习惯做法固定下来、流传下去,并逐渐形成自己的民族特色,这不是一种短暂的社会现象,而且不会因为社会制度的更替而消失。对于既往的礼仪遗产,正确的态度应当是有扬弃、有继承,更有发展。

也许有人嘲笑礼仪只是一套繁文缛节,只是迂腐的旧习俗。礼节虽然琐碎,但并不是无病呻吟、华而不实,更不是媚俗之人的装腔作势。在人类发展的漫漫路途中,需要礼仪来约束和规范彼此的行为。传统的礼节不仅是为了让生活的车轮转动得更加平稳,同时也是人类交往中的安全措施。只要人的社会属性不改变,人际交往的艺术和伦理诉求就不应当缺失。当然,作为伦理关系中的重要一环,礼仪本身并不是一成不变的,礼仪并不是陈列在博物馆里的玻璃盒子。世界在不断改变,世界的秩序也在不断变化;同样,礼仪的标准是与时俱进的。20世纪的第一年,英国著名社会历史学家罗素写道:"可能历史上所有时代的人都喜欢钱,但一百年之前他们从不公开谈论它……一个人的出身、教养、阶级地位、成就、在文学、艺术和公共事业上的卓越贡献——这些在社会上都是很重要的东西。但是当与无所不能的金钱力量处于同一天平时,他们合起来也只不过是一堆尘土,拜金主义是现代社会特有的迷信。"礼仪,作为在人类历史发展中逐渐形成并积淀下来的一种文化,始终以某种精神的约束力支配着每个人的行为,是适应时代发展、促进个人进步和成功的重要途径。

二、道德的实践理性

道德是关于个人的善、人类的善的知识,是关于正当和正义的知识。什么是善?什么是正义?问题的解答和探讨,有着十分丰富的意义和价值。古今中外的各家学说,其实持有相当不同的观点和看法。伦理的知识是关于我们的精神世界以及我们行为领域的重要知识。精神价值问题不仅仅是一个如何与客观性相符合的问题,更重要的是如何界定正当与正义,如何界定人类的善、人类的幸福的重大问题,解决人类的精神安顿和终极关怀的问题,是关乎人类的思想自由与人生的理想追求的问题。每个人都要面对,不断选择,同时也各有困惑和解答。从某种意义上说,伦理的道理不是一元的,而是多元的。事实上,每个人都可能迷失在世俗和偏见之中。但只要我们去探寻,不放弃思考的权利,就会有所醒悟,就会在追求自我的卓越中找到属于自己的善,在践行良善的过程中去构建社会的善。

道德不仅是一种意识形态,还具有实践理性。道德的实践表现为对人的社会生活的协调规范作用。从起源的角度讲,道德首先是作为一种社会生活规范出现的,通过规范约束人们的行为,维护社会基本秩序,体现了社会理性对个人的控制,具有他律性和强制性。道德的规范性又内在地孕育着走向主体性的通道,当人们的注意力在道德的规范性和约束性一面时,道德是他律强制的;当人们的注意力在应当和引领的一面时,道德又是自律自由的。道德的主体性体现在道德不是某种超人的、神秘力量的产物,它是人为自己立法的结果,是人类把握世界确证自身主体地位的特殊方式,人不是道德的奴仆而是其主人。公民道德的公民性和美德性是由公民身份决定的。

三、公德与私德

社会公共伦理是经过千百年逐步积淀,为社会公共生活所必需的。公共伦理即公共生活规范,反映了人类维持公共生活秩序的愿望和要求,是一个合格的社会成员在道德上的起码标准。公共伦理主要包括三个方面的道德要求,一是日常生活中处理人际关系方面的一般道德要求,最基本的是做到文明礼貌、相互尊重、诚实守信,言行一致。二是公共场合中处理人群关系方面的一般道德要求,自觉遵守公共秩序与各项规章制度是对每个公民的基本要求。三是保护资源环境方面的一般道德要求,自觉遵守环境道德,保护自然环境、保护生态平衡是每个公民应尽的社会责任和道德义务。

生活需要道德但并不等于道德。生活需要道德是因为道德能够使生活更加具有秩序和理性,道德能够强化人的社会性和德性,使人更好地成为人。道德始终存在于人的整体生活之中,没有脱离生活。人们是为了生活而培养个体的品德,提升社会的道德。生活是道德的目的。道德生活就是"人们在日常生活中进行行为选择和价值评价时所置身于其中的社会价值场"。

公德与私德是相互转化的:私德推之于外即为公德;公德内敛于己即为私德。《公民道德建设纲要》中 20 个字的道德规范,它们作用于社会公共生活领域就是公德,而内化为个体德性即是私德。公德状况是衡量社会道德水平的标尺,私德状况则是衡量个体道德境界和内在德性的标尺。

第五节 商业伦理与职业道德建设

一、市场经济与商业伦理

市场经济是人类的一种价值活动,它的运作有自己的道德基础。它要求每一个经济活动参与者具备与之相适应的个体道德素养,承担一定的道德责任和义务,遵循一定的道德规范。亚当·斯密在 1759 年发表的《道德情操论》中指出:"自爱、自律、劳动习惯、诚实、公平、正义感、勇气、谦逊、公共精神以及公共道德规范等,所有这些都是人们在前往市场之前就必须拥有的。"市场经济活动参与者的个体道德素养,为市场经济活动中的行为选择提供道德基础;而一定的道德规范,是维持市场经济正常人际关系和社会秩序必需的行为准则。"社会市场经济"的创始人路德维奇·艾哈德曾说过,市场经济需要法制和道德行为规范以约束自由、限定自由的内涵,从而间接保护各社会阶层在国民生活中的正直劳动。

马克思说过,道德是以"实践精神"来把握世界的一种特殊方式。道德的目的是按照善的法则创造性地完善社会关系和自身。道德规范在经济活动以至整个社会生活中起着重要作用。一方面,它是市场经济条件下人们一般的、基本的内在道德信念,是人们评价行为是非善恶的基本价值尺度,构成人们的基本道德人格或良心;另一方面,它是人们外在的道德行为准则,成为人们在市场经济活动的整个过程,包括人才交流、资源配置、生产、分配、交换、消费等经济活动中,应当共同遵守的起码的道德规则,以保证社会经济活动有序进行。在各种利益冲突和道德选择中,如果整个社会活动不能确立一种与之相适应的道德规范体系,作为人们共同的"内在道德律令"和"外在行为准则",那么,市场经济就会失去公众基本的道德支撑,造成人们道德精神生活和经济活动的严重无序。

每一种经济体制都有自己的道德基础。任何经济活动,本质上都是一种与人的经济利益相关联的道德活动。在市场经济条件下,道德规范体系的一个重要作用是向人们揭示个人的经济活动和生活中的道德责任和义务,促使个人实现道德自觉,遵守市场运行的"游戏规则"。一个合理的道德观念和道德规范,一旦真正为人们在实践中所自觉认识和接受,转化为自己的"内心信念"和"内在律令",就会在经济活动和社会生活中自觉履行。诺贝尔经济学奖获得者诺斯曾经说过,自由市场本身并不能保证效率,一个有效率的自由市场制度除了需要一个有效的产权和法律制度相配合之外,还需要在诚实、正直、合作、公平、正义等方面有良好道德的人去操作这个市场。市场经济有效运行需要以经济人遵守共同的道德规范为基础。

二、商业伦理原则

第一,经济效益原则。经济效益原则实现的理论基础为人的"利己性"。亚当·斯密应用"经济人"假设,对追求自身利益的个人行为会导致社会共同利益得以实现这一命题给予了系统论证。在亚当·斯密看来,人的本性是自私的,人在经济活动中的动机都受利己心的支配。但在交换关系中,他发现交换者双方的个人利益同时得到满足是可能的,个人利益和普遍利益是可以一致的:"他受着一只看不见的手的指导,去尽力达到一个并非他本意要到达的目的。他追求自己的利益,往往使他能比在真正处于本意的情况下更有效地促进社会的利益。"值得强调的是,利益的追求必须与道义相结合,即要正确处理利益与道德的关系,坚持义利的统一;正确处理经济发展中的眼前利益和长远利益的关系;

正确处理集体和个人的关系。

第二,公正原则。公正原则的确立根源于工商业发展和社会和谐发展的内在要求。一方面,市场经济要求每个经济主体处于同一平等地位,具有同样充分的义务和权利;要求以社会必要劳动时间为尺度来衡量一切产品的价值,从而使一切产品所体现的价值是平等的;要求打破地区局限和垄断,创造平等的社会条件,实现市场经济的顺畅和高速发展。另一方面,人的经济活动就是要追求最大化的利益,机会均等、按劳分配等原则为人满足自身不同层次的需求提供了可能空间,是调动人的积极性的有效途径和推动社会发展的有力杠杆。公正原则主要涉及:分配公正、惩罚公正、补偿公正和交换性公正。

分配公正原则涉及对利益与责任的分配问题,利益包括收入、财富、教育和休闲,责任包括工作和纳税等。惩罚公正指对错误行为的适当的惩罚或处罚。补偿公正涉及对于错误行为的受害方的补偿,包括纠正伤害所需的医疗、服务及物品。交换性公正针对公平交易提出,与工商活动联系最为密切。交换性公平原则要求双方等价交换。公平的交易具备三个特征:一是交易信息对交易双方充分透明,二是交易双方出于完全自愿的目的进行交易,三是交易双方均可从交易中获取利益。劳动者作为人力资源,他们的能力也可以竞争和比较,其工资水平也可以用公平原则加以衡量。

第三,诚实守信原则。现代市场经济是不断扩大化的分工合作经济、交换经济、契约经济,也是面向一切市场合作主体和交易主体的信用经济。市场经济作为一种以市场为导向的资源配置方式,使生产要素和劳动产品在整个社会内流动和分配;人们通过商品交换这种特有的社会交往方式,建立起日益复杂的主体间关系,形成了多重的主体间关系。在这种情况下,人们越是想在生产和交换中获得自己的最大利益,就越是要诚实守信地履行与交易各方签订的契约。诚实信用是现代经济持续发展的现实基础和保障,是人类经济活动的基本要求和伦理基石。

在中国经济快速发展的过程中,以经济增长为绝对优先的追求目标,以社会商业化、利益驱动为推动一切事业的杠杆的趋势令人担忧。改革开放以来,中国创造了举世瞩目的经济增长,也导致了诚信危机。金钱的魔力被强化到无以复加的地步,人们无所畏惧地争名于朝,争利于市,这是当代中国人诚信危机的深层根源。为实现正义,须有许多人守法,须有许多人恪守基本道德原则。诚信是正义的基本前提,也是市场经济的基本道德基础,是现代经济持续发展的内在要求。经济行为主体间的分工合作,必须是双方或多方精诚、善意的合作,是实现共同目标、共同利益的合作。要形成健全的市场机制,使价格机制、竞争机制、供求机制、风险机制和利润等经济杠杆的作用充分发挥出来,也必须要强化信用。

第四,尊重原则。尊重原则也称为权利原则,即:因为你是一个人,而赋予你特定的道德权利或人权。学者卡瓦纳认为商业行为的基本权利有:生存和安全的权利,获得事实权,隐私权,良心自由权,言论自由权,私有财产权。权利可以是积极的,也可以是消极的。积极的权利意味着代理人有明示的义务,他应该为此采取行动,促进权利的实现;消极的权利意味着代理人有不干涉你的权利的义务,除非你的权利触犯了当事人的权利。公正原则与权利原则是紧密联系的。每个人得到人之为人的平等待遇,都平等地享有自我发展和自我实现所必需的基本条件和基本权利,改变机会不平等的状况,是最终的社会公正的目标。

第五,保护消费者权益原则。1985年联合国大会投票通过了第39/248号决议,该项决议通过了《保护消费者准则》。《保护消费者准则》是一部具有世界意义的保护消费者的纲领性文件,它要求并确保下列合理需要获得满足:(1)保护消费者的健康和安全不受危害;(2)促进保护消费者的经济利益;(3)使消费者取得充足信息;(4)消费者教育;(5)提供有效地赔偿消费者的办法;(6)有组织消费者及其他有关的团体和组织的自由。保护消费者权益原则就是要求在生产、交换等经济活动中避免损害消费者合法权益的行为发生。按照我国《消费者权益保护法》的规定,消费者的合法权益主要包括:(1)安全权;(2)知情权;(3)自主权;(4)公平交易权;(5)求偿权;(6)结社权;(7)获得知识权;(8)受尊重权;(9)监督权。

三、企业的伦理责任

企业在商业伦理实践中是最基本的、最主要的伦理主体。在不同的社会关系中,企业扮演着不同的社会角色,企业既是生产者、经营者、营利者,也是管理者、竞争者与合作者,还是守法者、被管理者、被竞争者和被监督者。

公司的社会责任最早由美国学者谢尔顿于1924年提出,有关公司社会责任的理论研究则始于20世纪30年代的美国经济危机。许多人认识到,不能仅仅把为股东谋取最大经济利益作为公司追求的唯一目标。公司的社会责任是指公司不能仅以最大限度地为股东们赢利或赚钱作为自己唯一存在的目的,而应当最大限度地增进股东利益之外的其他所有社会利益。这种社会利益包括雇员利益、消费者利益、债权人利益、中小竞争者利益、当地社区利益、环境利益、社会弱者利益及整个社会公共利益等内容。其中,与公司存在和运营密切相关的股东之外的利害关系人(尤其是自然人)是公司承担社会责任的主要对象。具体来说,公司的伦理责任包括产品开发的伦理责任、如何生产的伦理责任、产品售后的伦理责任、公司广告的伦理责任、企业环境的伦理责任,以及社会共享的可持续发展责任。

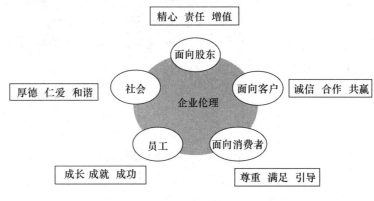

图 2-4　企业伦理

四、职业道德

职业活动是人类生存发展的最基本活动。当今时代,离开职业活动,人类就无法存在。职业道德涉及每个从业者,职业角色是个人承担的多种社会角色中最基本、最重要的角色。正因为职业活动在社会和个人生活中占据如此重要的位置,职业道德作为协调职业的道德准则,对于职业活动具有巨大的能动作用。职业道德不仅影响个人的职业生活,也影响整个社会的职业风气,影响整个社会的物质生产和社会生活。

职业道德就是从事一定职业的人,在履行本职工作的过程中,应当遵循的职业范围内的特殊道德要求和道德准则。职业,代表着个人的社会地位、身份,表明了他所担负的社会角色。职业的本质是人在社会活动中的人格化,每个人通过他所从事的职业体现着每个从业者在本职业中应尽的责任,同时又能享有从事职业应当从社会得到的相应回报,集中体现了从业者在社会关系中义务与权利相统一。职业道德是职业活动中责任和权利相统一的反映,职业道德协调职业内部的各种关系,以及职业活动与社会之间的关系。

职业道德主要调节职业范围内的三种关系:一是调节职业内部人和人之间的关系;二是调节职业活动中人和物的关系,反映了个人和社会的关系;三是调节与职业有关的各种社会关系。任何一种职业道德都应要求从业者在职业活动中做到服务大众、服务社会,树立对社会、他人的职业责任感,树立一种天职的思想,从精神上把"小我"融入社会的"大我"之中。

职业道德要求:

第一,爱岗敬业。热爱本职工作,忠于职守、勤奋努力,工作精益求精、专心致志,尽力把工作做得尽善尽美。要求劳动者全心全意投入本职工作,热爱自己所从事的职业,对自己所从事的职业产生一种荣誉感,为自己所从事的职业感到自豪。爱岗敬业是职业道德的首要规范。

第二,诚实守信。在职业活动中要忠于职守,不弄虚作假,诚实经营和劳动,合理合法地取得利润和报酬。遵守合同契约,做到信誉至上。在商品交易中,做到货真价实,不欺骗顾客。

第三,奉献社会。要求从业者把职业活动与社会发展和人类进步联系起来。把具体的职业活动与崇高的精神追求结合起来,把平凡的劳动与伟大的社会发展目标结合起来,看到自己的职业活动与民族的振兴与人类的进步有关联。平凡的人,从事平凡的工作,有巨大的工作热情,全心全意地投入本职工作,就是高尚的人,有益于社会的人。

案例分析

忠诚"跪教"36 年——记贵州省山村教师陆永康

一边是嶙峋的山岩,一边是深深的山谷,时而是遍地尖利的石子,时而是积满了雨水的大坑……然而,就是在这样艰难的路上,靠着双腿膝盖跪在一双用木板、篮球皮、废旧轮胎、铁丝自制的重达两公斤的"鞋子"上,山村教师陆永康跪着"走"了无数个来回,跪着度过了 36 年的教书生涯。

无数个转弯、仿佛是无尽的路途之后,终于来到了贵州省三都水族自治县羊福乡中心小学。在寂静的山谷中,这栋白色的小楼是最为辉煌的建筑。正是课外活动时间,许多孩子在操场上笑着、跳着、闹着。

沿着操场边的一个角落拾级而上,在一间简陋的木屋里,我们见到了 58 岁的陆永康老师。他站起来了,告别了自制的像船一样的"鞋子",告别了 36 年的"跪教人生"。这得益于两年前的手术,得益于政府和群众的爱——这是对他 36 年"跪教人生"的回报。

挂着一双钢制的双拐,在矮小的木屋里,陆老师显得很高大。

36 年的"跪教人生","永康",这名字里饱含了父母对孩子最大的祝愿。但是,陆永康在 9 个月的时候,却由于一场小儿麻痹症而注定与"健康"二字无缘。他双腿膝盖以下肌肉萎缩,从此只能跪着行走了。

20 岁那年,因为贫困,村上的孔荣小学流失了最后一个老师。陆永康接下了给孩子们教书的任务,成为一名民办教师,"跪"在了讲台上——这一跪,就是 36 年。

刚开始教书的时候,全校只有 30 名学生,大部分孩子都辍学在家。陆永康要做的第一件事情是把失学的孩子找回来。白天上课,晚上家访,成了陆老师的全部生活内容。每天晚上下课以后,穿上自制的"鞋子",再拄一根拐棍,他出发了。爬山、蹚河、跨沟,跪行在崎岖的山道上,手脚并用,一不留神便滚在地上。没有人搀扶,"蹭"起来再继续往前"走"。山里的夜黢黑黢黑的,陆永康不是不害怕,毕竟,他那时只有 20 岁。他把手电筒套在脑袋上,像个矿工;他花八毛钱买了把铜哨衔在嘴上,用尖利的铜哨声为自己壮胆……

"电筒淋湿后就会锈,一个学期下来,一般都要换两三个电筒。这么多年来,跪坏了不知多少双鞋子,坏了就用三天时间再做一双,我都快成'鞋匠'了。"说起多年前的情景,陆永康那么平静,仿佛在说别人的故事。

别人走一小时的路,他要"跪"四小时。但陆永康愣是这样跪着走遍了孔荣小学周边的八个自然村寨,跪遍了孩子们家的门槛。

有一次,大雪纷飞,距学校 3 公里的石板寨的学生没来上学,晚饭后,陆永康冒着严寒,摸着夜路到寨上去动员,学生家长被感动了,第二天就把孩子送到了学校。

水族的女孩子过去是很少被送去读书的,陆老师就一家一家去动员,一次又一次去家访,直到全村适龄女孩都来上学。空荡荡的学校又有孩子在跳跃、奔跑了,又响起了朗朗的读书声。

陆永康既教一年级又教二年级,既是老师又是校长……第二个学期,他的学生由 30 名增加到 50 名;3 年后,增加到 150 名。不光是自己村,就连邻村的家长都把孩子往他这儿送,他们觉得,娃让陆老师教,放心。

陆永康对教学一丝不苟,有弄不懂的东西,他就到 6 公里远的中心小学去向别的老师请教。他还针对水族学生汉语水平弱的特点,采用"双语"教学(汉语、水语),取得了良好效果。这一年,他所教的毕业班 42 人,有 22 人考取了初中,这在孔荣寨历史上还是第一次。

1981 年,孔荣小学合并到羊福乡中心小学,陆永康也随之转到了中心小学,并凭着多年的刻苦自学,以全县第三名的成绩通过考试,转为公办教师。任教以来，陆永康每年都被评为县里的"优秀教师"；1998年，获得香港李国基教师奖励基金；2002年，又被评为贵州省"优秀教师"。如今，在羊福乡中心小学，几乎有一半老师都曾是陆老师的学生。陆永康说："能够站在讲台上，即便是跪着给学生们上课，也其乐无穷。每当听到自己的学生考上重点学校和成才了，比什么都激动。"

14次手术后，他站起来了。

陆永康用浩荡的爱心守护着他的学生。他的学生们也在悄悄地回报着恩师。陆永康教过的学生们在悄悄行动，寻找着能让老师站起来的方法。陆永康最先是在孔荣村小任教，他们就以"孔荣弟子"自称，连续14年为自己的老师寻找医学专家。

这个艰难跪行的身影，也感动了黔贵山水。2004年初，黔南州委书记林明达获悉此事，当即打电话给当地一家医院的院长，询问是否可以通过手术治疗帮助陆永康站起来。双腿膝关节纤维强直，屈节90度，严重畸形。这样的手术在贵州省还没有先例，如果失败，只有截肢。做还是不做？医院成立的专家组反复进行模拟实验，再三推敲手术步骤。

教师节那天，黔南电视台为陆永康拍摄的专题纪录片播出，专家组负责人胡建山收看了这个节目。节目还没看完，他已两眼湿润。他觉得，自己没有理由不倾尽全力让这个跪了35年的老师站起来。

在羊福，胡建山含着热泪为陆永康进行了十分细致的检查。看着那一双已全面萎缩的小腿，胡建山的心情十分沉重，他很清楚：如果手术不成功，那就要截肢，也就是说，陆永康有可能连跪着的能力也丧失了。这种风险太大了，也太残酷了，不得不慎重啊！

2004年3月18日，陆永康做了第一次手术。3小时后，当最后一针缝合好，胡建山已几近虚脱。后来，第二次、第三次……创造了人生奇迹的陆永康，终于等到了盼望50余年的医学奇迹：在14次复杂的手术后，他慢慢站起来，穿上了有生以来第一双真正的鞋！他小心翼翼，用了整整两分钟，走出了整整两米！

科学和爱心，重塑了陆永康的双腿。消息传回陆永康任教的羊福小学，学生们一针一线地为他们的老师绣了两双鞋垫，并托人带到医院，希望陆老师早日返校。

2005年4月19日，离家治疗一年多的陆永康回到羊福。快到进入乡镇的一座大桥时，陆永康看到，桥的两边挤满了学生。他们都是来欢迎陆老师重返讲台的。

第二章 礼仪与伦理

六年级的水族小姑娘潘祥飘是陆老师的学生。陆老师教过她社会、数学、思想品德课。她说:"每次看到陆老师跪着上课很吃力、写板书很累的样子,总是有一种说不出的难受。现在,陆老师可以站起来讲课了,我们比他还高兴。"

现在,陆老师和他的妻子黄天云、两个读六年级的儿子一起过着清贫而充实的生活。在他家的木屋里,透过木板间一指宽的缝隙,能看到屋外的操场。全家最夺目的"家当"是满满两面墙的奖状,那是爸爸和两个儿子得到的各种奖励。

陆昌健就在爸爸的班里。他说,从小有同学嘲笑说爸爸是矮子,那时常常觉得抬不起头来。于是爸爸给他讲:"我在陌生人面前走路,别人围着看,我就很难堪。但工作就是力量。不少教师都观摩过我的教学,大家都说教得好,老师们对我很尊敬。我身体有缺陷,但我用努力工作来弥补。每个人都有不足,你也要努力学习,才能弥补你的欠缺。"现在,昌健大了,常考第一名,他懂得了爸爸,为爸爸而自豪。妻子黄天云已经跟陆永康一起生活了16年。她说:"我们一家人曾经有过穷得几乎揭不开锅的时候,我愁过吃穿,忧过儿女,却从未后悔过嫁给这个只能跪行的男人。"

一茬一茬的学生走了出去,而陆永康却一直留在大山深处。他说:"我喜欢那支歌唱老师的歌《长大后我就成了你》。里面不是有句'放飞的是希望,守巢的总是你'吗?做老师的都是这样,总要能守住清贫。"

(资料来源:中国精神文明网)

分析:
结合本章谈一谈你对陆永康这一行为的理解。

本章小结

伦理礼仪,是人际交往的"通行证"和"润滑剂",学礼仪有利于文明生活的日益形成,有助于道德修养的日益提升。有时候,一句粗话会损害一个人的自尊心,可能引起纠纷,甚至对簿公堂;一句抱歉往往会淡化许多问题,化解许多矛盾。人需要尊重自己,也尊重他人,受人尊重会使人产生愉快的心理体验。礼仪体现了人与人之间的尊重,有利于社会的和谐稳定。现代生活节奏的加快,使人们接触交流的时间大为减少,人际隔阂也很容易产生。如何得体地表现自己的内涵,展现自己的礼仪,有着深刻的文化内涵,也是一门很深奥的学问。

本章主要讲述了礼仪与伦理的关系,分别从五个方面来描述。首先,我们要学习礼仪与德行的关系,学习礼仪也是为了修身养性、育德塑人。其次,我国的礼仪文化源远流长,从儒家的伦理中可见一斑,中国儒家思想中所推崇的"仁""义""礼""智""信"也是礼仪的构成元素。最后,学习礼仪就是要塑造良好的公民道德,让大家了解道德的多样性,学习商业伦理,严格遵守职业道德规范,提升自身的修养品位,积极向新时代的高素质公民迈进。

模拟实训

实训目的
使学生掌握生活礼仪与文明道德。

实训场地
老师按照实训内容结合学生自己的意愿给学生分配合适的场地,如校园、食堂、课堂等。

实训步骤
1. 任课老师与班主任共同组织,开展礼仪主题班会。
2. 主持人开场白。
3. 表演小品《我的一天》,现场表演或事先剪切成视频。展示校园情景,然后按照个人文明礼仪、校园文明礼仪、食堂文明礼仪、课堂文明礼仪几个校园情景文明礼仪进行讨论。

(1) 个人文明礼仪
① 第一小组为主,评价小品《我的一天》中涉及的个人文明礼仪现象(哪些符合文明礼仪要求,哪些不符合,正确的言行应该是什么样的)。
② 班会前将校园个人文明礼仪典范制成PPT展示。
③ 第一小组主持,大家结合自己的认识查找问题,对照检查,自我整改。
④ 总结班级个人文明礼仪规范:言谈礼貌、仪态举止、谈话姿势、个人及宿舍卫生习惯。

(2) 校园文明礼仪
① 第二小组为主,评价小品《我的一天》中涉及的校园文明礼仪现象(哪些符合文明礼仪要求,哪些不符合,正确的言行应该是什么样的)。
② 班会前将校园文明礼仪典范制成PPT展示。
③ 第二小组主持,大家结合自己的认识查找问题,对照检查,自我整改。
④ 总结班级校园文明礼仪规范:同学交往的礼仪、尊师的礼仪。

(3) 食堂文明礼仪
① 第三小组为主,评价小品《我的一天》中涉及的食堂文明礼仪现象(哪些符合文明礼仪要求,哪些不符合,正确的言行应该是什么样的)。

② 班会前将食堂文明礼仪典范制成PPT展示。
③ 第三小组主持,大家结合自己的认识查找问题,对照检查,自我整改。
④ 总结班级食堂文明礼仪规范。
(4) 课堂文明礼仪
① 第四小组为主,评价小品《我的一天》中涉及的课堂文明礼仪现象(哪些符合文明礼仪要求,哪些不符合,正确的言行应该是什么样的)。
② 班会前将食堂文明礼仪典范制成PPT展示。
③ 第四小组主持,大家结合自己的认识查找问题,对照检查,自我整改。
④ 总结班级课堂文明礼仪规范。

第三章　礼仪与审美

☞ 学习目标

1. 学习中国的传统审美精神,能够辨别出什么样的人是美的,以及美好的人应该具有哪些品质和态度。

2. 学习如何认识自然之美、品味艺术之美以及体验情感之美,塑造自己的审美情怀。

3. 将美学运用于生活之中,了解人格之美的内涵,学习如何处理物欲,学会以正确的心态看待人生的不同阶段。

4. 学习如何看待情味与美的关系,在细节中发现美,提升自身的美学修养水平。

5. 将审美灵活运用于日常生活之中,了解如何做以及做什么来培养一种精致美好的生活态度。

☞ 情境导入

作为国际名模的吕燕,在中学时有"丑小鸭"之称,现在也有"第一丑模"之称。对于自己备受争议的容貌,吕燕却淡然处之:"我从来不认为自己有多美丽,但我相信我身上有很多迷人的地方,是这些因素造就了别人眼中的美丽。"她不是常规意义上的美女,但绝不能用"丑"这个字来形容她,与她接触过的人都会因为她率真大方的个性而不由得喜欢上她。她对所有的女孩子说:"如果你自己都不认为自己漂亮,那么别人更不会认为你漂亮。"

高雅的气质是公众人物和服务型人员基本素质中不可或缺的元素,而自信、热情大方、真诚善良等优良的品质以及日常的礼仪行为更是我们评价一个人美丑的衡量标准。

礼仪是人际交往的艺术,也是立言立行的基本道理。因此,礼仪学,可以是宏观大论,也可以是细微生活。礼仪既是举手投足的美好,也体现着源远流长的文化。毋庸置疑,礼仪背后有着深厚的文化根基。商务礼仪是内在修养与素质的外在表现。礼仪既是一种艺术,也是一种生活方式。学习礼仪有助于提高自身的修养,美化自身,美化生活。

第三章 礼仪与审美

美是什么？这是美学学科所要探讨的基本问题。每位哲学家对这个问题都有着自己的看法。从古到今，从西方到东方，对"美"的解释是复杂的。古希腊的柏拉图说：美是理念；中世纪的圣·奥古斯丁说：美是上帝无上的荣耀与光辉；康德认为，美感判断是主观的，但却有普遍性；俄国的车尔尼雪夫斯基说：美是生活；中国古代的道家认为：天地有大美而不言；我国现代美学的泰斗朱光潜先生说："美感起于形象的直觉"；叶朗先生的《美学原理》告诉我们，美在审美关系当中才能存在，它既离不开审美主体，又有赖于审美客体。美是精神领域抽象物的再现，美感的世界纯粹是意象世界。

"美学"一词最初的意义是"对感观的感受"。德国哲学家亚历山大·戈特利布·鲍姆加通《美学》(Aesthetica)一书的出版，标志着美学作为一门独立学科的产生。19世纪中叶以后，美学发展流派纷呈，但总的来说有一重要倾向，即逐渐脱离了"美是什么"的纯哲学讨论，而侧重于"在美感经验中我们的心理活动如何"这种审美心理的描述，把美学逐渐变成一种经验描述科学。这便是美学史上所说的由"自上而下"向"自下而上"的历史转型。美学是研究人与世界审美关系的一门学科，即美学研究的对象是审美活动。审美活动是人的一种以意象世界为对象的人生体验活动，是人类的一种精神文化活动。20世纪的美学更是形成一股强烈的反传统潮流。近代以来，人类精神文化的发展史是一个越来越超越实际兴趣、越来越提高审美兴趣之地位的过程。它一方面是对传统形而上学的反叛和对经验实证方法的张扬，另一方面是对理性主义的反叛和对人的非理性的张扬，并在此基础上逐步形成了科学主义美学与人本主义美学两大思潮。

讲究礼仪的人是美的，与讲礼仪的人交往是美好的。礼仪，与美学有关，与审美有关。当今时代，传播进入自媒体时代，美学进入日常审美时代。人人都可以谈美学，人人也都可以成为美的传播者，人们通过日常生活的点点滴滴来表现自己的审美观。从某种意义上说，礼仪是审美的日常化和具体化，礼仪是美学落地的表现和彰显。

第一节 中国传统文化之审美化育

一、中国传统审美精神

最宽泛的美学就是最宽泛的哲学——审美精神的把握终究是为了追求人格的道德圆满，是为了"人心化育"，是审美的化育之道。

审美精神，最基本的应包括人对审美对象的审视与认识，包括人对自身审美体验的概括,从本质上说是一种生存论和世界观的主张,它体现为对某种无条件的绝对感性的追寻。既包含人类在自身发展过程中形成的一系列美学范畴和标准,更体现了人类对外部世界之美的审视和思考、对内心世界之美的体察和总结。

审美精神包含人类在自身发展过程中形成的一系列美学范畴和标准,体现了人类对外部世界之美的审视和思考、对内心世界之美的体察和总结。中国儒道之审美精神,不论审美主体,不论作为审美对象的人格美、自然美、艺术美和情感美,还是审美的化育之道。对审美精神的把握,可以从两个方面去考量,一是对审美对象的评价,即如何认识审美对象的美;二是审美主体如何获得审美体验。简单地说就是:什么是美,如何获得美。

中国美学认为有人才有美,坚持审美境界创构的主体性原则。"从物出发",又"以心为主",强调"美不自美,因人而彰",就是以中国古代哲学中的人学为理论基础,并向更高层次发展。在中国,审美感受主要是指向内心的,"不以物喜,不以己悲"。也许,正是这种对'道'的审美体验,才使中国美学把审美的重点指向人的内心世界。另外,无论是自然的山水还是美妙的音乐,都是只能意会不能言传,欲说还休的含蓄境界成为影响中国人千百年的重要审美取向。

(一)什么样的人是美的

儒、道重视的都是人的德性而非外在美,无论是儒家说"仁",还是道家讲"道"谈"德",重视的都是人格美。"圣人被褐怀玉"(《老子·七十章》)。《论语》中只有一句是描述孔子外貌的:"申申如也,夭夭如也",却很传神地让人体会到完美如孔子,完美的是从其神态体现出的人生之畅达和愉悦。

儒家的人格美是以"仁"为核心,讲"礼"求"乐"的。"人而不仁,如礼何?人而不仁,如乐何?"(《论语·八佾》)。善,固然是儒家思想中重要的一个概念,但在追求现实人生之美的时候,"善人,吾不得而见之矣"(《论语·述而》),完美无缺的好人,找不到也看不到,遵礼求乐反倒显得实实在在、有凭有据。

如果说儒家的人格美是与善并列的,那么道家的人格美是以"道"为核心,以"柔"为标准,以"婴儿"为具体形象的。

道,是万物的主宰,是善人的珍宝。"道者,万物之奥,善人之宝,不善人之所保。美言可以市尊,美行可以加人。"(《老子·六十二章》)体现在具体的言行要求之中,就是美言和美行。

图 3-1 孔子讲礼

（图片来源：百度图库）

图 3-2 老子雕像

（图片来源：百度图库）

　　人的死是坚强的，草木之死是干枯的；人生之美在于柔弱，因为柔弱才具有真正向上的生命力："人之生也柔弱，其死也坚强。草木之生也柔脆，其死也枯槁……坚强处下,柔弱处上。"(《老子·七十六章》)"江海所以能为百谷王者,以其善下之……以其不争,故天下莫能与之争。"(《老子·六十六章》)在老子看来,柔弱似水所体现的人格之美,比千军万马更强大、更长远。"上德若谷,广德不足,建德若偷,质德若渝"(《老子·四十一章》)真正刚健的德好似软弱,质朴的德好似不坚定。但其柔弱和不坚定才是真正的刚健和质朴,也具有真正的人格美感。

"含德之厚者,比於赤子……骨软筋柔而握固。"(《老子·五十五章》)"去甚、去奢、去泰"(《老子·二十九章》),把一切虚伪、浮夸、浪费的东西都排斥掉,普天下之人才能返回到婴儿状态。婴儿天真淳朴、含德深厚,骨筋柔弱却能保持牢固。

(二)人需要具备怎样的品质和人生态度才是美的?

"文质彬彬,然后君子"(《论语·雍也》)中传达的是中和、恰到好处的微妙。华美与质朴的融合,才是君子的风度。"君子坦荡荡,小人长戚戚"(《论语·述而》)。如何才能成为"翩翩君子"呢?《论语》中的论述很多:"有君子之道四焉:其行己也恭,其事上也敬,其养民也惠,其使民也义。"(《论语·公冶长》)

在孔子看来,美好的人生是与"乐"紧密联系的。《论语》中多处有孔子的"自画像",也多次提到"乐"的概念。从某种意义上说,"乐"高度概括了孔子的人生态度和追求。"一箪食,一瓢饮,在陋巷。人不堪其忧,回也不改其乐"(《论语·雍也》)中孔子对颜回的赞扬;"饭疏食饮水,曲肱而枕之,乐亦在其中矣";"发愤忘食,乐以忘忧,不知老之将至云尔"(《论语·述而》),都是其对人生态度之美的形象化描述。孔子说:"兴于诗,立于礼,成于乐"(《论语·泰伯》)。诗能以情动人,还能"正人心";礼树立的是非标准,能使人循规蹈矩;乐能使人化于规矩。这里的"乐"是音乐,还是指快乐、愉悦?如果是音乐,那应该算是和"诗"同一层面的,《四书集注》中说:"按《内则》,十岁学幼仪,十三学乐诵《诗》,二十而后学礼",为什么一个是"兴",一个是"成"呢?纵观《论语》,似乎这个"乐"更具有快乐的意味,是同美好人生的现实追求联系在一起的。孔子尚礼,但其人生态度也不总是像经学家们认为的那么拘谨而入世,"曾点之乐"才是其真正推崇备至的,"从心所欲而不逾矩"才是最后的境界。

道家虽然并不强调"尽善尽美",但在《老子》中,"善"也是人格美的最高标准,"德"是成就人生之美的必要品质,但"上德不德,是以有德……是以大丈夫处其厚不居其薄,处其实不居其华"(《老子·三十八章》);上德须在自然而然之中,上德无所施为是自然而然的,大丈夫采取那浑厚和朴实,不取那浇薄和虚华。"自见者不明,自是者不彰,自伐者无功,自矜者不长。"(《老子·二十四章》):日常生活中要成就"德",就不能不分是非、自以为是、自高自大。"上善如水……居善地,心善渊,与善仁,言善信,正善治,事善能,动善时。夫唯不争,故无尤"(《老子·八章》)。最高的品质具有水一样的性质,具有最高德行的人亦像水一样不争,心深如渊,行动合时宜而没有过失。"天下之至柔,驰骋天下之至坚"(《老子·四十三章》);"见小曰明,守柔曰强。"(《老子·五十二章》)保持住柔弱才称得上真正的强大。柔,能摧坚;柔,能成就人生之美。

二、审美情怀

如果说《论语》谈美的风格是中和、循规蹈矩的:"始作,翕如也;从之,纯如也,皦如也,绎如也,以成。"(《论语·八佾》)《老子》谈美,则更为大气而直接:"大国者下流,天下之交,天下之牝。牝常以静胜牡,以静为下。"(《老子·六十一章》)动物的法则,也是天下的法则,美的法则。

(一)如何认识自然之美?

"知者乐水,仁者乐山;知者动,仁者静;知者乐,仁者寿。"(《论语·雍也》)在孔子看来,自然之美与审美本体紧密联系。仁者所好与知者所好不同,山水也似乎被赋予了人生的意义。对自然之美的体察和结果,最终是指向人的结局,指向人性的圆满——仁者长寿,智者开朗获得快乐。

图 3-3 审美情怀

(图片来源:百度图库)

"致虚极,守静笃,万物并作,吾以观复。夫物芸芸,各复归其根。归根曰静,静曰复命。"(《老子·十六章》)万物和世界是如此纷繁复杂,但终归要回复其本原。回复到本原,归根结底就是静。"寂兮寥兮,独立不改,周行而不殆,可以为天下母。"(《老子·二十五章》)——美是以静为指归的。既能达到心灵虚无,也能保持清静。万物竞相生长,由此观察它们循环往复。在老子看来,静就是万物的本原,具有终极之美。

(二)如何品味艺术之美?

"子谓《韶》:'尽美矣,又尽善也。'谓《武》:'尽美矣,未尽善也。'"(《论语·八佾》)尽善尽美不光指音乐的形式,还涉及音乐的内容和社会影响,说的是艺术的两个标准,善是政治标准,美是艺术标准。"诗三百,一言以蔽之,曰'思无邪'。"(《论语·为政》)这既可以理解为崇尚美的淳朴自然,也可以理解为对人类纯真情感的向往。

对于诗歌、音乐的艺术之美,孔子提出了沿袭千年的审美标准即"关雎,乐而不淫,哀而不伤"。这也成为中国美学中和、含蓄的审美标准的源头。

子夏问曰:"'巧笑倩兮,美目盼兮,素以为绚兮。'何谓也?"子曰:"绘事后素。"(《论语·八佾》),这道出了艺术之美的获得方法。当子夏意识到"礼后乎",孔子欣喜非常:在他看来,艺术之美与礼法获取方法异曲同工,谈"绘事"终究是为了谈"礼法";亦点出了其看重的是艺术美的教育感化功能。

对艺术的陶醉也可以追溯到孔子,"子与人歌而善,必使反之,而后和之"(《论语·述而》);"子在齐闻《韶》,三月不知肉味。曰:'不图为乐之至于斯也!'"对音乐的沉醉不禁让人感动于夫子的坦率。

有观点认为老子对艺术之美采取否定态度:"五色令人目盲,五音令人耳聋"(《老子·十二章》)。其实这恰恰道出了老子卓越的艺术审美观:简约而自然。并不是"色令人目盲,音令人耳聋",恰恰是色太多、音太多而导致艺术失去固有的美感。

孔老不同的是对艺术之美的作用的理解。儒家美学的出发点和中心在于强调审美和艺术在社会生活中的作用,即把艺术和政治教化紧密联系在一起。"八佾舞于庭,是可忍,孰不可忍也?"(《论语·八佾》)。不合"礼"的舞蹈是不可以忍受的。表面看,这看似狭隘、功利的框架会给审美带来束缚和破坏,但另一方面,也昭示了审美的深刻的社会学内涵。孔子还说:"里仁为美"(《论语·里仁》)——仁需要环境;美,不仅仅关乎人的内心;"人,本来就是一切社会关系的总和"(马克思)。

(三)如何体验情感之美?

儒家谈"仁",是以孝悌之爱为基础的,孝是《论语》中谈论最多的情感。对父母兄弟的爱不仅是修身齐家的基础,更是治国的基础。孔子论孝的具体标准中,有继承父母志向的"三年无改父之道",有尊敬父母的"至于犬马,皆能有养,不敬,何以别乎"?还有更深层面的"色难"。这种"无我"的境界难道不也正是老子宣扬的吗?

在对待朋友的情感上,孔子推崇的是本色厚道之情。"有朋自远方来,不亦乐乎?"(《论语·学而》)"见贤思齐焉,见不贤而内自省也"(《论语·里仁》)体现了君子的做人本分。

孔子是重情的。《论语·公冶长》中,与颜渊、季路谈人生理想时,子曰:"老者安之,朋友信之,少者怀之",既表达了孔子的人生态度和理想追求,更体现了对人珍惜、关怀的深厚情感。

道家也谈爱,且把它尊为"三宝"之第一:"我有三宝,持而保之。一曰慈,二曰俭,三曰不敢为天下先。……慈,故能勇;……夫慈,以战能胜,以守则固。天将救之,以慈卫之。"(《老子·六十七章》)因为慈爱,才能勇敢。因为慈爱,作战就可取胜,守卫就更坚固。慈爱,是最好的救援之力,也是最好的保卫之力。

"道之出口,淡乎其无味",在老子看来,道是不能言说的,道之美似乎也是不能言说的,只能去品味。另外,《老子》中提到的"涤除玄鉴",不仅仅是体察世界的普遍原理,也成为审美心胸理论的发源。"道"是客观存在的、最高的、绝对的美;对于"道"的观照,乃是人生最大的快乐。"刚毅、木讷、近仁"(《论语·子路》)。仁就是意志坚强、质朴沉寂。孔老的审美体验和感受都是极其深沉的。

三、审美化育

(一)如何成就人格之美

如果说成仁是成就人格之美的目标,那么中庸之德就是具体的修养方法。"中庸之为德也,其至矣乎!"就方法来说,子曰:"志于道,据于德,依于仁,游于艺。"(《论语·述而》),这既是孔子对学生品德修养的全面要求,也是孔子的自我要求。儒家非常重视美育的作用,强调审美和艺术在人们为达到"仁"的精神境界而进行的主观修养中起到的特殊作用。在老子看来,体道的过程就是成就人格美的过程,两者是二合一的。体道的工夫与境界可以概括为:为道日损,涤除玄鉴,至虚守静,澄明境界。无为、无欲、无私、无争,救治生命本能的盲目冲动,平衡由于人的自然本性和外物追逐引起的精神散乱,这正是道家道德哲学的基本内容。

（二）如何处理物欲

"富与贵是人之所欲也,不以其道得之,不处也;贫与贱是人之所恶也,不以其道得之,不去也。君子去仁,恶乎成名？"(《论语·里仁》)"富而可求也,虽执鞭之士,吾亦为之。如不可求,从吾所好。"(《论语·述而》)如何看待贫富贵贱,对于今天成"人"之美有很深刻的现实意义,也体现了孔子理想主义与理性人格的矛盾和统一,恳切率真的话语同样可爱可敬。"绝巧弃利,盗贼无有。……见素抱朴,少私寡欲,绝学无忧。"(《老子·十九章》)"名与身孰亲？身与货孰多？得与亡孰病？是故甚爱必大费,多藏必厚亡。知足不辱,知止不殆,可以长久。"(《老子·四十四章》)"天下神器,不可为也。为者败之,执着失之。……是以圣人去甚,去奢,去泰。"(《老子·二十九章》)圣人是不过分安乐、不过分享受、不过分行事的。正因为对拥有和失去有了相当水准的辩证认识,对世界万物流转变迁有了深刻体察,才明白器物与享乐都是一时的满足,终究会成为过眼云烟。因而主张注视平凡、保持质朴、减少私念。只是老子走向了弃学灭欲——完全虚无的一面。

（三）如何待人接物

"君子和而不同,小人同而不和"(《论语·子路》)——既能坚持原则,又能宽容包涵。孔子欣赏慎于言而敏于行的作风,讨厌"巧言、令色、足恭"的行为,同时也尊敬擅长与人交往的人,比如晏平仲能"善与人交,久而敬之"(《论语·公冶长》),关键在于其为人是否能有诚意,行为是否出自内心。总的来说,是看他是否符合"温良恭俭让"的原则和标准。在人与人的关系上,老子主张谦恭而不自私。"是以圣人后其身而身先,外其身而身存"。(《老子·七章》)圣人把自己放在别人后面,把自己置之度外,自身反而能得到保全和圆满。

（四）如何看待人生不同阶段的历练

"吾十有五而志于学,三十而立,四十而不惑,五十而知天命,六十而耳顺,七十而从心所欲不逾矩。"(《论语·为政》)十五岁学道,三十岁学礼达到一定程度,四十岁对于人之所以为人有了理解和体会,对于自己有了自觉,五十岁可以知道天命,六十岁可以顺天命,七十岁达到精神的自觉与完满。"其为人也,发愤忘食,乐以忘忧,不知老之将至云尔。"(《论语·述而》)发愤而忘食,发愤而忘忧,发愤而忘了年龄,这是多么快乐的境界啊！道家则主张"无为""守柔",回到婴儿般纯洁的境地。"载魄抱一,能无离乎？专气致柔,能如婴儿乎？涤除玄鉴,能无疵乎？"(《老子·十章》)精神守一,专一不离;澄清心灵,不染尘埃。但是,人终究要成长。老子很奇妙地用了三个设问句来表明其理想中的理想。

"表面看来,儒、道是离异而对立的,一个入世,一个出世;一个乐观进取,一个消极退避;但实际上它们刚好相互补充而协调。"(李泽厚,1999)一个充满"不可为而为之"的悲壮,一个则是"无为而无不为"的无奈。子曰:"亡而惟有,虚而为盈,约而为泰"。以"人文化成"为根基的中国传统文化,儒、道关注的多是人生哲学。从人生哲学的角度来看,我们甚至可以大胆地说:儒家是方法和过程,道家是理想和结果,儒、道是术与道的关系;儒、道互补,其本质是统一的。

虽然说儒家在求"仁"的过程中强调的是"为"的过程,重视"发愤"之作用,但关乎人格之美,儒、道同样是平和而境界高远的:"曾子曰:以能问于不能,以多问于寡;有若无,实若虚"(《论语·泰伯》)。"大成若缺,其用不弊;大盈若冲,其用不穷。大直若屈,大巧若拙,大辩若讷。躁胜寒,静胜热,知清静以为天下正。"(《老子·四十五章》)

将其归结到审美精神的范畴,作为审美对象的人格美、自然美、艺术美和情感美,作为审美的化育之道,几乎都能在儒、道中找到互补且统一的观点。儒家之"乐",道家之"柔",其实是殊途同归的。如果说儒家是"行进过程中的发愤",道家就是"悟悉人生之后的辩证";儒家是"追求自由过程中的规范",道家就是"掌握规律之后的自由"。如此说来,"柔"也是乐,"乐"亦是"柔":互为过程和结果。

"上善若水""专气致柔":柔,若水、似婴,守柔不争、顺乎自然——不仅是美的样子,也是美的感觉,更是道家对无以名状之"美"的完满概括。"曾点之乐""从心所欲不逾矩"就是最终的人生境界,亦是审美的境界与追求。

第二节 审 美 修 养

审美修养是审美主体审美感受的基础。审美活动作为审美主体的一种认知心理活动,具有浓厚的主观色彩。审美情感常直接渗入审美对象与感受的全过程,使审美直觉同时变成一种情感体验。同时,审美修养也是审美主体审美创造的前提条件。

一、情味与美

中国审美文化是以人格美为核心的情味美学。"从物出发",又"以心为主",强调"美不自美,因人而彰",就是以中国古代哲学中的人学为其理论基础,并向更高层次发展。"观乎天文以察时变,观乎人文以化成天下"——在审美对象中,最重要的就是对人格美的把握,再进一层,一切对美好事物的认识和体验,是为了达到以'止'为度的中和境界和以'化'为用的化育精神和美育精神。

最宽泛的美学就是最宽泛的哲学——审美精神的把握终究是为了追求人格的道德圆满，是为了"人心化育"，是审美的化育之道。中国审美文化"以情相通""以味相承"。

"情"在中国哲学中本无地位，在中国哲学中讲"情本体"的是李泽厚先生，他认为中国儒家的精髓在于"情"。与西方哲学不同的是，中国的审美生存不仅不排斥情感，反而充满情感、讲求情趣，追求情理合一。"儒家哲学作为一种理性化的情感哲学，所提供的真正的人生目的是求得生命情感的安适、满足和愉快，这种满足和愉快在很大程度上是通过人生体验得到的，而人生体验又离不开情感，因此，儒家都很重视情感体验"（蒙培元，2002）。宗白华先生也说："晋人虽超，未能忘情"。

中国哲学和美学就其本质意义而言是一种人生哲学或美学，其基本宗旨是以情感体验为中介，使人超越个体和尘世的局限进入与天地万物相通的自由的精神境界。

中国美学是一种人生美学，其基本特征为体验性，其思想体系是在体验、关注和思考人的存在价值和生命意义的过程中生存和建构起来的，具有极为鲜明突出的重视人生并落实于人生的特点；有学者提出禅宗美学并非通常意义上的美学，而是对人生存在的本体论层面的审美之思，因为它在本质上是一种追求生命自由的生命美学。

"审美文化"即是艺术与审美的诸原则（如形象性、情感性、愉悦性、超越性等）渗透到人类文化即社会生活各个领域，创造和丰富人的整体生活空间，提高人的艺术和精神品味，满足人类的精神世界，使人性健康发展，逐步走向人与自然的和谐。

从《易传》中对言、意、象的理论概括，到王弼"象者所以存意，得意而忘象"；由殷璠提出"兴象"之说，到王昌龄的《诗格》中对"物境、情境、意境"的系统阐述，再到近代王国维《人间词话》的"境界"说——意境之说逐步确立和完善。意象、意境、境界都是中国审美的重要范畴。

意由象来，意以兴生，因人成意；境由虚来，境以味达，因情成境。

仁义之爱，孝悌之情的德性；庄子妻死，鼓盆而歌的畅达——儒家偏重道德情感，道家强调生命情感；及至陆象山的"本心说"和王阳明的"良知说"，发展为"性理合一"；明代汤显祖的唯情说，"因情成梦，因梦成戏"，在汤看来，艺术由情而生，"人生而有情"；到了近代，梁启超先生将趣味提到了人生信仰的高度，认为趣味是生活的原动力，他所提倡的审美教育就是情感教育，就是趣味教育。

图 3-4　庄子鼓盆而歌

（图片来源：百度图库）

中国文人常常寄情于山水，山水之间，有闲情，有逸情，更有豪情。体味之中，不可谓不丰富。李渔听戏、造园、烹饪、种植、梳妆、颐养——正把"闲"变成"不闲"，只是"闲"的是态度，"不闲"的是人生，而且那乐趣就在"不闲"中。这是怎样的一份闲情？

陶渊明：《归去来兮辞》：

　　三径就荒，松菊犹存。
　　携幼入室，有酒盈樽。
　　引壶觞以自酌，眄庭柯以怡颜。
　　倚南窗以寄傲，审容膝之易安。
　　园日涉以成趣，门虽设而常关。
　　策扶老以流憩，时矫首而遐观。
　　云无心以出岫，鸟倦飞而知还。
　　景翳翳以将入，抚孤松而盘桓。

图 3-5　陶渊明

（图片来源：百度图库）

孟浩然:《夏日南亭怀辛大》：

> 山光忽西落，池月渐东上。
> 散发乘夕凉，开轩卧闲敞。
> 荷风送香气，竹露滴清响。
> 欲取鸣琴弹，恨无知音赏。
> 感此怀故人，中宵劳梦想。

这是怎样的一份逸情？

陆游:《示儿》：

> 死去元知万事空，但悲不见九州同。
> 王师北定中原日，家祭无忘告乃翁。

辛弃疾:《贺新郎》：

> 甚矣吾衰矣。怅平生、交游零落，只今馀几！白发空垂三千丈，一笑人间万事。问何物、能令公喜？我见青山多妩媚，料青山见我应如是。情与貌，略相似。

柳宗元:《邕州柳中丞作马退山茅亭记》：

一尊搔首东窗里。想渊明、停云诗就,此时风味。江左沈酣求名者,岂识浊醪妙理。
　　回首叫、云飞风起。不恨古人吾不见,恨古人、不见吾狂耳。知我者,二三子。

这又是怎样一份豪情?

柳宗元道:夫美不自美,因人而彰。

"彰"就是发现,就是唤醒,就是照亮。(叶朗,2009)

春兰秋菊,冬梅夏荷——景观万千,如果没有这一"彰"字,最多不过是"象"而已,岂能成美?一个"彰"字高扬了人的审美主体地位。"彰"就是"兴",借此能成意象之美。

中国审美的极致从来不是对象化的,不是向外,反倒是向内的,是心体一如的。王守仁曰:"人者,大地万物之心也。心者,天地万物之主也"。这样既把人当作了衡量天地万物审美价值的绝对尺度,又把人心当作了赋天地万物以审美意义的本体。"美之为美,正在心物相照,境域呈现;审美境界,正在心物一体,活泼澄明。美不在物,也不在心,而是心物之间的当下呈现。"阳明美学的出发点就是"人心",所谓"心外无物"。"心"无处不在,"人"圆融于象,浸润于情。人虽然不是大写的,人心却是无限的。

　　道之出口,淡乎其无味。(《老子·三十五章》)
　　为无为,事无事,味无味。(《老子·六十三章》)
　　致虚极,守静笃,万物并作,吾以观其复。夫物芸芸,各复归其根。归根曰静,静曰复命。(《老子·十六章》)
　　寂兮寥兮,独立不改,周行而不殆,可以为天下母。(《老子·二十五章》)

无味就是以恬淡为味。万物和世界是如此纷繁复杂,但终归要回复其本原。回复到本原,归根结底就是静。美是以静为指归的,既能达到心灵虚无,也能保持清静。万物竞相生长,由此观察它们循环往复。静就是万物的本原,具有终极之美。

味是体认之功。严羽说"大抵禅道惟在妙悟"。禅悦之美更多地由伦理之美转向生命之美,由克己复礼、体道抱德转向"自心见性""即心即佛"。禅宗反对苦行,与日常生活、起居坐卧息息相关。不论是临济禅师"活泼泼的"日常生活,还是铃木大拙所说的"亲近感性",这种"见山只是山,见水只是水"的不即不离,就是"味"。"扬起一微尘,大地就在其中;一朵花开,整个宇宙也随着产生"

(圆悟禅师)。

"味"字含蓄,论者常常意犹未尽。深究"味"为何物?"味"到何物?用现在的话说,味似乎相当于体验、体悟。所谓体验、体会,贵在'自得',是不能用通常所谓认识论的语言可以表达的。在西方,直到现代心理学对休闲的研究的深入,"体验"在休闲中的重要性突显出来,并提出"畅爽"之概念。"味"在中国传统文化语境之中极具包容性和综合性。

作为美感论的"味",已经不是指味觉了,而是一种心理体验。这种体验不只是指情感、情绪,而是融感知、想象、情感、理解等多种心理功能于一体的心理活动。

山水处处被赋予了人的意义。对自然之美的体察和结果,最终指向人的结局,指向人性的圆满——仁者长寿,智者开朗,获得快乐。意向的投射,是西方美学的语言,如果说意象主要指向艺术审美,那么境界更多地指向人的审美生存。这所谓境界,就是心灵超越所达到的存在状态,可视为生命的一种最根本的体验。而这种审美生存借由"味"之体验而获得,并以虚静之道为基础。味是感性的,味的指向是情感。"味"突显了审美主体的个体性和情感性。

美与真理,都与人的终极生存方式有关,是同一的,中间的纽带就是创造。美从来就是一个开放的系统,体现着流变、跃动着激情、萌发了创造。审美对象需要被感知、被认识,然后才能获得充分的存在,并以此证明创造者的存在。美学应该是"践履之学"——美学不仅是观赏美学,也是思辨之学,更是行动之学。

二、细节与美

"细节决定成败"一时间成为商场的金科玉律,因为市场竞争到了白热化的阶段。"细节"同样决定生活的品质。曾经,很多人把关注生活的细节斥为布尔乔亚的快乐,似乎等同于饱暖懒惰不革命;现在,很多人把关注细节的生活方式称为"小资"。只不过前者多有贬义,后者则含有些许的赞同和羡慕。

曾经有很长一段时间,戏剧可以"样板"化,生活也可以整齐划一。一样的服饰、一样的思想。物极必反,人们终于发现人与人是如此地不同,生活原来可以如此地丰富多彩,个性重新放出了光彩。人们变得越来越关心生活,自己的生活,如每天应该摄入的盐和油是多少?睡觉朝什么方向更容易让人安眠?水果在什么时间吃有利于吸收和健康?做什么样的运动更适合自己?什么样的颜色更映衬自己的肤色?

生活的细节可以说不胜枚举,但什么值得关注?或者说我们从细节中关注的是什么?那就是美——关注细节,就是发现生活之美的过程,更重要的是体验生活之美的过程。罗丹说:"生活中从不缺少美,只是缺少发现美的眼睛。"

日常生活,由太多太多的细节组成,身处其中,或琐碎、或冗长。每个人自觉与不自觉间,无一例外,都在体验,不同的是由体验而生的感悟。现代生活,人们步履匆匆,若能于匆忙之中,放慢脚步,从审美的、艺术的视角去看待和体悟生活的每一个细节,借此感悟生活之美,那样的生活,定是多元而丰富的。中国美学的激情本源于对人生的改造,对生活之美的追寻;中国美学的信念在于对大众美学的召唤;中国美学的理想在于通过生活美学、生命美学来重构社会文化。李泽厚先生曾经也谈及这样的观点:美学在中国不仅仅是一个美学问题,美学既与中国传统相联系,也与现代化相联系。美不仅是一人一事的"小美",必须要外化为有益于大众的,有益于社会文化发展的"大美"。个体生命的改造必须要外化为社会文化的自由自觉。尤其是近代以来,审美文化的建构从来不是单纯的艺术问题和人生问题,也绝不仅仅局限于对日常生活和体验的审美总结。对中国人来说,审美是理想,是价值立场,也是社会凝聚力之所在。审美文化不仅仅是认识论和实践论的,更具有本体论意义,更需要彰显个体生命的本体价值;既是生活的展现,更是生命的美化。

第三节 日常生活审美化

一、日常生活审美化

日常生活理论的提出,日常生活的审美化,源于两大背景,一是现实世界中日常生活的"问题化";二是长期以来哲学,尤其是西方哲学对于日常生活的忽略。对于日常生活异化的批判已经比比皆是,然而,比起以往的时代来说,当今社会的日常生活不仅仅是"异化"那么简单,更体现出复杂性。一方面,日常生活日益丰富多样,让人兴奋不已;另一方面,日常生活贫乏困窘,让人沮丧消沉。日常生活的动态化和复杂性,使得人们生活在其中,不知所在,不知所为。日常生活理论是伴随着对理性主义的批判和反思而发展起来的。然而这种反思,不仅仅表现为单纯地改变哲学的研究对象,拓展哲学的研究视野,更为重要的意义在于其通过对日常生活的关注,从人出发,回归到人。理性与人本并不对立,人本主义回归的意义并不在于简单否定理性主义,更重要的是体现一种探索的精神。反思、批判和解构,路径不同,重建是否能实现暂且不论,但至少反映了一种文化重建的欲望。日常生活,在当今社会是两难的选择:接受似乎意味着日复一日的购买和消费,滑向沉沦的泥沼;拒绝似乎意味着新浪漫主义的空中楼阁,导向孤芳自赏和顾影自怜。日常生活是一个关乎人类发展的宏大话题,意义深远；同时，日常生活又是一个关乎个体存在的细微话题，见仁见智。

"日常生活审美化"命题的提出，搭建了美学与日常生活之间的对话桥梁，使得美学超越艺术的阈限而对世俗的日常生活投以关注的目光，并试图对消费文化语境下人们的日常生活进行表述、阐释、评估，更重要的是日常生活审美化正在进行一场生活价值体系的重新建构。从理论界来看，这是美学发展的大势所趋，是美学针对自身失语之尴尬境地，而积极寻求当代话语转型的必然选择。除却对崇高的超越性精神目标的追求，人们对日常生活中感性欲望的满足与身体快感的享受愈加重视。

审美与生活具有整合的双重需要，这样的整合是建立在审美经验的运用上的。如果美学停留在孤芳自赏的精英文化的圈子内，艺术的命运将被终结；如果生活失去了审美，就会变成日复一日的"乏味流程"。整合的基础就在于突显审美经验的作用；艺术需要生活来突显其审美经验而获得复兴，生活需要艺术来突显其审美经验而获得重生。

"生活即是艺术，无往而非艺术。"朱光潜先生早期美学思想中就贯穿着对艺术的人生化和人生的艺术化的根本追求。日常生活的审美化成为超越美学、超越伦理学的基本哲学问题，是对抗社会分化的后现代命题。品质生活也不应拒斥感性的愉悦，但也绝不仅仅止步于感性的满足，而是通过感性的力量来战胜后现代可能的麻木和愚钝。日常生活审美化命题的提出，是基于现代社会审美与日常生活日益相区隔的现实。艺术的民主化和生活的艺术化，互相需要，互相支撑，共同完善真实的世界。

后工业社会，消费的主体和客体都出现了审美化的特征，这样的趋势也逐渐在中国出现。中国美学一贯强调现世生存与审美的超越与统一，个体生命价值体现与社会价值创造的统一。中国美学的激情本源于对人生的改造，对生活之美的追寻；中国美学的信念在于对大众美学的召唤；中国美学的理想在于通过生活美学、生命美学来重构社会文化。李泽厚先生也曾谈及这样的观点，美学在中国不仅仅是一个美学问题，美学既联系中国传统，也联系现代化。美学是包容个体生存、社会发展，反映历史积淀的"大文化学"。从审美文化的建构之意义来看，审美文化研究的核心工作，就是要在当代社会、当代文化的价值重建过程中起到一种人文精神的引导作用。李泽厚先生指出，审美文化的价值在于批判和建设，尤其是价值重建和人性重建。

中国的审美文化，以天人合一为历史传统，以革命与启蒙为时代号角，以功利与超功利的二元对立，走过了20世纪。审美不是一个认识论问题，也正因为审美可以从非认识论的视角去考察，审美其实本没有所谓的二元界限。正如张世英先生所说：那是一种"天人合一"的体验。中国的文化传统，从五四以来被批判为缺少理性，直到今天也是如此，反映在科学技术中，弊端兴许是存在的；而在人文领域，尤其是关于人的生存和存在的领域，中国文化有着相当高的智慧，这个智慧直到胡塞尔、海德格尔、萨特以后，西方人才慢慢体会到：人与世界的关系，究竟是我与物的关系，还是天人合一的关系？孔孟老庄，从《诗经》到阳明心学，从王国维的《人间词话》到宗白华的《美学散步》，无不透露出这样的审美智慧。正如王德胜所说："审美本质主义"特征既是一种坚定的学理精神，同时也是一种实质上的文化理想。这种"审美主义"的文化理想不仅成为美学衡量自身也是评判生活的基本尺度——审美既是学理的逻辑，也是生活的尺度；审美既是学者的旨趣，也是大众的追求。

当然，日常生活的审美化如果只意味着生活环境的美化和生活品质的提高，而忽略了对心灵的滋养，对德性的追求，就只能停留在生活的艺术化状态，而不能提升到生存的艺术化阶段。

日常生活审美化的出现，既预示和反映着生活论的转向，同时也预示和反映着审美论的转向。我国近年"向日常生活回归""日常生活审美化"中所指的日常生活是"每日生活"，其"回归"准确地说应该是向着每日生活的回归，是对生活原始意义的认同、寻找和融合，是美学与生活融合的回归。日常生活的审美化首先是对异化生活的审美批判，同时意味着在日常生活之细微处唤醒生活对美的期待，建构美的生活。日常生活本身就具有创造性和革命性。日常生活审美化并不是审美的泛化，而是通过艺术的方式，通过狂欢的方式，将生命的创造性展现出来。

归根结底，美是属于人的，属于人的日常生活的。很久以来，人们却常常脱离自己的生活而去寻找美。美存在于人们的感性生命活动和实践活动中。审美活动的存在维度，就是人的日常生活和生命实践。审美是生活希望，是人生的最高理想，是生命体验的最高境界，也是文化建设的基础和归宿。

二、感性之美

审美的产生源于人们的情感表达，其实质是展示自己的存在。越是本真的存在，去蔽的存在，越符合审美的要求。当然，这种符合并不是先在的，而是与审美关系共同生成的。"人间情感全在日常生活中，全在人际之中。"对自身的呈现就是艺术的本源，艺术的本质是一种情感的表达，最终的目的是对自身的无遮蔽的呈现。有闲生活、休闲活动所观照的并不是物，更主要的是通过审美的关照，经过身心一体的交融而达到的呈现，这种呈现是无遮蔽的。

无论是"行走坐卧皆是行道",还是"诗意地栖居",审美都不是高高在上、远离人间的彼岸世界。生命的真谛在于超越,生活的美好在于体验。对生活的点滴体验,对生命的超越感悟,就是审美人生的生成过程。

对于人们在生活中真实感受的确认,是对人本质的确认,是对人感性生活的肯定。马克思曾经在《巴黎手稿》中指出:

> 如果人的感觉、激情等等不仅是本来意义上的人本学规定,而且是对本质(自然)的真正本体论的肯定;如果感觉、激情等等仅仅因为它们的对象对它们是感性地存在的而真正地得到肯定,那么不言而喻:(1)对它们肯定的方式绝不是同样的,相反,不同的肯定方式构成它们的存在的特殊性;对象以怎样的方式对它们存在,这就是它们的享受的特有方式;(2)如果感性的肯定是对采取独立形式的对象的直接扬弃(吃、喝、对象的加工,等等),那么这也就是对对象的肯定;(3)只要人是人的,因而他的感觉等等也是人的,那么对象为别人所肯定,这同样是他自己的享受;(4)只有通过发达的工业,也就是以私有财产为中介,人的激情的本体论本质才在其总体上、在其人性中存在;因此,关于人的科学本身是人自己的实践活动的产物;(5)私有财产的意义——撇开私有财产的异化——就在于本质的对象——既作为享受的对象,又作为活动的对象——对人的存在。

这段抽象的语言,至少有条件地肯定了三个方面的内容:一是提出人们感受的相异性,从而确认人作为感性存在的价值;二是对发达工业的肯定;三是对私有财产的肯定。尤其是第一方面,深入理解一下,也有几层含义:首先,确认感受的殊异性。人们的感受、激情来自于客观对象,但不同于客观对象本身。每个人对相同客观对象的感受是不同的,人们的感性、激情等活动具有特殊性。正因为感受的特殊性和相异性,人才能够确认其个体生命的特殊价值和意义,从而确认其自身,确认其作为感性存在的意义和价值,获得本体论的肯定。其次,对"感性的肯定"既是对"对象的直接扬弃",也是对"对象的肯定"。正因为这种"扬弃",客观对象才重新获得了肯定。这说明客观对象是感受的基础,感受不是客观对象机械的反应,而是扬弃。这使得马克思理论的出发点不同于唯心主义,也不同于简单、机械、直观的唯物论。这里,再次证明了《巴黎手稿》的观点既是"人本"的,也是"唯物"的。再次,提出了"感受"既是关乎感受者个体的,也是社会的,这也就揭示出"感受"具有社会性,也从另一个方面再次确认了"人",作为一个社会的存在而存在。感受的社会性来源于人们的生活实践,来源于别人的认同,且这种认同会给感受者带来"享受"。最后,人们的生产实践和生活实践是构成人们感性生活的真正基础。也就是说,离开了实践,人们就不能获得真正的感性体验,不能获得真正的存在。人性中存在激情,人的激情和感受体现了人性,人性最终是实践的产物。实践—感受—人性是三位一体的,人的实践和存在是统一的。

三、身体美学

当今时代,身体被过度关注,变成了感官刺激的代名词。尤其在研究领域,理论家们往往拒斥身体的美感,将身体驱逐出理论的视野。"西方哲学有一个强大的传统,它即使在赞美身体的时候也会拒斥身体反思"(舒斯特曼,2011)。作为身体美学的倡导者和研究者,舒斯特曼评价说:"对于身体感性的精微之处和反思性身体意识普遍麻木,而这种麻木又导致了对于畸形快感的片面追求。"

如果说舒斯特曼的实用主义哲学是为了"将艺术与生活更紧密地整合起来";他的生活美学思想是基于"伦理生活的审美化","是对伦理学与美学之间的深层的、整合的关系的重新认可",那么,其身体美学之实质是对西方传统意识化美学的反正,是彻底地回归到感性的生活世界的"感性学"。舒斯特曼强调身体美学,认为身体不仅是感官——审美欣赏的对象,还是创造性的自我塑造场所。他所论述的身体之美,不是将身体作为美的对象的审美欣赏,更多的在于通过身体的践行而获得的自我完善之美,是"主格我"和"宾格我"的统一,这种美也恰是休闲的目的和意义所在。我们需要去重新认识身体践行对于休闲的意义,以及休闲对于身体美学的意义——休闲可以使身体达到更高的审美体验统一性。对身体,似乎需要一种矫枉过正的态度。身体往往被视作"外观"的,因而是肤浅的;"内在"的经验则似乎更有深度;身体往往只被视为通向"内在"的桥梁。

身体的践行本身就蕴含着意志的力量,也能提供持久的态度。身体从来就不是客体,身体更不是灵魂的外壳。对身体美学的认识,给予我们一种一元论的视角。这种视角在西方,挑战的是宗教对身体贬斥的观念和对文化的控制,而在中国,是对"追求快乐",尤其是"追求身体快乐"的不正当性的挑战。大脑和身体,灵魂与肉体,谁也不是谁的"仆人"。身体实践就是肉身化的哲学,而这恰是哲学的重要目的——正确的行动,包括身体意识的觉醒,以及对身体的控制能力。人,作为一个整体的人,身体与心灵不可分,身体美学与休闲都追求身心和谐;人,作为与他人、他物关系中的人,自我与他人不可分,身体美学追求美化自己、取悦他人。身体体验无疑是属于个人的、是私密的,但是,并不因其对主体性的突显而忽视对他者的关注,事实上,身体愉悦不仅来自对自我高峰体验的敏锐捕捉,还在于对他者的体察;更多地感知世界,才能更敏锐地感知自己；正是这些他者界定了身体、维持着身体；也只有在这样的整体中，自我才能真正被突显出来，自我的突显恰恰意味着对他者的深刻尊重。从社会的角度分析，如同身心一元论并不等同于生物机体的简单联合，身心之动态协调和身体美学也许并不意味着社会的和谐与统一，而只是表明了个体的一种向善的、积极的世界观，只是为社会提供了一种前进的目标。

身体美学的真正意义不是来自超然静观的态度，而是体现在身体积极的、持续的塑造和重构之中。

案例分析/故事感悟

优雅是"美的变种"，是在礼仪社交活动中，对人行为举止的审美要求。因为人的姿态、行为举止往往最先处于对方的视野之内，是感性认知的一个重要方面，它传达着行为主体的各种信息，包括教养、个性、生活习性等。正因为如此，英国17世纪哲学家培根指出："在美方面，相貌的美高于色泽的美，而秀雅合适的动作美又高于相貌的美。这是美的精华，是绘画所表现不出来的，对生命的第一印象也是如此。"动作、行为举止的美之所以重要，就因为它是一个人的主体意识的鲜明体现，具有明显的社会性质，融汇其精神因素，是一个完整的主体，是肉体与精神相互渗透的具体表现。正因为如此，在社交礼仪活动中，一个有着优雅举止的人，是富有吸引力的，人们乐于接纳，并能唤起他人的尊重与友好感情。我们敬爱的周恩来总理崇高的精神风采、伟人风范见诸于他的行为举止中，世人瞩目。美国前国务卿基辛格博士在其《白宫岁月》中以赞赏的笔调回忆了1971年他第一次见到周总理时的情景："周恩来于四时半来到。他脸容瘦削，虽显憔悴，但神采奕奕、双目炯炯。他的目光既坚毅又安详，既谨慎又满怀信心。他身穿一套剪裁精致的灰色毛式服装，显得简单朴素，却甚为优美。他举止娴雅庄重，他使举座注目的不是魁伟的身躯（像毛泽东或戴高乐那样），而是他那外弛内张的精神、钢铁般的自制力，就像是一根绞紧了的弹簧一样。……他警觉性极高，令人一见就感觉得到。显然，半个世纪来烈火般激烈斗争的锻炼，已将那极度重要的沉着品格烙印在他身上。"周总理优雅的行为举止连同他的高风亮节，已成为美的丰碑，矗立在亿万人民的心中，成为世人景仰的典范。同时，我们说一个人的行为举止是否优雅，坐、立、站姿是否美，还取决于行为主体的行为是否符合社会角色规范与社交情景规则。人的行为举止与其内涵之间的关系，是形式与内容的关系。人们不仅看其表，还察其实，即行为举止折射出特定的社会内容和审美意义。

本章小结

追求美乃是人的天性，美是人们的生活理想，又是人们的力量源泉。人类的世界是一个完整的感知系统，所以我们要运用最大限度的感知能力来拓展我们的生活体验，并用美学视角来发现世界上的美人、美景。追求美的过程一定伴随着审美的发展，审美活动是一个道德修养的过程，审美的价值在于它能表现出一定的伦理与礼仪修养价值。审美人格是道德人格升华的产物，礼仪美感对于培养审美主体的人格与情感具有特殊意义。

时代在不断发展进步，人类社会的发展日新月异，社会对人才特别是高级专门人才的要求也越来越高，既要有知识、懂技术，又要具有完善的人格和较高的审美素养。所以审美教育在培养人的高尚的道德情操、促进智力发展、提高身体素质和增进情感升华等诸方面都有着不可替代的重要作用。审美也是开启人的想象力、感知力、鉴赏力、创造力，培养健全高尚的人格，并促进人的内心情感和谐发展的重要手段。历史上的无数事实告诉人们，凡是有作为的人，就必然具有崇高的审美理想，人只有以崇高的审美理想做指导，才能真正成为生活的主人，才能创造美的生活、美的人生。

模拟实训

实训目的
回顾审美精神以及审美情怀，学会用审美的眼光品味美。

实训场地
教室。

实训方式
教师根据班级人数分组，每4—6人一组，每个小组拟定一个关于美学的主题，选题可参照服饰之美、风景之美、人格之美、文化之美等不限，自由选择演绎方式（实时表演，或者PPT展示等）。

实训评价
1. 每一小组学生演绎完后，由其中一位学生针对本次演绎主题进行归纳总结。
2. 教师点评。

标 准 篇

第四章 仪容礼仪

☞ **学习目标**

1. 了解商务人士仪容礼仪的基本概念、内涵。
2. 理解商务人士的仪容礼仪对打造个人形象、塑造企业文化、提升全社会文明程度的重要意义。
3. 了解商务仪容规范的具体内容。
4. 掌握商务人士面容、发型修饰等的基本要点;学会正确修饰仪容。

☞ **情境导入**

出人意料的竞选结果

1960年9月,尼克松和肯尼迪在全美的电视观众面前进行竞选总统的第一次辩论。当时,这两个人的名望和才能大体上相当,可谓棋逢对手。但大多数评论员预料,尼克松素以经验丰富的"电视演员"著称,可以击败比他缺乏电视讲演的肯尼迪。但事实并非如此。肯尼迪事先进行了练习和彩排,还专门跑到海滩晒太阳,养精蓄锐。当他出现在屏幕上时,满面红光、精神焕发。而尼克松没听从导演规劝,加上十分疲劳,更失策的是面部化妆采用深色粉底,在屏幕上显得精神疲惫。正如一位历史学家形容:"他让全世界的人觉得他是一个不爱刮胡子、出汗过多、带着忧郁感的人。"正是仪容上的差异和对比,帮助肯尼迪取胜,带来出乎意料的竞选结果。

第一节 仪容之美

一、仪容礼仪

仪容主要是指人的外观容貌,由面容、头发以及所有未被服饰遮掩的肌肤所构成。就个人的整体形象而言,容貌反映着一个人的精神面貌、朝气和活力,是传达给接触对象最直接、最生动的第一信息。在人际交往中,每个人的仪容都会引起交往对象的特别关注。

仪容礼仪包括个人卫生礼仪、美容美发礼仪,是人们在长期共同生活和相互交往中逐渐形成,并且以风俗、习惯和传统等方式固定下来。

二、仪容美

商务礼仪对仪容的首要要求就是仪容美,包含三个层次:

首先,要求仪容自然美。它是指仪容的先天条件好,天生丽质。尽管以相貌取人不合情理,但先天美好的仪容相貌,无疑会令人赏心悦目,感觉愉快。

仪容自然美包括三大基本要素:
(1) 五官端正:五官分布均匀,三庭五眼布局合理。
(2) 肤色健康。
(3) 身体比例匀称。

小知识——五官比例

三庭五眼:古时称"三横五竖"。这是中国古代关于面容的一种比例标准,可作为化妆的着色定位参照尺度。三庭、五眼均等视为标准。

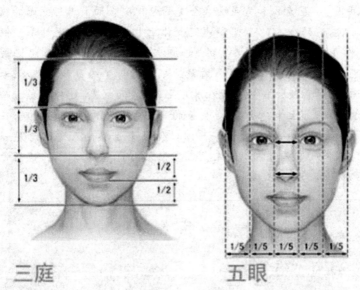

图 4-1 五官比例

(图片来源:百度图库)

三庭:指脸的长度比例,将脸的纵向分成 3 等份。
五眼:指脸的宽度比例,以眼睛长度为单位,把脸的横向分为 5 等份。

其次,要求仪容修饰美。它是指依照规范、场合与个人条件对仪容施以必要的修饰,扬其长,避其短,设计、塑造出美好的个人形象,在人际交往中使自己显得有备而来,自尊自爱。

最后,要求仪容内在美。它是指通过努力学习,不断提高个人的文化、艺术素养和思想道德水准,培养出高雅的气质与美好的心灵,使自己秀外慧中,表里如一。

仪容之美是自然美、修饰美和内在美的统一,忽视了其中的任一个方面,都会使仪容美失之偏颇。在这三者之中,仪容的内在美是仪容美的最高境界,仪容的自然美是人们与生俱来的美好心愿,而仪容的修饰美则是后天学习和熏陶而成的,对美的理解、对美的认识的具体表现,也是现代生活和工作中人们关注的重点,是仪容美不可或缺的重要内容。因此,三者不可互相替代。

三、商务场合仪容礼仪的基本原则

(1) 美化原则:扬长避短。

(2) 自然原则:自然是美化仪容的最高境界。

(3) 协调原则:包括面部协调、全身协调、角色协调、场合协调。

(4) 礼貌原则:不要非议他人的容貌修饰。由于民族、文化、审美观和肤色等差异,每个人在仪容方面各有特色,应相互尊重。

(5) 健康原则:人们在完善自身容貌修饰的同时做到内外兼备,力争达到世界卫生组织定出的十项健康标准。

小知识

世界卫生组织这样给"健康"下定义:健康是指一个人生理、心理和社会适应都达到一个完好的状态。

(1) 有充沛的精力,能从容不迫地担负日常和繁重的工作,而且不感到过分紧张和疲劳。

(2) 处事乐观,态度积极,乐于承担责任,事无大小,不挑剔。

(3) 善于休息,睡眠良好。

(4) 应变能力强,能适应外界环境中的各种变化。

(5) 能抵制一般性感冒和传染病。

(6) 体重适当,身材发育匀称,站立时,头、肩、臂的位置协调。

(7) 眼睛明亮,反应敏捷,眼睛不易发炎。

(8) 牙齿清洁,无龋齿,不疼痛,牙龈颜色正常,无出血现象。

(9) 头发有光泽,无头屑。

(10) 肌肉丰满,皮肤有弹性。

第二节　面部保养与修饰

商务人员面部的清洁和修饰非常重要，整洁明朗、容光焕发的面部会给对方留下良好的第一印象，为与商务伙伴沟通、交流与合作创造良好的开端。面容礼仪的基本原则是保持面容的光洁、卫生、清新自然，这需要日常对面部进行清洁和保养。虽然一个人的容貌是父母赐予而无法改变的，但是相对定型的容貌，仍然可以通过各种途径来美化。面容的化妆修饰不仅使人与憔悴无缘，还是放弃自卑、增添自信的一味良药；尤其对于职场女性，化妆就像穿衣服一样，显示对他人的尊重。

一、面部的清洁和保养

1. 脸

脸保持洁净，无明显粉刺。一般，一天洗脸两次。根据自己的皮肤类型选择适合自己的基础护肤品，包括洗面奶、柔肤水（爽肤水）和乳液。洗脸时取洗面奶适量，用双手的中指和无名指的指腹在脸上打圈揉搓。

小知识

认识自己的皮肤（皮肤类型及其特征）

（1）油性皮肤：易出汗、油腻，上额、鼻子周围、下颚、口唇附近皮脂的分泌更加旺盛，毛孔粗大，肤质粗糙。

（2）干性皮肤：有缺水性和缺油性两种状态。皮肤组织层次紧凑、干涩、毛孔幼细、角质层厚，严重时干燥部分会蜕皮。

（3）中性皮肤：皮肤的油分、水分含量适中，额头及面颊既不油腻也不干燥，毛孔较细小，皮肤柔软、细腻、光滑，是最理想的皮肤。

（4）混合性皮肤：脸部T型部分呈油性，其他部分呈干性。

2. 眼部

眼部是被他人注意最多的地方，所以时刻要注意眼部的清洁，及时清除眼部分泌物。若眼睛患有传染病，应自觉回避社交活动。佩戴眼镜的应对眼镜经常进行擦拭或清洗，保持眼镜端正、洁净明亮。

3. 耳朵

在洗澡、洗头、洗脸时，注意清洗耳朵。必要时，清除耳孔中的不洁分泌物，但不可在他人面前做。耳毛过长时，应进行修剪。

4. 鼻腔

平时应注意保持鼻腔清洁，不要让异物堵塞鼻孔，或是让鼻涕流淌。不要随处吸鼻子、擤鼻涕，更不要在他人面前挖鼻孔、拔鼻毛。要注意定期修剪鼻毛，切忌让鼻毛露出鼻腔。

5. 口腔

基本要求是保持嘴唇不干裂，口腔清洁无味。具体包括以下三方面：

（1）口气保持清新

在商务场合，如果与人交谈时口中散发出难闻的气味，会使对方很不愉快，自己也会很难堪。因此在参加重要活动之前忌食烟、酒和葱、蒜、韭菜、腐乳等刺激性食物，在正规的交际场所也不能当众嚼口香糖。

（2）清洁与保养牙齿

尽量少抽烟，少喝浓茶。每天饭后刷牙，以去除异味、异物。正确的刷牙方法是将牙刷毛束尖端放在牙龈和牙冠的交界处，稍微加压按摩牙龈，同时顺着牙缝上下颤动地竖着刷。经常采用爽口液、牙签、洗牙等方式方法保护牙齿。在社交场合进餐后，切忌当着别人的面剔牙，可以用手掌或餐巾纸掩住嘴角，然后再剔牙。

（3）控制口腔不雅之声

口腔之内发出的所有声音，如咳嗽、清嗓、哈欠、喷嚏、吐痰都是不雅之声，在社交场合应当禁止出现。需要指出的是，禁止异响，重在自律，而不必强求于人。在大庭广众之下，若他人不慎制造了异响，最明智的做法是听若不闻。若本人不慎弄出了异响，不要显得若无其事，要尽快道歉。

6. 胡须

男士胡须应该刮干净或修剪整齐。商务人士不留长胡子，不留八字胡或其他形状怪异的胡子。

二、面部化妆修饰

> 讨论

女人该不该化妆？

俗话说"三分人才，七分打扮"。有人认为，装扮自己既是一种自我美丽，也是一种对别人的尊重。但也有人反对这种违背本色、靠化妆品展现出"假我"的做法。

真正的美应当是"清水出芙蓉，天然去雕饰"，还是"淡妆浓抹总相宜"呢？

在商务交往中，化妆已经成为一种礼貌和评判商务人员职业程度的标志。

正确的商务妆容能够使商务人士在与交往对象会面时表现出应有的友好和尊重之意,对塑造自身形象、维护组织形象起到至关重要的作用。因此,遵照正确的化妆原则进行面部修饰,能为商务人士在商务交往中增添自信。

(一)商务化妆修饰原则

1. 扬长避短

化妆意在使人变得更加美丽,因此在化妆时要注意适度矫正、修饰得法,以达到化妆的最佳效果。

2. 美化(庄重保守)

化妆力求美化、生动;不要为求新奇而任意发挥,有意无意将自己丑化、怪异化。

3. 淡雅自然

化妆应以淡妆为宜,有妆若无妆,妆成有却无。

化妆的最高境界,是没有人工美化的痕迹,好似天然的美丽。因此,商务化妆要淡而又淡,力求自然美观,不留化妆痕迹。

4. 协调

化妆应注重整体效果,努力使妆面与全身、身份和出席的时间、地点、场合相协调。

(二)化妆的基本礼仪要求

(1)正式场合要化妆修饰。

(2)残妆示人、有失庄重,不要使自己的妆面出现残缺。

(3)不借用他人化妆品,那样既不卫生,也不礼貌。

(4)避人(当窗理云鬓,对镜贴花黄)。

不宜在公共场所内化妆,也不要在他人面前化妆,特别是不要在男士面前化妆。在公共场合化妆是非常失礼的,既有碍他人,也是对自己的不尊重。一般情况下,女士在用餐、饮水、出汗等之后应及时为自己补妆。妆容的修补应该以补为主;回避他人,在无人的角落或洗手间补妆。

(5)男士不要过分化妆。正式场合男士适当化妆是可以的,但不要装扮得油头粉面,否则令人厌恶。

(6)不要因为自己的化妆而妨碍他人。有人使用化妆品用量过大,香气四溢,令人窒息,无形中造成对他人的妨碍。

(三)化妆的步骤与方法

洁面→涂抹护肤品 →涂敷粉底→描眉→画眼线→涂眼影→刷睫毛→(鼻子的修饰)上腮红→涂口红→检查、修正、补妆→喷涂香水。

第四章 仪容礼仪   83

图 4-2　化妆基本步骤

（图片来源：百度图库）

贴士：主要化妆工具

（1）化妆笔

（2）粉扑

（3）粉刷

（4）胭脂刷

（5）眼影扫和海绵头

（6）眉梳和眉刷

（7）眉钳

（8）睫毛夹

贴士：化妆品的种类

根据实际效用，化妆品常分为三大类：

（1）洁肤类。清洁人体皮肤，即把滞留在皮肤上的油腻与污垢洗掉，以便于进一步化妆美容。包括洗面皂（洗面奶）、卸妆油（卸妆乳/液）等。

（2）护肤类。保护和滋润皮肤，延缓衰老，减轻皮肤皱纹，并使皮肤与外界隔离，保护表皮水分，以防流失。包括爽肤水（化妆水）、润肤乳液、润肤霜等。

（3）美容类。美化皮肤，增添或强化美颜，掩盖面部缺陷。包括粉底、腮红、胭脂、唇膏、眼影、睫毛膏、眼线液等。

1. 清洁

首先应对面部进行必要的清洗；清洁后再对眉部、眼部、耳部、鼻部和口部进行必要的局部修饰、梳理、清理、修剪和修饰。

在未涂敷底色之前，必须将面部皮肤的不洁之物除去，才能开始化妆。除去面部油污的方法，一般有油洗和水洗两种。如果面部有彩妆，需要选用卸妆油、卸妆乳等皮肤清洁剂洗面。它的优点是，既能除去面部油污，使面部洁净，又能保护皮肤，免除肥皂等碱性物质对皮肤的不良刺激。如果没有彩妆，则可以用洗面奶进行洁面。

2. 涂抹护肤品

用爽肤水轻按面部和颈部，然后再加一层润肤乳或润肤霜，使未经化妆的面部洁净、清爽而滋润。润肤乳液，不仅对皮肤有益无害，而且能增强化妆品效能，使妆容持久、均匀、细柔，色泽也不易改变。特别是夏季，使用润肤液可使皮肤呈现天然的日晒色，有利于保护皮肤。

3. 涂敷粉底液（膏）

用少量粉底涂在脸上，再用粉扑或海绵将粉底仔细抹匀，一直抹到鬓边和腭下，以免出现痕迹。然后用少许眼影膏打底，它能将眼影粉的颜色表现得更加纯正；颧骨上也可用少许眼影膏打底，用指尖在颧骨上轻轻抹匀。如果要遮盖眼睛上部的黑圈或面部的瑕疵，可先涂上遮瑕膏，并用海绵抹匀。但应注意，千万不要涂到眼下细柔的皮肤上。

根据脸型选择粉底，突出面部优点，修饰不足之处。在脸部正面用接近自己天然肤色的颜色，在侧面可用较深底色。

先从较干燥的两颊开始，然后是嘴、鼻、额、眼睛周围。要顺着脸颊纹路由内往外、由上往下推开。侧面从后向前，由深至浅均匀地涂抹，这样可以增强脸型立体感的效果。不可忽略脖子，造成妆面的"面具感"。注意发际、脖子连接处不要留下明显的痕迹，嘴、眼周等活动较多的部位，要小心涂均匀，使粉底与肤色自然融合。

4. 定妆（扑蜜粉、干粉）

上妆后有时会觉得妆面脏脏油油的，问题就出在没有很好地定妆。定妆，不仅可以起到吸走油光的效果，更重要的是能起到二次修饰的作用。定妆时用清洁的粉扑蘸取适量蜜粉，用手指弹去多余的粉末，均匀地按压在肌肤上；特别是油脂分泌旺盛的脸部T字区，这些部位油脂分泌较旺盛，容易脱妆，要多搽几次。不要忘了脸与颈部的交接处和露出的颈部也要扑上一层蜜粉。当蜜粉充分附着肌肤后，用粉刷由上往下刷落多余的粉。

第四章 仪容礼仪

5. 眉的修饰

修饰眉毛可以衬托眼睛,改善脸型的宽窄、长短。不同的脸型要配以不同的眉型。

眉型与脸型的关系:

(1) 长脸型,描绘出水平眉较合适;
(2) 圆脸型,宜选择1/2眉,以使脸部拉长;
(3) 宽脸型,宜拉近眉头间的距离;
(4) 窄脸型,要适当拉开眉头间的距离。

眉的修饰首先是定期修剪眉毛,保持一定的眉型;然后是描画眉型,使之接近于标准眉型。标准眉型是两头淡、中间深,上淡下深,在眉毛的2/3处有转折。

描画眉型的第一步是确定眉尾、眉峰两点。从鼻翼朝外眼角画一条无形的对角线,最适当的眉尾就在这无形的对角线上,而眉峰的位置在眉尾的2/3处,这两点确定之后,画眉就很容易了。第二步是利用眉笔或眉粉,将眉毛较稀疏处补上色彩。第三步是利用眉刷将眉毛刷整齐,呈现美丽的眉形。

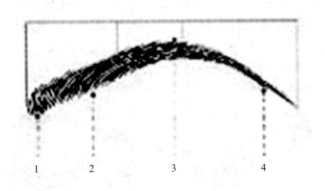

1 眉头　2 眉腰　3 眉峰　4 眉梢
图 4-3　标准眉型

6. 眼睛的修饰

第一步,眼影(深→中→浅)。

第二步,眼线(内淡外重、外眼角上提)。

第三步,涂睫毛膏(借助睫毛夹、睫毛刷、睫毛梳)。

(1) 涂眼影

用深色的眼影,从外眼角开始上色后,再往内眼角方向晕开,内眼角处眼影的颜色浅一些,可以呈现眼部的立体感。越靠近睫毛处颜色越深,渐渐往上淡

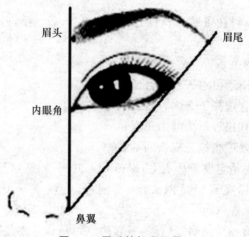

图 4-4　眉毛的标准位置

开,体现一定的层次,可给人干净自然的感觉。

(2) 画眼线

画眼线时,镜子的位置要低于眼睛;上眼线与下眼线的画法不同。画上眼线时,抬高下颚,并将眼睛往下看;起点于内眼角的最内侧,紧贴睫毛根部,将缝隙填满,离眼尾2毫米处稍往上扬,长度应比原有眼睛长。

画下眼线时,拉低下颚,眼睛往上看;从外眼角画至内眼角,只需要画眼尾的1/3处,线条要处理模糊。

图 4-5　上眼线

第四章 仪容礼仪　　87

图 4-6　下眼线

（3）涂睫毛膏

睫毛膏是调整眼睛很重要的一个步骤。如果睫毛膏涂得非常整齐、干净，眼睛就会显得大很多，也可以使人看起来更精神，减轻黑眼圈造成的疲惫感。首先从不同角度卷曲睫毛，然后再刷睫毛膏，此时眼睛稍微往下看。刷上睫毛时横拿睫毛刷；刷下睫毛则直拿睫毛刷。利用前端，刷上睫毛膏：先从内向外刷；再从下向上刷 Z 字形。

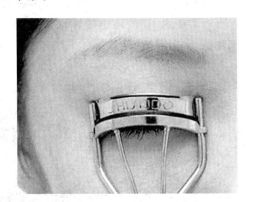

图 4-7　从不同角度卷曲睫毛

7. 鼻子的修饰

主要是通过涂鼻侧影和鼻梁的提亮，来使鼻梁显高，以衬托眉眼和脸型。

8. 脸颊的修饰

涂抹腮红（胭脂）可修正脸型，同时弥补肤色的不足，使面颊呈现健康红润的颜色，从而展现女性特有的鲜润娇艳气质。肤色红润的人可以不刷。

腮红涂抹要从微笑时面部最高点向耳朵上缘晕染，要涂抹均匀、柔和，显得

图 4-8 腮红

自然清新。肤色较暗的人,尽量选择偏橙色的胭脂,如杏子色;肤色较白皙的人,可以根据妆容,自由选择胭脂的颜色,如玫瑰红;如果画日常妆,千万不要用太红的颜色,面积也不要涂得太大,隐约可见最好,如西瓜粉;如果是晚妆,可以略加强调,以突出脸部轮廓,如草莓红。

9. 唇的修饰

润泽柔美的朱唇与明亮传神的眼睛相辉映,会使女性更具有魅力。

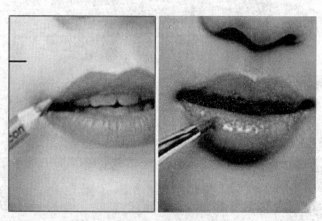

图 4-9 唇部修饰

唇的修饰第一步,描画唇形。先选用比肤色暗一点的粉底,打底遮盖原有的唇线,再描绘唇形。第二步,涂唇膏。用刷蘸取唇膏或直接用唇膏均匀地涂满整个嘴唇,注意不能超出唇线。色彩的选择与唇形要适合,与脸部其他部位相比,不可太突出。第三步,在高光处用唇釉油或唇蜜提亮,突显立体感。

10. 检查

小知识

行业与化妆色彩的最佳选择
- 金融业:咖啡眼影+珊瑚腮红+咖啡唇膏
- 服务业:暖黄眼影+粉紫唇膏+无光唇彩
- 传媒业:粉绿眼影+桃红腮红+桃红唇膏
- 咨询业:透明睫毛膏+天蓝眼影+粉红腮红+橘色珠光唇膏
- 美容业:黑色亮粉眼影+棕色眉毛+棕红腮红+浅肤色唇膏

第三节 头发保养与修饰

头发是人体的最高点,很能吸引他人的注意力。"完美形象,从头开始"。健康秀美、干净整洁、长短适当、发型得体是商务人士头发美的基本要求。

一、头发的清洁和保养

(一)头发的特性

一般人大约有 10 万根头发,每根头发平均每月可长 1 厘米。头发的寿命为四五年。每个人的头发都是一种有生命的纤维质,在显微镜下观察,可以看到它的表面排列着无数的鳞片,科学家将其称为鳞状表层。鳞状表层可以吸收营养,但也很容易受伤。一般来说,健康的头发从外观和感觉上看,主要特征是:头发有很好的弹性、韧性和光泽;头发柔顺,易于梳理,不分叉,不打结;用手轻抚时有润滑的感觉;梳理时无静电,不容易折断。

护发秘诀五步曲:

(1)精心护理头部皮肤

(2)认识自己的发质

(3)选用合适的洗发水

(4)洗发切勿抓挠

(5)干发、梳理莫用蛮力

（二）定期清洗头发

不论有无交际活动，平日都要对自己的头发勤梳洗。现代生活环境下，灰尘、粉尘、化学物质和各种细菌无时无刻不在侵袭我们的头发。如果日常使用发胶等定型用品，头发吸附的污垢和尘埃更是超乎想象。这些黏附在头发表面的污垢和尘埃会增加头发之间的相互摩擦，致使头发受损，使其失去光泽、暗淡无光。定期清洗头发，能清理头发上堆积的灰尘、污垢和油脂，既有助于保养头发，又有助于消除异味。若是对头发懒于梳洗，弄得自己蓬头垢面，满头汗馊、油味，发屑随处可见，极其破坏个人形象。洗发次数要适度，一般五天内二至三次即可。而在参加重要活动之前，一定要清洗头发，因为清洁、健康、蓬松的头发能提升面部肤色的亮度，使人看起来神采奕奕。

正确的洗发步骤与方法：

（1）将头发梳顺，避免清洗时头发打结断落。

（2）将头发由头皮至发尾用温水冲洗一遍，初步冲洗掉附着在头发表层的灰尘等污垢。注意不要用过热的水冲洗头发，高温会使头皮水分流失而变得干燥。37～38摄氏度是最适当的水温。

（3）取适量洗发水倒于手心，将洗发水中加入水分后揉搓成泡沫状，再涂抹于头部轻轻揉洗。注意不要直接倒在头皮上，这样可以避免洗发水在头发上浓度过高，造成异常脱发。应选择适合自己的洗发水，略带微酸性者较佳，泡沫太多反而不好。

（4）用指腹在头皮上按摩打圈，促进头皮血液循环，清除老废角质和油污。注意不要用指甲使劲抓头皮，这样容易使头皮受伤。然后用温水将头发充分清洗干净，避免洗发水在头皮残留，造成过敏现象。

（5）给头发涂抹适量护发素，增加头发的弹性并保护头发毛鳞片。在护发素停留几分钟后注意用温水冲洗头发，避免残留护发素对头发造成伤害。

（6）用干毛巾轻轻按压发丝，避免粗鲁地用力摩擦脆弱易断的发丝。

（7）洗发后，最好使其自然干燥。自然干燥最益于保护头发。如果要使头发迅速变干，可用电吹风吹干，但温度不宜过高，吹至八分干为佳。若要吹出漂亮的发型，也可以趁七八分干时，搭配发梳吹出适合的造型。

（三）头发保养

若想拥有一头秀发，注意自己的饮食起居是十分必要的。一般来说，含有叶酸，泛酸，维生素 A、B1、B2、B6、B12、E 等成分的物质，能促进头发的生长。为此，平时要尽可能多吃一些含蛋白质、铁、钙、锌和镁的食物。鱼类、贝类、橄榄油和坚果类干果，也有改善头发组织、增强头发弹性和光泽的效能。

有一些头发早白现象或头发枯燥、变黄者，除体力和精神过度紧张、疲劳的因素外，还因为食用了盐和脂肪过多的食物，而导致体内代谢过程中产生过多的乳酸、酮酸和碳酸等物质。头发的光泽要归于甲状腺素的作用,碘具有促进甲状腺分泌的功能,可使头发滋润光亮,钙和铁有充盈毛孔的作用,可使头发显得更加秀美。

许多人苦恼于头皮屑过多。引起头发出现头皮屑的原因是多种多样的,有的是因为身体健康状况,有的是因为卫生习惯。我们可以用一些抑制皮脂分泌的药物,如维生素 B6、B2 或复合维生素 B 及首乌片等。避免用碱性很强的肥皂和热水洗头,这样反而会使头皮屑越来越多。洗头次数太多,特别是用刺激性极强的肥皂洗头,会使皮脂腺的活动更加活跃。头皮屑过多或头发油腻者应少吃脂肪及甜食,宜多吃蔬菜及含维生素 B 的食物。

脱发是由于糖果、盐分与动物性脂肪摄取太多,导致血液循环不良。脱发现象严重的人应多喝冷开水,并应多吃新鲜的蔬菜及含铁质多的食物。

头发过于干燥或营养不足,会导致头发分叉。处理办法是:将分叉的地方用剪刀剪掉,再于头皮上及发梢处抹上护发精油。此外,还应该多食用含钙质的食物和含丰富维生素的蔬菜。

除了养成良好的饮食起居习惯,焗油也是较好的护发方法。焗油是通过头发鳞状表层易于吸收的营养素来保养头发。护发焗油所含成分与头发中的角蛋白相似,可以在很短时间内渗入毛发皮层,对头发起到营养和修复作用,其中的有效成分可在头发表面迅速形成薄而透明的保护膜,增加头发的弹性、柔软性和保湿性,使头发看起来光亮照人,如丝缎一般,并易于梳理。

二、头发修饰

头发修饰,指人们按照自己的工作性质、审美习惯和自身特点,对头发进行修剪和美化。

(一) 勤于梳理头发

梳头不仅可以梳去头发上的灰尘和头屑,而且在梳理过程中会使头发受到一定拉力,有利于头发生长,也有利于头皮的血液循环。同时,把头发梳整齐,也是庄重、文明、有礼貌的表现。梳头要选用梳齿圆头状且密度适当的梳子。最好不用箅子箅头。因箅齿太密,会过度牵拉头发,易使头发脱落。要养成早晚梳头的习惯,每次 25 至 50 梳。梳理时从前往后,从发根到发梢,这样有助于促进血液循环和头发健康生长。在梳理时应注意以下三不原则:

一是不当众梳理头发,以免造成工作准备不充分的不良印象;

二是不直接用手梳理头发,以免发丝遗留手上;

三是不随地乱扔断发、头屑。少许断发和头屑的产生也是在所难免,但如果随处、随意丢弃断发和头屑,就是缺乏教养的一种表现了。

(二)及时修剪头发

剪发有美化外形、美容之功用。从社交礼仪和审美的角度看,一个人头发的长短受到若干因素的制约,不可以一味地只讲自由与个性,而不讲规范。发型不仅要美观大方,而且要自然,不宜雕琢痕迹过重,或是不合时宜。

(三)男性头发美的基本要求

(1) 修剪得体,轮廓分明,前不过眉,后不过领,鬓不过耳;

(2) 干净整洁,无汗味,无头屑;

(3) 不用过多定型产品。

(四)女性慎选头发造型(长短适当、风格庄重)

发型对个人整体形象的塑造至关重要。商务场合对发型的基本要求是简单、美观、大方、得体。女性应充分考虑自身的脸型、身材、气质、职位、年龄、服饰、场合等因素选择适合自己的发型,旨在实现和谐的整体美。

1. 发型与脸型相协调

脸型是决定发型最重要的因素,而发型由于其可变性对脸型有很强的修饰、美化和矫正作用。根据自己的脸型,显出脸型的优点,弥补脸型的不足,是选择发型的关键。脸型主要有以下七种,不同的脸型有相应适合的发型。

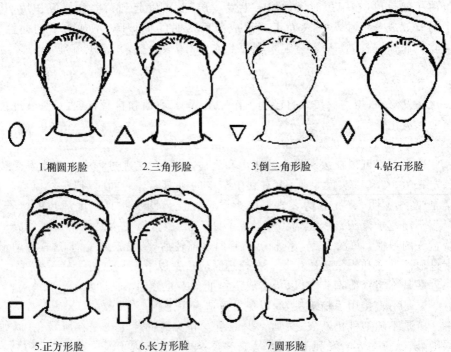

图 4-10 脸型

(1) 椭圆形脸

特征：曲线的外形。脸宽约为脸长的一半。前额与下颌的宽度大约相同。

椭圆形脸是最完美的脸型，可以尝试长发和短发各种发型。但应尽可能注意把脸显现出来，突出这种脸型的美感，而不宜把脸遮盖过多。

(2) 三角形脸

特征：前额和颊骨狭窄，下颌轮廓宽阔。

三角形脸要避免低层次或发尾卷曲发型，否则会使下部更圆弧与丰厚饱满。

(3) 倒三角形脸（逆三角脸）

特征：下颌轮廓狭窄，前额和颊骨宽阔。

倒三角形脸要避免颈背的头发长度太短。

修饰重点：刘海短而散；下巴两侧头发蓬松；发长过下巴。

(4) 钻石形脸（菱形脸）

特征：前额和下颌轮廓狭窄，颊骨宽阔、高。

钻石形脸应避免短发和中层次发型，因为平直的造型会使下巴显得非常尖锐；留中缝（发际线中分）；太阳穴以上头发太过紧凑。

修饰重点：短发要做出心形的轮廓；长发要做出椭圆形的轮廓；近颧骨处的头发尽量贴近头部，颧骨以上和以下的头发则尽量宽松，刘海要饱满，让额头看起来较宽。

(5) 正方形脸、方型脸、国字脸

特征：前额明显很宽，下颌很宽又有棱角，有非常强烈的下颌轮廓及脸际线。

此种脸型应避免头发太平且中间分缝，因为这会更突出四方脸；顶部头发太平，两边头发垂到腮帮，否则使脸显得更方。

修饰重点：顶部头发蓬松，使脸变得稍长；往一边梳的刘海，斜线遮棱角，会使前额变窄；头发宜长过腮帮；将头发尽量往一侧梳，造就不平衡感，可缓解四方脸的缺陷。

(6) 长方形脸

特征：前额高，下巴长。

长方形脸要避免：斜刘海，否则会暴露过高的发际线，增加纵向的线条；没有刘海；在下巴形成水平零层次直长发；在头顶增加高度的发型。

修饰重点：在前额处留下过眉刘海，可以缩短脸的长度；两侧修剪少许短发且蓬松，盖住腮帮，有助于脸不显长。

(7) 圆形脸

特征:圆的外形,脸长度大约与脸宽度相等。

圆形脸应避免卷发,否则会更强调圆形与丰厚饱满;头发紧贴头皮,中间分缝,这会使脸显得更圆;头发比较蓬松,但两边的头发剪得太圆,好像圆气球顶着另一个气球;眉上的整齐刘海,这会使脸显得更短。

修饰重点:头发宜稍长;刘海用斜线层次;头发侧分,可以增加高度;头发倒分,长过下巴是最理想的,可以使脸显得长些;用吹风机和圆齿梳将头顶吹高;两侧头发收紧服帖,略盖住脸庞,把圆的部位盖住,显得脸长一些。

2. 发型与发质相协调

发质细软的人不宜留过长的直发,可选择中长发或俏丽的短发,还可以把头发烫卷,产生蓬松感。

发质较硬的人不宜选择太短的发型,宜采用不到肩的短发,或者肩以下的长发型。

3. 发型与体型相协调

人的身材高矮胖瘦与发型相互影响,发型具有矫正身材缺陷的功能,因此根据自身身材体态选择发型能塑造出得体形象。

(1) 矮小身材的发型

身材矮小,给人以小巧玲珑的印象,所以发型设计应强调丰满与魅力。从整体比例上,应注意长度形象的塑造,不宜留长发,也不宜粗犷、蓬松造型。宜用精致花巧的束发髻增加高度,而且要在如何使头发秀气、精致上下工夫。

(2) 高瘦身材的发型

高瘦属于较理想的身材,但缺乏丰满感,不宜盘高发髻,不宜将头发削剪得太短,也不宜留直长发,否则容易使肩部两侧显得空虚,人也更显瘦长。适合留长发,同时适当地加强发型的装饰性,或在两侧进行卷烫,显得活泼而有生气。

(3) 矮胖身材的发型

在发型的设计上要强调整体发势向上,可选用有层次的短发、前额翻翘式等发型。不宜留长波浪、长直发。

(4) 高大身材的发型

发型设计上应减少大而粗印象,以留简单的短发为好,但可酌情运用直长发、长波浪、束发、盘发、中短发式。

4. 发型与性格、气质相协调

发型是由各种不同的线条组合而成,不同线条体现不同气质,例如:长直线条代表刚毅潇洒,短直线条表示文静贤淑,弧形线条表示柔和内向,束发堆积表示华丽高贵,"S"形线条表示大方典雅,螺旋形线条表示活泼成熟。

发型设计应充分利用各种线条的表现能力,为不同气质性格的个体设计相协调的发型线条组合,塑造鲜明而强烈的形象。

5. 发型与服饰相协调

(1) 在正式场合,女性身着套装,可将头发挽在颈后,低发髻,显得端庄、干练。

(2) 着运动服时,可将头发扎成高高束起的马尾,显得青春、活泼和潇洒。

(3) 着晚礼服时,梳个晚装发髻,可显得高雅、华丽。

第四节 肢体保养与规范

一、手臂的礼仪规范

1. 手掌

在商务场合,手是仪容的重要部位,交往时的最低要求是一双干净清洁的手;而一双清洁并精心护理的手,能显示出一个人的良好教养。在日常生活中,手是接触其他人、其他物体最多的部位。从清洁、卫生和健康的角度考虑,双手都应当勤于清洗。洗手后要及时涂抹护手霜,对指甲周围的死皮要定期修理。若皮肤粗糙、红肿、皲裂,应及时进行护理、治疗。若长癣、生疮、发炎、破损、变形,不仅要治疗,而且还应避免使之接触他人,不论是直接的还是间接的接触,都会令他人不快,甚至产生反感。

2. 指甲

要定期修剪指甲,但注意不要在公众场所修剪指甲。要特别注意手指甲缝中不能留有污垢。指甲一般修剪成椭圆形,指甲的长度,不应超过手指指尖。商务场合,女士可以涂透明或淡粉系列的指甲油;避免鲜艳的指甲油以及在指甲上彩绘;戒指只可佩戴一枚,且款式宜典雅大方。

二、肩臂的礼仪规范

着装时肩臂的露与不露,应依照具体场合而定。在非常正式的政务、商务、学术、外交活动中,人们的手臂,尤其是肩部,不应当裸露在衣服之外。也就是说在这些场合不宜穿着半袖装或无袖装。非正式场合则不限制。

1. 汗毛

因个人生理条件的不同,有个别人手臂上汗毛生长得过浓、过重或过长,特别有碍观瞻,最好采用适当的方法进行脱毛。

2. 腋毛

在他人面前,尤其是在外人或异性面前,腋毛是不应为对方所见的。根据现代人着装的具体情况,女士要特别注意这一点。在正式场合,一定不要穿着会令腋毛外露的服装。而在非正式场合,若打算穿着暴露腋窝的服装,则务必先行脱去或剔去腋毛。

三、腿部的礼仪规范

在商务场合,男士的着装不允许暴露腿部,也即男士不能穿短裤出席。女士着装不得暴露大腿;可以穿长裤、裙子,但裙长应过膝部以下,不能穿短裤或是暴露大部分大腿的超短裙。在非正式场合,特别是在休闲活动中则无此限制。

四、脚部的礼仪规范

正常情况下,应注意保持脚部的卫生,脚趾甲要勤于修剪,去除角质,不应任其藏污纳垢。鞋子、袜子要勤洗勤换,袜子则应每日一换。

在商务场合不露脚趾和脚,因此不允许光脚穿鞋,不穿露趾的凉鞋或拖鞋;不穿残破袜子,这样既不美观,也是对他人的不尊重。

案例分析

一天,黄先生与两位好友小聚,来到某知名酒店,接待他们的是一位五官清秀的服务员,接待服务工作做得很好,但她面无血色,显得无精打采。黄先生一看到她就觉得心情不佳,仔细留意才发现,这位服务员没有化工作淡妆,在餐厅昏暗的灯光下显得病态十足。上菜时,黄先生又突然看到传菜员的指甲油缺了一块,他的第一个反应就是"是不是掉我的菜里了"。用餐结束后,黄先生到柜台结账,而服务员正对着反光玻璃墙面修饰自己的妆容。自此以后,黄先生再也没有去过这家酒店用餐了。

讨论:
本案例服务员在仪容礼仪方面存在哪些问题?给我们带来什么启示?

故事感悟

一次,某公司招聘文秘人员,由于待遇优厚,应者如云。中文系毕业的小洁同学前往面试,她的背景材料可能是最棒的:大学四年中,在各类刊物上发表了三万字的作品,内容有小说、诗歌、散文、评论、政论等,还为六家公司策划过周年庆典,言语极为流利,书法也堪称佳作。小洁五官端正,身材高挑、匀称。面试时,面试官拿着她的材料等她进来,小洁穿着迷你裙,露出大腿,上身是露脐装,涂着鲜艳的口红,轻盈地走到考官面前,不请自坐,随后跷起了二郎腿,笑眯眯地等着问话。三位面试官交换了一下眼色,主考官说:"小姐,请下去等通知吧。"小洁喜形于色:"好!"然后拎起小包飞跑出门。后来,小洁收到自己没有被录取的通知。

感悟:

在商务应聘中,仪容仪表非常重要。首先要加强内在的道德修养,同时也要注重自身的仪表仪容,"德辉"动于内,"仪礼"动于外,才能显示君子的气质风度。总之,一个人的仪容仪表作为一种无声的语言,既反映一个人的社会地位及文化教养,更向人们传递着一个人对自尊、尊人以至于对整个生活的态度。

本章小结

仪容在个人整体形象塑造中有着很重要的地位,它传达出最直接、最生动的第一信息,反映个人的精神面貌。当商务人员以某种特定角色出现时,在仪容方面就要符合社会对这个角色所规定的要求,实现"秀于外,慧于中"的第一步。

模拟实训

实训目的

掌握化妆修饰、发型设计的基本礼仪,熟悉仪容修饰与整体形象的关系。

实训内容

每位学生选择面试、日常工作、谈判、演讲、晚宴、舞会等商务场合中的一种,根据自身条件,男生进行发型修饰,女生进行化妆修饰。

实训方式

男生上台展示自己的发型,并说明自己的发型在商务活动中的优劣;

女士上台在有限时间内为自己完成一个商务妆容,并讲解妆容特色。

实训评价

每个小组选出组长作为评委,分别对每个小组和个人进行打分,最后做出总评;

教师进行综合评估,撰写评估报告;

评价标准:是否符合商务礼仪中的发型和妆容。

第五章 仪表礼仪

☞ 学习目标

1. 了解着装 TOP 原则的内容及含义,分场合和分对象的得体着装。
2. 了解服饰三美的具体内容,学习如何选择适合自己的色彩、款式的服装。
3. 学习如何塑造良好的男士商务形象,了解男士正装的特征及选择技巧。
4. 掌握女士商务形象的塑造要点,以及如何选择得体规范的女士正装。
5. 掌握八种风格分类,了解何为气质,学习如何把气质与服饰更好地搭配在一起。

☞ 情境导入

"雾水"风波

一外商考察团来某企业考察投资事宜。企业领导高度重视,亲自挑选了庆典公司的几位漂亮女模特来做接待工作,并特别指示她们身着紧身上衣,黑色的皮裙,领导说这样才显得对外商的重视。但考察团上午见了面,还没有座谈,就找借口匆匆走了,工作人员被搞得一头雾水。后来通过翻译才知道,他们说通过接待人员的着装,认为这是个工作以及管理制度极不严谨的企业,完全没有合作的必要。原来,该企业接待人员在着装上,犯了大忌。根据着装礼仪的要求,工作场合女性穿着紧、薄的服装是工作极度不严谨的表现;另外,黑色的皮裙是在某些特殊职业和特殊场合才穿的。

面试风波

小黄去一家外企进行最后一轮总经理助理的面试。为确保万无一失,这次她做了精心的打扮。一身前卫的衣服、时尚的手环、造型独特的戒指、亮闪闪的项链、新潮的耳坠,身上每一处都是焦点,简直是鹤立鸡群。况且她的对手只是一个相貌平平的女孩,学历也并不比她高,所以小黄觉得胜券在握。但结果却出乎意料,她并没有被这家外企所认可。主考官抱歉地说:"你确实很漂亮,你的服装配饰也令我赏心悦目,可我觉得你并不适合干助理这份工作。实在很抱歉。"

思考:

你对上述现象有什么看法?

第一节 着装原则

T——(time)穿着要注意年代、季节和一日的各段时间。
P——(place)穿着要适宜场所、地点环境。
O——(object)穿着要考虑此去的目的及穿衣对象的状况。

一、时间原则

不同时段的着装规则对女士尤其重要。男士有一套质地上乘的深色西装或中山装足以包打天下,而女士的着装则要随时间而变换。白天工作时,女士应穿着正式套装,以体现职业精神;晚上出席酒会、晚宴就须多加一些修饰,如戴上有光泽的佩饰,围一条漂亮的丝巾;服装的选择还要适合季节气候特点,保持与潮流大势同步。

二、地点原则

在自己家里接待客人,可以穿着舒适但整洁的休闲服;如果是去公司或单位拜访,穿职业套装会显得专业;外出时要顾及当地的传统和风俗习惯,如去教堂或寺庙等场所,不能穿过露或过短的服装。

三、场合原则

衣着要与场合协调。与顾客会谈、参加正式会议等,衣着应庄重考究;听音乐会或看芭蕾舞,则应按惯例着正装;出席正式宴会时,则应穿中国的传统旗袍或西方的长裙晚礼服;而在朋友聚会、郊游等场合,着装应轻便舒适。试想一下,如果大家都穿便装,你却穿礼服就有欠轻松;同样,如果以便装出席正式宴会,不但是对宴会主人的不尊重,也会令自己尴尬。

第二节 服饰三美

一、色彩

色——色彩美——好的色彩搭配使他人心情愉悦。

(一) 色彩的定义及构成

当一个人或物体出现在你的眼前,你第一眼看到的是什么？无论你是否意识到,你第一眼看到的一定是色彩,其次才是形状、材质及其他。色彩可定义为通过视觉对光产生的知觉现象。不同色彩的食物会令我们有辛、辣、酸、甜、苦等不同的感受；不同颜色的衣服也会让我们有不同的感觉,或亲切可人,或高贵典雅。色彩不但影响着人的情绪,还影响他人对你的感观。

1. 色彩的分类及属性

色彩分为原色、间色、复色。

(1) 原色,即三原色。三色中的任何一种都不可能由其他颜色调配出来,而这三种颜色按不同比例调配可得到所有其他颜色。这三个颜色称为三原色或三基色。三原色分为色光三原色和颜料三原色。

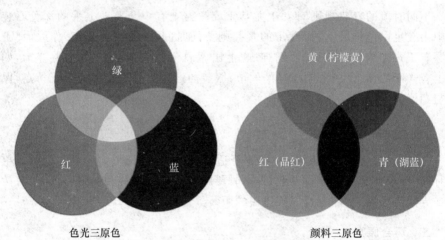

图 5-1　原色的混合(红、黄、蓝)

(2) 间色,由两种原色混合而成,也叫二次色。例如：

红与黄——橙色；

黄与蓝——绿色；

红与蓝——紫色。

在调配时,由于原色在分量多少上有所不同,所以能产生丰富的间色变化。混合比例不同呈现多种间色,如红橙、黄橙。

(3) 复色,也叫"复合色"。复色是用原色与间色相调或用间色与间色相调而成的"三次色"。

2. 色彩的属性

色彩的三个属性包括：

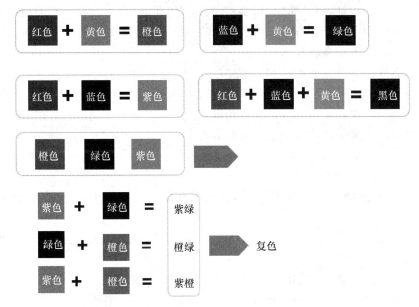

图 5-2 彩色复合图

一是色相：指色彩的外貌。在色彩的三个属性中，色相被用来区分颜色。根据光的不同波长，色彩具有红色、黄色或绿色等性质，被称为色相。

二是明度：指色彩的明暗或深浅程度。物体表面反射光的程度不同，色彩的明暗程度也不同。在孟塞尔颜色系统中，黑色的明度被定为 0，白色被定为 10，其他系列色彩则介于两者之间。

三是纯度：指的是色彩的饱和程度，也指颜色的鲜艳度。光波波长越单纯，色相纯度越高，相反则纯度越低。色彩中鲜艳的颜色称为"高彩度"，柔和收敛的颜色称为"低彩度"，介于中间的则称为"中彩度"。在孟塞尔颜色系统中，无纯度被设定为 0，随着纯度的增加，数值逐步增加。

（二）色彩的象征意义

红色——象征热情、奔放、喜庆、欢乐、吉祥、勇敢、活力、激情、福禄和爱情。

橙色——象征活泼、兴奋、温情、疑惑和危险。

黄色——象征光明、愉快、和平、稳重、炽热、庄严、明丽、希望、高贵和权威。

绿色——象征和平、温柔、文静、平安、生命、新鲜、青春、新生、自然和朝气。

青色——象征坚强、理智、冷静、庄重、冷漠和警戒。

蓝色——象征秀丽、开朗、健康、高尚和宁静。

紫色——象征典雅、端庄、高贵、委婉、谦和、平静、沉稳、亲切和不安。

灰色——象征平静、淳朴、谦逊、平凡、失意、中立、和气和文雅。

白色——象征纯洁、明快、坦荡、冷酷、朴素、神圣、高雅、恬淡、空虚和无望。
黑色——象征神秘、严肃、深沉、刚强、坚定、冷峻、静寂、黑暗、失望和永久。
金色——象征典雅和高贵。
银色——象征光明和柔和。
粉色——象征柔和、温馨、温情、活泼、年轻、明丽和娇美。
淡绿——象征生命、鲜嫩、愉快和青春。
浅蓝——象征纯洁、清爽、文静和梦幻。
深蓝——象征自信、沉静、平静和深邃。

(三) 色彩的搭配

(1) 同色搭配——色彩相同,通过明度有层次的变化相互搭配,造成和谐效果。

(2) 近色搭配——通过色环上90度以内的邻近色、相似色搭配,形成协调效果。

(3) 主色搭配——选定一种起主导作用的基调和主色,与其他颜色相互衬托。如灰色主色服装中加一道深红装饰色,就很悦目。主色起决定作用,装饰色越少越鲜明,多处加色就显得俗气。

二、款式

形——款式美——造型和谐巧妙,塑造人体形象美。

1. 形状的定义

形是指服饰的款式,不同类型的人适合不同款式的服饰,不同款式的衣服搭配也能在不同的人身上塑造出不同的美和风格。

2. 形状的构成

色彩有三大要素,形状也有三大要素,之所以不同的衣服会给我们不同的感受,主要是因为这三个要素在起作用。

(1) 轮廓:由点到线再构成面,物体的表面是由大量不同形态的线条组合而成,即称为轮廓。一般我们把轮廓分为直线型、曲线形及中间型。

(2) 量感:指服装形态的充实、饱满的程度。它是由形体的大小、轻重、粗细、宽窄、厚薄、密度、色彩的浓淡及材质等综合因素所决定的。

(3) 比例:指的是形体的部分与部分以及部分与整体间的数量比值。当数量比值关系达到一定的比例,就能表现出比例美。我们一般把黄金比看作是最佳比例,具体表述为把一条线分为两部分,整条线与长段之比为1:0.618。黄金比蕴含着艺术感与和谐美,被人们称作是最美的比例。

不同线条所构成的轮廓,不同饱满形态的量感,以及不同数值的比例,可以塑造成不同款式的服饰,也能体现出不同的美感与气质。

三、质

质——质料美——影响服饰造型与色彩的效果。

所谓服饰的"质"指的是服饰的质地,也即面料。通常,衡量一件衣服质量的好坏是通过衣服的面料来判断的。作为服饰的三美之一,面料不仅可以表达出服饰所要诠释的风格和特性,而且也影响着服饰的色彩以及造型效果,它决定着设计的风格以及成本。

(一)服饰的原料

要了解服饰面料,首先要了解面料的生产过程,它主要是经过以下四个步骤完成的,分别是纤维、纱线、白胚、服装面料的生产。下面详细介绍几种常见的原料:

(1)麻:一种植物纤维,用它做成的衣服吸湿、放湿性好,穿着凉爽,不易产生静电,有较好的耐热性和耐水洗性。

(2)桑蚕丝:桑蚕结的茧里抽出的蚕丝,天然的动物蛋白质纤维,是丝绸服装最主要的原料。桑蚕丝光滑柔软,富有光泽,有冬暖夏凉的感觉,摩擦时有独特的"丝鸣"现象,有很好的延伸性和较好的耐热性,但不耐盐水侵蚀,不宜用含氯漂白剂或洗涤剂处理。

(3)粘胶:也称为人造棉,由木材、棉短绒、芦苇等含天然纤维素的化学材料加工而成。由它制成的衣服染色性能好,柔软,垂直性好,吸湿性好,不易起毛起球。

(4)涤纶:指的是聚酯纤维,属于合成纤维的重要品种。涤纶面料不易起皱,保持性好,耐穿,但是易产生静电及吸湿性差。

(5)锦纶:也称尼龙,是聚酰胺纤维,在合成纤维中具有良好的染色性。制成衣服后,有良好的防水防风性能,轻便,衣服强度和弹性都很好。

(6)腈纶:又称"人造羊毛",材质柔软、强度好、保暖,结构紧密,不易变形,表面平整,洗后不易缩水。

(7)山羊绒:一种稀有的动物纤维,质地轻盈而且又十分保暖,材质柔软、纤细、轻薄、富有弹性,并且具有柔和的色泽,吸湿,耐磨性好,在国外有"纤维钻石""软黄金"之称。

(8)马海毛:材质强度高,弹性好,抗皱强,制成衣服后耐磨性好,防污性好,不易收缩。

(二)服饰的面料

所有的服装面料都是由原料组合而成,现在市场上的服装面料大致分为天然面料、混纺面料、纯化纤面料等。天然面料主要指的是各类棉、毛、丝、麻织成的面料,质地柔软透气、富有弹性、高贵上档次,毛、丝质面料通常用于制成礼服、西装、大衣等上档次、正规的服装。混纺面料是指将天然纤维和化学纤维按照一定的比例,混合纺织而成的,它吸收了棉、麻、丝、毛等的优点,同时又尽可能地避免了各自的缺点,所以很受人们喜欢,可以用来制作各种衣服(不适合做冬装),价格上也比较低廉,是现在市场上大部分服装所采用的面料。纯化纤面料是纯化学纤维面料的简称,通常可分为人工纤维与合成纤维两类。纯化纤面料质地柔软、色彩明亮、清爽舒适,通常用于制作男女春秋服装。

第三节 男士仪表

在现代商务活动中,人们普遍认为"西装革履"是现代职业男士的正规服饰。由于西装在造型上线条活泼而流畅,使穿着的人潇洒自然,富有健美感;在结构造型上与人体活动相适应,使人的颈、胸、腰等部位延展舒坦,富有挺拔之美;在装饰上胸前饰以领带,色彩夺目,给人以一种飘逸的美感。因此,交际场合最常见、最受欢迎西装也是举世公认的合乎美观大方又穿着舒适的商务职业装。

一、着装搭配

男士西装着装,主要包括上装和西裤两大部分,着装要领如下:
1. 上装
(1)衬衣,单色为主;忌衬衫下摆外露,袖不扣紧或翻卷,内着高领衫。
(2)二粒扣系上扣,三粒扣系上或中扣,单排扣可敞开,双排扣立式系紧,坐姿可敞开。
(3)身长过虎口,袖长达手腕(比衬衫袖短),肥瘦合体有型,穿好后,衬衫领应高过西装领口。
(4)胸袋和两侧口袋为装饰袋,不装或很少装物,内侧两袋为实用袋。
(5)深色西装高雅庄重,适宜各种场合。
2. 西裤
(1)色泽、质地与上装一致为好。
(2)两侧袋为装饰袋,后袋为实用袋。
(3)合体有型,裤脚达脚背,盖过鞋后沿,腰间以插入一手为宜。
在商务社交场合中,为了能够体现个人的文化修养和审美情趣,要特别注

第五章 仪表礼仪

图 5-3　男士西装

（图片来源：百度图库）

重腰带、领带、鞋等与西装的搭配。这样才能更好地体现一个人的身份、气质和内在素养。

有人曾说腰带是男人的第二张脸，是男人身份、品位的象征，穿戴合适的可以画龙点睛、锦上添花，不合适的就会形象受损，所以男士选择一款适合自己的腰带很重要。一般来说，腰带应该长短适中，余下部分12厘米左右，讲究些可与手表、皮鞋颜色一致。

领带是上装领部的服饰件，系在衬衫领子上并在胸前打结，广义上包括领结。领带起源于欧洲，1668年，法国国王路易十四在巴黎检阅克罗地亚雇佣军，雇佣军官兵的衣领上系着的布带就是史料记载的最早的领带。领带的历史由此开始，从此，服饰文化史上就盛开着一朵经久不衰且璀璨耀目的奇葩。

现在普遍使用也是最基本的打领带方法有四种，分别为平结（plain knot）、半温莎结（the half windsor）、温莎结（the windsor）、普瑞特结（the pratt）。前三种是最传统的领带打法，人们已使用了很久，普瑞特结则是一个较为近期的系领带方法，它在1989年以后始为公众所熟悉。其中平结的系法如下图所示。

正统皮鞋基本上就两个颜色：黑色与棕色。从款式来看，典雅传统的系带皮鞋，是商务场合男士们的最佳选择。从颜色来看，皮鞋的颜色一般要与西服裤子相配。因此，黑色鞋和棕色鞋是男士鞋柜中的必备物。此外，穿正装皮鞋的时候，也要注意与袜子的协调性，不能穿运动袜和透明的袜子，而要穿羊毛袜

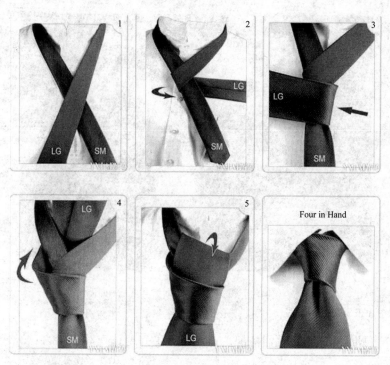

图 5-4　男士领带系法

或棉袜。袜子的颜色一般须与皮鞋颜色一致,以黑色、深灰、棕色为佳,忌讳浅色和花哨的颜色。

二、着装注意事项

对于男士而言,在不同的场合,穿着得体能够给人留下良好的印象,也是获取职业成功的法宝。此时要强调"三个三",即男士穿西装时有三大问题要注意:

第一个"三",三色原则。穿西装正装时,全身上下的颜色不能多于三种。

第二个"三",三一定律。男士在重要场合穿西服套装的时候,鞋子、腰带、公文包,应该是同一种颜色,并且应该首选黑色。

第三个"三",三大禁忌。其一,袖子上的商标不能不拆。其二,非常重要的涉外商务交往中忌穿夹克时打领带。其三,忌袜子出现问题。

选择并搭配西装时,首先要注意面料、色彩,其次要注意版型,再次要注意款式。只有对服饰的风格、面料的选择、款式和颜色进行合理的搭配,才能体现一个人的文化修养和审美情趣,发挥其个人身份、气质和内在素质"无言介绍信"的作用。

图 5-5 男士服饰

第四节 女士仪表

在现代社会交往过程中,一个人的仪表与着装往往决定着别人对你印象的好坏。仪表与着装会影响别人对你专业能力及任职资格的判断。设想一下,有谁会将一个重要的商务谈判任务交与一个蓬头垢面的人呢?中国古老的谚语:"人靠衣妆马靠鞍","佛要金装,人要衣装",说的就是如果你希望建立良好的形象,那就需要全方位地注重自己的仪表。从衣着、发式、妆容到饰物、仪态甚至指甲都是你要关心的。其中,着装是最为重要的,衣着某种意义上表明了你对工作、对生活的态度。

一般男士着装偏于稳重沉着,而女士着装则亮丽丰富得多。得体的穿着,不仅可以显得更加美丽、引人注目,还可以体现出一个现代商务人良好的修养和独到的品位。一般来说,西装套裙可以塑造出职业女性强有力的工作形象。当然,女士在选择套裙时也要注意"衣""形""神",也即衣服、仪态和气质三者的统一。

图 5-6　女士职业装

（图片来源：百度图库）

一、着装搭配

（一）着装要领

女士套裙的款式可分为两件套、三件套两种，着装的要领如下：

(1) 面料：女子套裙面料选择的余地要比男子西装大得多，宜选纯天然质地且质量上乘的面料。上衣、裙子、背心要求同一面料。可选纯毛面料（薄花呢、人字呢、女士呢、华达呢、凡尔丁、法兰绒）、府绸、丝绸、亚麻、麻纱、毛涤、化纤面料，绝对不可选皮质面料。

(2) 颜色：以冷色调为主，以体现着装者典雅、端庄、稳重的气质，颜色要求清新、雅致，忌过于鲜艳。需要注意的是，全身颜色不应超过三种。

(3) 图案：讲究朴素简洁，以单色无图案为最佳，或选格子、圆点、条纹等简洁图案。

(4) 点缀：不宜添加过多点缀，以免显得琐碎、杂乱、低俗，有失稳重。有贴布、金线、彩条、扣链、亮片、珍珠、皮革等点缀的不选。

(5) 四种套裙基本形式：上长下长式、上长下短式、上短下长式、上短下短式。

(6) 四种套裙造型：

① "H"型：上衣宽松，裙子为筒式。（使着装者显得优雅、含蓄，为身材肥胖者遮丑）

②"X"型：上衣紧身，裙子为喇叭状。（上宽下松，突出腰部纤细）

③"A"型：上身紧身，下裙宽松式。（既体现上半身的身材优势，又适当掩盖下半身身材劣势）

④"Y"型：上身松身式，裙子紧身式（以筒式为主）。（遮掩上半身短处，体现下半身长处）

⑤ 款式：衣领多样，衣扣多样（无扣式、单排式、双排式、名扣式、暗扣式），裙子形式多样（西装裙、一步裙、围裹裙、筒式裙、百褶裙、旗袍裙、开衩裙、A字裙、喇叭裙）。

（二）女士套裙的搭配

（1）衬衫：面料应轻薄柔软（宜真丝、麻纱、府绸、罗布、涤棉），颜色应雅致端庄（宜白色，或单色不鲜艳者），无图案。注意：衬衫下摆掖入裙内，纽扣系好，衬衫公共场合不能直接外穿。

（2）内衣、衬裙：不外露、不外透、颜色一致、外深内浅。

（3）鞋袜：黑色船型皮鞋为首选，或与套裙颜色一致（但鲜红、明黄、艳绿、浅紫等不宜）。袜子应为单色，肉色为首选，还可选黑色、浅灰色、浅棕色。注意：鞋、裙颜色必须深于或等同于袜子颜色。鞋袜大小适宜，完好无损，不可当众脱下；袜子不可随意乱穿，袜口不可暴露于外。

（4）饰物：最多不超过三件，要与服装、体貌、环境和谐，饰物间也要相配。

（5）指甲：常修剪、清洁，不涂怪色。

（6）气味：香气不浓不怪。

男士西装着装有三个禁止，同样，职业女性着裙装也有个"五不准"：黑色皮裙不能穿；正式场合不光腿，尤其是隆重正式的庆典仪式；不允许内衣外现；不准鞋袜不配套；不允许衣扣不到位。

二、着装原则

（一）穿戴整洁

女士所选择的服装一定要保持干净整洁，否则将直接影响给人的整体印象，一件整齐干净的套装完全有可能弥补材质上的欠缺。所以无论是上班抑或普通上街，所选择的服饰均要以整齐清洁为原则。

（二）符合身份

选择的服饰要符合自己日常所交往的工作生活圈。在办公室，太寒酸或太高贵的服装都不宜穿，一般适宜穿正装。与不同身份的人接触，也有不同的穿着技巧，既要配合自己的身份，也要配合对方的身份，这样会有助于彼此的沟通。与性格开朗的人接触,宜穿颜色较鲜明的衣服;对方若是较保守严肃的,应穿颜色较低调、款式较保守的服装;与职位较高的人会晤,宜穿较老成的服装,展现成熟个性。

(三)符合场合

要懂得在什么场合穿什么服装。日常工作,衣服颜色以清淡为主,款式简单而整齐,给人亲切感。在喜庆场合,切忌用黑色为主色,白色亦不宜。在丧礼上,主打色以黑色为主,可以点缀其他颜色的配饰,但尽量避免红色等鲜亮的色彩。

第五节 气质与风格

一、何为气质?

气质,指人的生理、心理等素质,是相当稳定的个性特点。通俗来讲,气质是指一个人从内到外的一种人格魅力。人格魅力包括修养、品德、举止行为、待人接物、说话的感觉等,外在表现有高雅、高洁、恬静、温文尔雅、豪放大气、不拘小节、立竿见影等。所以,气质并不是能简单言说的,而是长久的内在平衡与文化修养的结合。在心理学上一般把人的气质分为四种类型:胆汁质(兴奋型)、多血质(活泼型)、黏液质(安静型)、抑郁质(抑制型)。活泼、好动、敏感、反应迅速、喜欢与人交往、注意力容易转移、兴趣容易变换等,是多血质的特征。直率、热情、精力旺盛、情绪易于冲动、心境变换剧烈等,是胆汁质的特征。安静、稳重、反应缓慢、沉默寡言、情绪不易外露、注意稳定但又难以转移、善于忍耐等,是黏液质的特征。孤僻、行动迟缓、体验深刻、善于觉察别人不易觉察到的细小事物等,是抑郁质的特征。

二、风格

服饰风格是指通过服饰搭配表现出来的相对稳定、更为深刻、更为反映个人的思想观念、审美理想、精神气质等内在特性的外部印记。

常说气质决定风格,气质是讲人,风格是说衣着搭配。我们由人们的服饰可以看出不同的性格特征和气质。每个人都有自己不同的气质与风格,不必事事模仿别人,找到属于自己的独特气质和与之对应的独特风格才能给他人留下深刻的记忆。

（一）男士服饰风格

男士服饰风格有九种，包括阳光型、儒雅型、浪漫型、时尚型、自然型、华丽型、前卫型、古典型、硬朗型等。

一般对男士而言，适合现代商务礼仪的服饰主要是自然型、古典型、儒雅型、硬朗型等。自然型服饰风格给人以自然的、潇洒的、随意的、亲切的整体印象。古典型服饰风格给人以古典的、英伦的、知性的、绅士的、正式的整体印象。儒雅型服饰风格给人以稳重的、温文尔雅的整体印象。硬朗型服饰风格给人以硬朗的、现代的、霸气的、不可战胜的、冷气逼人的整体印象。

（二）女式服饰风格

女士服饰风格包括自然型、古典型、浪漫型、戏剧型、前卫型、优雅型、少女型、少男型等。

一般，对女士而言，适合现代商务礼仪的服饰主要是自然型、古典型、优雅型等。自然型风格随意、朴实、潇洒、成熟、直线；古典型风格端正、正统、精致、高贵、成熟、直线；优雅型风格优雅、温柔、精致、女人味、成熟、曲线。

案例分析

案例一

2002年，著名表演艺术家程冰如在香港遭遇了一次不当着装带给自己的窘境。那次境遇让程冰如认识到：穿衣服确实不能忽视场合。当时，正在香港的某影星获悉程冰如访问香港，邀请他出席胞兄的画展。展厅里的人熙熙攘攘，宾客们装束得体端庄。相比之下，程冰如感到自己的一身打扮实在有失体面。

程冰如回忆起当时的情景还感慨不已："我身边的几位宾客穿得都很到位：精制的西装，风度翩翩，头发修饰整齐。明星们不论是服饰还是发型，都更加光彩照人。影星胡慧中身穿黑色的晚礼服，显得魅力四射。我呢，尽管西服料子不错，也合体，只是在香港穿了一个星期没离身，裤线没了，上衣的兜盖变得不那么熨帖，还忘了戴领带。"

程冰如说最让自己尴尬的是头和脚。头发乱，因为他从不抹油，习惯于早上起床后用梳子随便扒两下就算完事。"当时，头发都各自为政地在头上横躺竖卧，尤其是脑后'旋儿'旁边的那一绺，高高地矗着，不照镜子都能'心知肚明'。脚下一双皮鞋更显得寒酸，因为我穿着它已经走了整整一个星期。不亮不说，整个都走了形，像两个大鲶鱼头套在脚上。"

程冰如说他感到了一种不自在，一种被环境隔离开来的不自在。更不自在的是很多人都认识他，知道他是内地著名的艺术家，这个握手，那个交谈，问这问那,他答非所问,因为脑子里老想着头上"旋儿"边的那一绺站立着的头发……

从那以后,程冰如非常注意在不同时间、不同场合、不同环境的服饰搭配,使自己的形象更完美。

思考:

程冰如在画展上为什么会有"一种被环境隔离开来的不自在"的感觉?

案例二

美国著名的老资格政府公关专家——罗杰·艾尔斯,为美国总统竞选人效力二十多个春秋,美国人称他为"利用媒介塑造形象的奇才"。

1968年,当尼克松总统同约翰逊竞争白宫宝座时,艾尔斯精心指导尼克松在一次电视竞选演讲中克服自卑心理,在赢得竞选方面取得了连尼克松自己都想不到的奇效。

1984年,里根参加总统的竞选。起初公众对他的印象不佳,觉得他年龄大,又当过演员,有轻浮、年迈无边之感。但他在政治公关顾问艾尔斯的协助下,在竞选讲演时,注意配合适当的服饰、发型与姿势,表现得庄重、经验丰富,样子看上去非常健康,改变了公众对他的不佳印象,结果在竞选中获得了成功。

1988年竞选,美国民主党总统候选人杜卡基斯猛烈攻击布什是里根的影子,嘲笑他没有独立的政见与主张。当时布什的形象是灰溜溜的,全美的舆论都称赞杜卡基斯,在民意测验中,布什落后杜卡基斯十多个百分点。于是,布什请来了罗杰·艾尔斯。艾尔斯从公共关系的角度指出了布什的两个毛病:

一是讲演不能引人入胜,比较呆板;

二是姿态动作不美,风格不佳,缺乏独立和新颖的魅力。

这些缺点导致公众摆脱不了他是里根影子的印象。艾尔斯帮助布什着重纠正尖细的声音、生硬的手势和不够灵活的手臂摆动,让布什讲话时果断、自信,体现出强烈的自我表现意识,这样的言谈举止才能成为千万人瞩目的中心。在1988年8月举行的共和党新奥尔良代表大会上,布什做了生动的、有吸引力的提名讲演,这几乎成了同杜卡基斯较量的转折点。经过一系列的争夺,布什最终在竞选中获得了胜利。

思考:

为什么塑造良好的形象能取得意想不到的成功?

故事感悟

彭丽媛着装:大气自信展现优雅气质 网友:"瞬间骄傲了"

国家主席习近平2013年3月22日抵达莫斯科,开始对俄罗斯进行国事访问。当地时间11时55分许,习近平和夫人彭丽媛乘坐的专机抵达莫斯科伏努科沃2号机场。

经过8小时长途飞行,习近平主席的专机降落在莫斯科,他和夫人彭丽媛走下舷梯。这是2012年11月十八大后,两人首次一起公开露面。舱门打开后,习近平和彭丽媛都穿着深蓝色大衣出现在人们的视线中。彭丽媛系着淡蓝色纱巾,手提黑色皮包。两人微笑着向人群招手致意后,彭丽媛挽起习近平手臂,两人缓缓走下飞机。

专家点评"第一夫人着装":大气自信,展现优雅气质

海军蓝呢子大衣、淡蓝色丝巾、黑色皮包、珍珠耳环,彭丽媛着装得体,高雅大气,获得了众多名家的一致好评。

羽西化妆品创始人靳羽西认为:衣服、妆容得体大方。大衣深蓝色,包、袜子和鞋都是黑色,蓝色围巾很抢眼,懂得运用"有颜色的延伸"穿衣法则,很厉害!特别要说的是,中国领导人夫人出访一般会选择胸针作为配饰,而这次彭丽媛选择珍珠耳环,非常抢眼,也是其他国家第一夫人常用的配饰。

国际形象顾问协会中国分会主席张玲认为:深蓝色大衣富有立体设计感。亮色纽扣的点缀,腰带的搭配,塑造出夫人的风韵身姿。区别于主席男士洒脱宽阔的大衣,夫人大衣下摆仿佛是修身的筒裙,展现出中国职业女性的优雅气质。在庄重的大衣领口处,淡雅的柔和蓝色丝巾,映衬出白皙肤色。漆皮手包搭配黑色高跟鞋,经典协调。一身深色看似缺少色彩,但符合国际着装标准和规范。

北京奥运会形象设计总监易茗认为:彭丽媛这次的装扮,给了国人一个大大的惊喜,这是中国范儿的装扮,黑色与蓝色的搭配,很精致,用四个字来形容,就是"雅致自信"。充分展现了优雅和简约。而且这次与习主席是"情侣装"出场,从另一层面上来讲,也是浪漫的体现。

(资料来源:中国网"综合消息")

本章小结

如果希望建立良好的形象,那就需要全方位地注重自己的仪表。衣着、发式、妆容到饰物、仪态甚至指甲都是要关心的。其中,着装是最为重要的,衣着某种意义上表明了一个人对工作、对生活的态度。衣着对外表影响非常大,大多数人对另一个人的认识,就是从其衣着开始的。特别是对商务人士而言,衣着本身就是一种武器,它反映出一个人的气质、性格甚至内心世界。

尝试去了解并学习 TOP 原则,合理地根据时间、地点、场合去搭配服饰,有助于提升个人魅力,促进商业交流。通俗意义上来讲,服饰搭配可分为三层境界:第一层是协调,第二层是美感,第三层是个性。而对于服饰三美(色彩、款式、质地)的系统学习以及穿衣风格的把控,并在实际着装中不断实践,找出最适合自己的穿衣风格,对商务参与者更好地应对各种商务活动也大有裨益。若不愿为着装太费心力,对男士而言,有一套质地上乘的深色西装足以包打天下,而女士的着装则要随时间而变换。从某种意义上说,服饰是一门艺术,服饰所能传达的情感与意蕴不是用语言能替代的,因此需要不断学习。

模拟实训

实训一

情景回放

某航空公司要面向社会招一批空姐,前来报名的人络绎不绝。其中有几个女孩,心想空姐是多么时髦的职业,招的都是那些漂亮的女孩。于是,几个姑娘就到美容院将自己浓墨重彩地打扮了一番,就像电视剧里的韩日明星。她们高高兴兴地来到报名地点,谁知工作人员连报名的机会都不给她们,就让她们走了。看着别的姑娘一个个报上了名,她们几个很纳闷:"这是为什么呢?"

实训任务

加深学生对仪表礼仪知识的掌握与运用,训练学生的实际操作能力,使学生在形象塑造方面能训练有素并形成自己的风格。

情景模拟

以班级为单位,选择 12 名学生参加情景模拟,其他学生作为评委打分,首先选择 5 名学生(2 名人事经理,1 名公关经理,2 名销售经理)代表一家大型企业过来举办专场招聘,剩下 7 名学生作为面试者。参与情景模拟的学生根据各自的职位以及自己的风格选择合适的服装搭配,最后由其他未参加模拟的学生对参训者的服装搭配以及整体的仪表形象进行打分。

场地与道具

教室,桌子。

评价方式

以表格打分为主,针对每个学生的服装搭配进行打分,撰写实训报告。

实训二

实训目的

掌握服装穿着的基本原则和礼仪,熟悉服装与整体形象的关系。

实训内容

一、着装训练

1. 着装的具体要求及训练

(1) 男士西装

① 西装的规范穿着要求

男性职业装的颜色最好是深蓝、带条纹的,或者是深、浅灰色和黑色。款式没有太多的选择,越经典越好。男性职业装的特点就是要保守。这里需要注意的是,越成功的男性穿的西装越要讲究一些,要注意布料、剪裁和做工,因为质量决定了穿着者的层次。西装穿得好不好决定了穿着者是不是专业、敬业和成功。

男士在穿西装时,务必拆除衣袖上的商标,西服要熨烫平整,要不卷不挽,西服口袋内应不装东西,同时要注意纽扣的扣法。一般而言,站立时,特别是在大庭广众下起身而立,西装上衣的纽扣应当系上,以示郑重;就座之后,西装上衣的纽扣则要解开,以防其"扭曲"走样。系西装上衣纽扣时,单排扣上衣与双排扣上衣又有以下区别:

一是单排两颗扣,扣上不扣下。

二是单排三颗扣,只扣中间那颗或上面两颗。

三是双排扣,则全扣上。

② 衬衫的规范穿着要求

一是正装衬衫与西服配套,应选择单色无任何图案为宜,白色最佳。

二是穿着衬衫应注意:衣扣要系上,袖长要适度,袖领口长于西服 1~3cm,下摆要掖入裤腰内,衬衫大小要合身。

③ 领带的规范佩戴要求

领带颜色要注意与西装、衬衫颜色搭配,尤其是领带应该与衬衫统一色系,如暖色的衬衫配暖色的领带,冷色的衬衫配冷色的领带。如果衬衫上有条纹或格子,领带上就不要有条纹或格子,或仅有含蓄的条纹与格子。另外,丝质的领带是上班唯一的选择。

注意领带的打法,打结要求挺括、端正,外观呈倒三角形,领带的长度以到皮带扣处为宜。一般来说,常见的领带打法有以下几种:

一是平结(四手结):为男士选用最多的领结之一,是所有领结中最简单易学的,适用于各种款式的浪漫系列衬衫及各种材质的领带。

二是交叉结:单色素雅质料且较薄领带适合选用。喜欢展现流行感的男士不妨多加使用。

三是双环结(亚伯特王子结):适用于浪漫扣领及尖领系列衬衫,搭配浪漫、质料柔软的细款领带。一条质地细致的领带再搭配上双环结,能够营造出时尚感,适合年轻的上班族选用。

双环结打法的注意要点:在宽边先预留较长的空间,并在绕第二圈时尽量贴合在一起,双环结的特色就是第一圈会稍露出于第二圈之外,注意不要刻意将其盖住。

四是温莎结:适用于宽领型的衬衫,该领结应多往横向发展。该种领结应避免使用材质过厚的领带,领结也勿打得过大。

五是双交叉结(半温莎结):十分优雅及罕见,其打法也比较复杂,使用细款丝质领带较容易上手。此款结型很容易给人留下高雅且隆重的感觉,最适合搭配在浪漫的尖领及标准式领口系列衬衫,适合正式活动场合选用。

六是浪漫结:一种完美的结型,故适合用于各种浪漫系列的领口及衬衫。完成后将领结下方宽边压以褶皱可缩小其结型,窄边亦可将它往左右移动使其小部分出现于宽边领带旁。

七是简式结(马车夫结):适用于质料较厚的领带,最适合打在标准式及扣式领口的衬衫。将其宽边以180度由上往下翻转,并将折叠处隐藏于后方,待完成后可再调整其领带长度,是最常见的一种结型。

领带的保养应注意以下几点:

一是使用过后,请立即解开领结,并轻轻从结口解下,因为用力拉扯表布及内衬,极易使得纤维断裂,并造成永久性的褶皱。

二是每次戴完,解开结口后,请将领带对折平放或用领带架吊起来,并留意置放处是否平滑,以避免刮伤领带。

三是开车系上安全带时,勿将领带绑于安全带内,以避免产生褶皱。

四是同一条领带戴完一次,请隔几天再戴,并先将领带置于潮湿温暖的场所或喷少许水,使其褶皱处恢复原状后,再收至干燥处平放或吊立。

五是沾染污垢时,立即干洗。

六是处理结口皱纹,请以蒸汽熨斗低温烫平,水洗及高温熨烫容易造成领带变形。

④ 鞋袜的规范穿着要求

与西装相配只能是皮鞋,并且以黑色的牛皮鞋最好。袜子应选纯棉或棉毛混纺的深色,白袜绝不能穿。

(2) 女士套裙

① 套裙的规范穿着要求

职业女性穿着套裙,会使其精神倍增,神采奕奕,看起来精明、干练、成熟、洒脱、优雅、文静,突显出女性的气质和知性美。

职业女性在选择套裙时最好选择比较保守、经典的款式,而不是过于时尚。重要的是面料要好、做工精细、剪裁合体,特别是能扬长避短的那种。同时,套裙适当地搭配一些饰物,如丝巾、胸针、领花等,可以收到很好的效果。

职业女性着套裙时应注意套裙长短适度,穿着到位,注意场合,可根据年龄、形体、性格、肤色等加以选择。年轻一些的职业女性配职业装的时候尽可能线条简单、简洁些,不要有过多的装饰;成熟一些的女性则可以选华丽的颜色;身材丰满一些的女性穿上下颜色一致的套装最典雅,上身较丰满一些的不要穿浅色的或横条纹的上装,上身清瘦的女性还可以选双兜、硬面料,用开领、翻领、垫肩便自己显得丰满。

② 鞋袜的规范穿着要求

穿套裙一般搭配黑色的皮鞋或与套裙颜色相近的皮鞋为宜,不要有图案或装饰不宜过多。袜子与套裙颜色相近,深色套裙配黑色透明连裤袜,浅色套裙配肉色透明连裤袜。穿着鞋袜应当注意大小适宜,完好无损,不可当众脱下,袜口不可暴露在外,丝袜要无皱,无脱丝。

实训方式

(1) 教师采用分步讲解、示范的方法打领带,学生跟随反复练习。同时,对比学生打领带的三种以上不同方法,及时点评。

(2) 学生分小组根据自身特点设计服装搭配,如根据肤色、高矮、胖瘦、个人气质搭配等。

(3) 组织开展服饰表演活动,培养学生的审美情趣。

实训评价

(1) 每个小组选出组长作为评委,分别对每个小组和个人进行打分,最后作出总评。

(2) 教师进行综合评估,撰写实验报告。

第六章 仪态礼仪

☞ 学习目标

1. 了解仪态美的内容,理解个人仪态对塑造个人形象、构建企业文化、提升全社会文明程度的重要意义。

2. 了解商务人士在商务交往过程中身体仪态、身体语言的具体内容,学习如何培养和形成良好的身体仪态和身体语言。

3. 掌握商务人士站姿、坐姿、行姿、蹲姿、鞠躬的规范要求与禁忌,学习正确的身体仪态礼仪。

4. 掌握商务人士表情、手势的规范要求与禁忌,学习正确的身体语言。

5. 掌握商务人士身体行礼的规范要求与禁忌,学习正确的身体行礼礼仪。

6. 学会在商务场合正确地运用身体仪态与身体语言,传达对他人的礼貌和尊敬,培养人际沟通、社会交往能力。

☞ 情境导入

独具魅力的体态语

1955年4月28日,29个国家参加的亚非会议在印尼万隆召开。此次会议,周恩来总理以其迷人的风范、卓越的外交才能倾倒了所有来宾。一位欧洲女作家说:"他的眼睛是他身体上最惊人的部分,总是闪着光并迅速移动,人人都发现他是不可抗拒的。周在演讲时,他的步履矫健、昂首挺胸、神色自然、仪态万方,周身洋溢着自信与激情。他时而平静,时而激动,时而温和,时而愤怒,而这一切都是那样的得体和恰如其分。"独具魅力的体态语言将周恩来塑造成一位受欢迎的交谈伙伴、杰出的演说家、老练的谈判高手以及劝说行家。

被抖掉的业务

有一位美国华侨,到国内洽谈合资业务,洽谈进行了几次,最后一次来访之前,他对朋友说:"这是最后一次谈判了,我要跟他们的最高领导谈,谈得好,就可以拍板签订合同了。"过了两个星期,他回到了美国,朋友问:"谈成了吗?"他说:"没谈成。"朋友问其原因,他回答:"对方很有诚意,进行得也很好,就是跟我谈判的领导坐在我对面,当他跟我谈判时,不时地抖着他的双腿,我觉得还没有跟他合作,我的财都被他抖掉了。"

• 如果你 14 岁不漂亮,你可以怨父母,若你 40 岁还不漂亮,你只能怪自己。

——索菲亚·罗兰

讨论:

对上述故事和名言的看法。

第一节 仪态之美

一、仪态、仪态美的概念内涵

仪态是指一个人的举止姿态与风度。姿态是指一个人身体显现出来的样子,如站立、行走、弓身、就座等举止动作,以及眼神、手势等神态表情。风度是指一个人内在气质的外在表现。人的内在气质包括许多内容,如个人的道德品质、学识修养、社会阅历、专业素质与才干、兴趣、爱好与专长等。风度主要是通过人的言谈举止、动作表情、站姿坐相以及服饰装扮等方面体现出来的整体风格。

在人际沟通与交往过程中,仪态是一种无声的体态语言。仪态美是指一个人举止的姿态之美,属于行为美学范畴,包含具有造型因素的静态美和动态美。个人通过仪态美向人们展示自己的素养和能力。因此,任何一种仪态既展现人类所特有的形体魅力,又无比真实地映射了人内心深处的自我。哲学家培根说:"相貌的美高于色泽的美,而秀雅合适的动作又高于相貌的美,是美的精华。"

仪态美主要表现在站、立、行、卧等方面。仪态美要求我们在站、行、坐、蹲方面符合一定的礼仪规范;不同的场合,礼仪要求也不尽相同;手势与表情的使用要符合场合与身份,也要考虑不同国家的文化传统。

二、仪态礼仪的作用

在人际交往活动中,人们除了用语言表达思想情感外,还常常用身体姿态表现内心活动。用优美的姿态表达礼仪,比用语言更让受礼者感到真实、美好和生动。因此,仪态又称为"体态语言""身体语言"和"第二语言"。

(一)体态语言的特点

1. 辅助性

一个有趣的公式:一条信息的表达=7%的语言+38%的音调+55%的人

体动作。仪态作为辅助语言表达与传递着丰富的信息,甚至能够表达有声语言所不能表达的真情,弥补"言不尽意"的遗憾,使语言的表达更富感染力,如熟人见面点头微笑,观赏节目热烈鼓掌,相爱的人眉目传情等。

2. 独立性

人类的体态语言在特定情境下可以脱离言语行为而独立存在,行使自己传递信息、交流感情的功能,如聋哑人手语。许多场合,当人们心情无法用言语表达时,便会不由自主地表现为坐立不安,或手足无措,或张目扬眉,或捶胸顿足,或手舞足蹈等姿态,真可谓"眉来眼去传情意,举手投足皆语言"。

3. 真实性

人们常说"知人知面不知心",其实不然,体态语言较之口头语言却具有更大的真实性,能够较真实地反映人的内心世界。只要我们不仅仅停留在听他们说什么,而是更留心他们做什么,这样我们就不难了解他们的真实内心了。正如达·芬奇所说:"从仪态知觉人的内心世界,把握人的本来面目,往往具有相当的准确性和可靠性。"

4. 跨文化性

有人曾做过这样一个调查研究:分别将六种表示不同面部表情的"愉快""厌恶""惊奇""悲哀""愤怒""恐惧"的照片呈现给几个不同国家的人来辨认,判断一致的比率相当高。

(二)仪态礼仪的作用

首轮效应理论反映出第一印象的重要性。一般来说,给人第一印象较好的人大都具有以下共同之处:有风度、有气质、沉着冷静,对什么都有所了解;谦逊温和,对下级也彬彬有礼;正直开朗,思维独特,姿势端正。可见,在人际交往中,第一印象的好坏常常取决于个人的气质和风度,气质与风度主要通过仪态表现出来。

仪态是映射个人涵养的一面镜子,也是构成一个人外在美好的主要因素。在交际活动中,一切规范、优美的体态语言往往容易赢得人们的信任与喜爱,一切懈怠、粗俗的体态语言往往容易引起人们的抵触与厌恶。商务人员需要形成和培养良好的仪态,让自己的行为举止符合庄重、自然、规范的原则,做到仪态美。

> **小知识**
>
> 交际活动中容易传达积极情绪的体态语言包括:
> 目光平视、抬头挺胸:表示平等与自信;
> 面带笑容、表情自然:表示尊重与友好;

接近对方、距离适当:表示喜爱与接纳。

交际活动中容易传达消极情绪的体态语言包括:

双臂抱胸:表示抗议、抵触、防范、轻视等情绪;

抓耳挠腮、捂嘴说话:表示说谎、不自信等情绪;

腿脚抖动、频繁移动:表示紧张、焦虑等情绪。

第二节 仪　　态

一、站姿

站姿是商务活动中最基本的造型动作,是其他姿势的基础。优美的站姿是培养仪态的起点,是培养动态美的基础。站立时保持端正的姿势、优雅的神态和怡然的表情,会给人一种挺拔健美、精力充沛和积极向上的印象。不雅站姿则让美丽打折。

(一)优美站姿的规范要求

站立时,竖看要有直立感,整个身体大体呈直线,横看要有开阔感,侧看要有垂直感,给人一种挺、直、高的美感。同时,男女站姿要形成不同的风格:男子要显得刚劲挺拔,气宇轩昂;女子应显得庄重大方,亭亭玉立。优美站姿的规范要求如下:

1. 基本要领——头正、肩平、臂垂、躯挺、腿并

(1)头正。两眼平视前方,嘴角微闭,下颌微收,面容平和自然,稍带微笑。

(2)肩平。两肩平正,微微放松,稍向后下沉,人有向上的感觉。

(3)臂垂。双臂自然下垂于身体两侧,中指贴拢裤缝,两手自然放松。

(4)躯挺。躯干挺直,胸部挺起,腹部往里收,腰部正直,臀部向内向上收紧。

(5)腿并。两腿立直、贴紧,脚跟靠拢,两脚尖张开约45~60度,身体重心落于两脚正中。

2. 步位

(1)"V"字步。双脚呈"V"字形,即膝和脚后跟要靠紧,两脚张开的距离约为两拳。

(2)"丁"字步。双脚呈"丁"字站立,分左、右"丁"字步。

(3)平行式。男子站立时,可并拢,也可双脚叉开,叉开时,双脚与肩同宽。

(4)前屈膝式:女子站立时可把重心放在一脚上,另一脚超过前脚斜立而略

弯曲。(女性在必要时,特别是单独在公众面前或登台体现时,可采用3/4站姿,即上体保持标准站姿;双脚分开,与肩同宽;右脚向后撤半步;将左脚收回,与右脚成垂直,左脚跟在右脚跟前面,两脚间有少许空间;身体重心交给右脚)

3. 站姿手位

(1) 叉手(前腹式)。

(2) 背手。

(3) 背垂手。

(4) 其他,指尖朝前轻轻扶在身前的柜台上。

(二) 站姿的基本类型

1. 肃立式站姿(正位站姿)

头正、颈直、双目平视、面容平和自然,两肩放松、稍向下沉、躯干挺直;收腹、立腰、挺胸、提臀;双臂自然下垂于身体两侧,手指并拢自然弯曲,中指贴拢裤缝;双膝并拢,两腿直立,脚跟靠紧,脚掌分开呈"V"字形,角度呈45~60度。肃立式站姿适用于升旗、庆典、剪彩、接受奖品、接受接见、致悼词等庄严的仪式场合。

图 6-1　肃立式站姿　　图 6-2　女士基本站姿　　图 6-3　女士迎宾站姿

(图 6-1、6-2、6-3 图片来源:百度图库)

2. 基本站姿

男士：双脚平行不超过肩宽，以20厘米为宜，右手握住左手手腕。

女士：双脚八字步或丁字步，双手虎口相交叠放于脐下三指处，手指伸直但不要外翘，上身正直，头正目平，微收下颌，面带微笑。挺胸收腹，腰直肩平，双臂自然下垂，两腿相靠站直，肌肉略有收缩感。

3. 直立式站姿（迎宾站姿）

此种站姿适用于服务，表示对客人的尊重与欢迎。

男士：双脚平行不超过肩宽，以20厘米为宜，双手在背后腰际相握，右手握住左手手腕。双目平视，面带微笑。其余与肃立相同。

女士：双脚八字步或丁字步，双手虎口相交叠放于腰际。用拇指可以顶到肚脐处，手指伸直但不要外翘。身体直立，挺胸收腹，身体重心可放在两脚上，通过重心移动减轻疲劳，余同肃立。

4. 持文件夹（或提公文包）站姿

男士提公文包站姿：身体立直，挺胸抬头，下颌微收，双目平视，两脚分开，一手提公文包，一手置于体侧。

女士持文件夹站姿：身体立直，挺胸抬头，下颌微收，吸腹收臀，两脚呈"V"字形或"丁"字形，手持文件夹。

图6-4　男士提公文包站姿

（图片来源：百度图库）

图 6-5　女士持文件夹站姿

（图片来源：百度图库）

5. 特殊场合的站姿

在发表演说、新闻发言、做报告宣传时，为了减少身体对腿的压力，减轻由于较长时间站立双腿的疲倦，可以用双手支撑在讲台上，两腿轮流放松。

主持文艺活动、联欢会时，可将双腿并得很拢站立，女士站成"丁"字步为佳，让站立姿势更加优美。采用"丁"字步时，上体前倾，腰背挺直，臀微翘，双腿叠合，玉立于众人间，富于女性魅力。

礼仪小姐的站立，要比门迎、侍应更趋于艺术化，一般可采取立正的姿势或"丁"字步。如双手端执物品时，上手臂应靠近身体两侧，但不必夹紧，下颌微收，面含微笑，给人以优美亲切的感觉。

6. 调节式站立

如站立时间较长，可采用调节式站立。其要领是双腿稍分开，将身体重心轮换移至左腿或右腿，但幅度不宜过大。站累时，脚可向后撤半步，但上体仍须保持正直。等人或站着谈话时可采用轻松的站姿（如图）。

无论何种站姿，只有脚的姿势及角度和手的位置在变，而身体一定要保持挺拔俊美。

第六章 仪态礼仪 125

图 6-6　各种站姿的变化

（图片来源：百度图库）

（三）不良站姿及站姿忌讳

（1）弯腰驼背。

（2）身体曲斜。

（3）站立时，切忌无精打采或东倒西歪。

（4）趴伏倚靠：将身体倚靠在墙上，或倚靠其他物品作为支撑。

（5）腿位不雅（双腿大叉）：两腿交叉站立，显得轻佻。

（6）脚位欠佳。

（7）手位失当。

（8）双手抱臂或者交叉着抱于胸前，往往表示消极、抗议、防御等意思。

（9）双手或单手叉腰站立，这是一种潜意识中带有挑衅或者侵犯意味的举动，如果是在异性面前，它还可以透露出一种性侵害的信息。双手插入衣袋或裤袋中，让人觉得你是一个不严肃或拘谨小气的人；实在有必要时，可单手插入前裤袋。

(10) 半坐半立。

(11) 全身乱动：身体或腿抖动、晃动，让人觉得你是一个漫不经心或没有教养的人。

(12) 摆弄物件：手做其他小动作。

二、行姿

行姿既是完成工作的仪态组成，也是展现商务人员整体形象的重要方面。"行如风"是人们对矫健行姿的赞美，指人们的行姿像风一样掠过，轻松、有力而富有弹性，呈现出一种动态美，很自然地流露出自信、积极向上的精神状态，并给人以专业的信赖感。

（一）优美行姿的规范要求

要"行如风"，最为重要的是以站姿为基础，两眼平视前方，收颌，表情自然平和。挺胸收腹，直起腰背，伸直腿部，使自己的全身从正面看上去犹如一条直线，然后重点关注行姿的步位、步幅、步速和步韵四方面。

1. 步位标准

方向明确会给人以稳重之感。在行走时，以脚尖正对着前方，左右脚重心反复地向前后交替，使身体向前移动；两只脚的内侧行走的线迹形成一条虚拟的直线；每走一步，脚跟都应落在这条直线上。

2. 步幅适度

在行进时，最佳的步幅为一脚之长。即男子每步约40厘米，女子每步约36厘米，但也因身高有一定的差异。着装不同，步幅也不同，如女士穿裙装（特别是旗袍、西服裙或礼服）和穿高跟鞋时，步幅应小些。与此同时，步子的大小还应当大体保持一致。

3. 步速均匀

步速虽然是可以变化的，但在某一特定的场合，步速一般要保持稳定，不宜忽快忽慢。一般情况下，商务人员每分钟走60～100步是正常的。

4. 步韵优美

起步之时，身体须向前微倾，身体的重量要落在脚掌上。在行进的整个过程之中，应注意使自己的重心随着脚步的移动不断地向前过渡，而切勿使身体的重心落在脚后跟上。走路时要以脚跟首先落地，膝盖在脚部落地时应当伸直，腰部要成为重心移动的轴线，双臂要在身体两侧一前一后自然摆动；昂首挺胸，步伐轻松而矫健；走出富有节奏感和韵律感的优美步韵。

第六章 仪态礼仪

"腰式步行法"除了走路时，能使背部挺直外，动作也干净俐落，给人鲜明快活的感觉。

图 6-7　优美行姿

（图片来源：百度图库）

（二）不同着装、不同场合的行姿

1. 不同着装的行姿

行姿与着装关系密切。以直线条为主的服装特点是舒展、矫健而飘逸，如着西装行走时要注意挺拔，保持平正，两条腿要直，走路的步幅可略大些，手臂放松，伸直摆动；女士着西装时臀部不要左右摆动。

女士穿旗袍行走，要求身体挺拔，胸微含，下颌微收，忌塌腰撅臀，走路的幅度不要太大，两脚前后走在同一条直线上，脚尖略微开，呈柳叶步，手臂在体侧摆动，幅度不宜过大，臀部可随着脚步和身体重心的转移稍左右摆动；每一处都要保持轻柔、高雅的姿态，走出女性柔美的风韵。

2. 不同场合的行姿

不同场合，标准行姿要求不同：

（1）迎接宾客，步伐稳健大方；

（2）参观展览，脚步应缓慢轻柔；

(3) 参加喜庆活动,步态可轻盈、欢快;

(4) 参加吊丧活动,步态宜缓慢、沉重;

(5) 办事联络,步伐要快捷、稳重,以体现效率,特别是男士走路,适当加快步伐有助于提升个人魅力;

在办公场所,脚步应轻而稳,除非有紧急情况,不宜火急火燎地以小跑代替走路,有急事时,可加快步伐。

(三) 行进中的礼仪规范

(1) 以前为尊,右边大,左边小为原则。

(2) 三人行,如全为男士,则以中间位为尊,右边次之,左边为末。如一男二女行,则男士应在最左侧的位置。

(3) 多人行,以最前面为大,依前后秩序,越后越小。

(4) 接近门口,男士应超前服务,开门后,让女士先行,男士跟后。

(5) 男女二人行,以男左女右为原则。

(6) 二男一女同行时,女士居中。

(7) 在行走时应该靠右侧,将左侧留给急行的人,乘坐滚梯时也需如此。

(8) 在走廊等狭窄空间行走时,如需侧身通行,应正面对他人的正面,不能背对他人的正面。

(9) 上下楼梯,上体要直,脚步要轻,保持平稳,一般不要手扶栏杆。

若为他人引路,上楼梯时,引导人员走在客人、领导、长者、女士的后面;下楼梯时,引导员走在客人、领导、长者、女士的前面。

图 6-8 上楼的引导

(图片来源:百度图库)

第六章 仪态礼仪　　129

图 6-9　下楼的引导

（图片来源：百度图库）

上楼的引导：引导者（限女性）走在后面，客人走在楼梯里侧，引领者走在中央，配合客人的步伐速度引领。

下楼的引导：引导者走在客人的前面，客人走在里侧，而引领者该走在中间，边注意客人动静边下楼。

（10）不相识的人同时乘电梯时，遵循先来后到、女士优先的原则；若引导客人、长者、领导乘电梯，有电梯操作员时，引导员主动后进后出，没有操作员时，引导员先进后出（控制电梯）。

（四）不良步态及行姿忌讳

（1）忌摇头晃脑，弯腰驼背，歪肩晃膀，左顾右盼。身体乱晃乱摆给人轻佻、浮夸、缺少教养的印象。

（2）忌步幅太大或太小。太大不雅观，太小不大方。

（3）行进中身体重心不能太过前倾，以免使人看上去走态不稳，也不要太过后"坐"，给人拖着步子走路的感觉。

（4）忌内八字和外八字步伐，内八字或外八字都会引起步态的晃动，看上去极不雅观。

（5）不可脚蹭地面，发出声响。

（6）忌扭腰摆臀。走交叉步时，臀部摆动应自然，幅度不要过大，更不得扭腰。

(7) 忌大甩手,双手摆动应自然,不要将双手贴着裤缝走路,这样会使步态显得僵硬。

(8) 忌双手反背于背后行走,这样给人以傲慢、呆板的感觉。

(9) 忌多人携手并肩前行。

(10) 忌行进中吃东西或吸烟。

三、坐姿

坐姿是指人就座以后身体所保持的一种姿势,是一种相对静态的姿势。坐姿有美丑之分。常言道:"坐有坐相",优雅的坐姿不仅能给人以端庄、稳重、大方自然的美感;还会给对方传递着热情、自信和友好的信息;既是对对方的尊重,也使自身的形体显得优美。不良坐姿不但不美观,而且还使人体畸形。坐姿优雅并非一项简易技能,需掌握一些规范要求。

小资料

调整坐姿既能避免腰酸背痛,还能减肥

坐姿不良是腰酸背痛的主要凶手,而对于长期使用计算机的上班族而言,坐姿不良通常是造成腰酸背痛的最主要凶手。

调整坐姿就能减肥。减肥有时并不像想象的那么困难,有些人只要纠正坐姿,便能减去腹部脂肪。这主要是指四肢较瘦,唯独腹部脂肪较多的人,多见于长期伏案工作的人。专家认为,只要调整坐姿,随时提醒自己挺胸、收腹、直腰、坐如悬钟,哪怕是不能始终保持,想起来就做,都有可能从肚子上减去脂肪。要是每天做 1 小时,每周坚持 4～5 次的中度激烈的快走、慢跑、跳健身操等促使心肺活动和肌肉收缩的体育锻炼,更能阻止脂肪沉积,加强脂肪消耗。

(一) 优雅坐姿的规范要求

(1) 入座。

① 注意顺序:分清长幼,礼貌地邀请尊者先坐,地位相同者可同时入座。但如果对方是自己的客户,则最好在对方入座之后入座,切勿自己抢先入座。

② 讲究方位:最好从座椅的左侧入座,这样既礼貌,也便于入座。在与他人同时入座时,应当注意座位的尊卑,主动将上位让给来宾或客人。

③ 落座无声:就座时,要减慢速度,放轻动作,不要弄响座椅,以免噪音扰人。

④ 入座得法：在他人面前入座时，最好背对着自己的座椅入座，这样不会背对着对方，背对他人是不礼貌的。做法是：先侧身走近座椅，背对座椅站立，右腿后退一点，以小腿确认一下座椅的位置，然后双脚跟并拢，而不是双脚呈八字或外八字形，轻稳坐下。

（2）体位。不可弯腰低头或回头看座椅，必要时可以用手搭扶座椅的扶手。为了使坐下后身体舒服，或者为了方便坐下后调整衣服，可以坐下后调整一下体位；但这一动作不可与就座这一动作同时进行。

（3）两脚交叠而坐时，悬空的小腿要向回收，并将脚尖向下，以给人高贵、大方之感。

（4）着裙装的女士入座时，坐下之前应用手将裙子向前拢一下。起立时右脚先向后收半步，然后站起，以显得端庄娴雅。

（5）位置不合适，先挪后坐，双手提放椅子。

（6）"不满坐是谦恭"。在正式的场合或是与上级谈话，坐宽大的座椅或沙发的时候，要注意臀部位置，不能坐得太深，也不能坐得太浅；一般坐椅子的2/3、沙发的1/2左右；背部挺直，身体稍向前倾，表示尊重和谦虚。

（7）坐相要端正。

① 头部位置要端正。坐定之后的标准头位是头部端正，双目柔和平视，面带微笑，下巴内收，嘴微闭。如果是办公需低头俯看文件，在回答他人问题时要抬起头来，不然会给人爱答不理的感觉。在与人交谈时，可以面对对方或侧对对方，但绝不可以用后脑勺对着对方。注意，在外人面前就座时，不要出现仰头、低头、歪头或扭头的情况。

② 躯干位置要直立。落座后两肩平正放松，腰背要挺拔，腹部内收，上身与大腿要成直角，不能塌腰放松成软状。因工作需要而非休息需要就座时，最好不要倚靠椅背。

（8）手臂摆放位置适当。

① 手臂放在两条大腿上。有三种方式：双手各自搭在一条大腿上；双手叠放后放在大腿上；双手相握后放在大腿上。

② 手臂放在一条大腿上。侧身与人交谈时，宜将双手置自己所侧一方的那条大腿上，有两种方式：双手叠放后放在一条大腿上；双手相握后放在一条大腿上。

③ 放在皮包文件上。当女性穿短裙面对男性，而面前又没有屏障时，可以将皮包或文件放在大腿上，然后将双手或扶或叠或握置于其上。

④ 放在身前桌子上。正身而坐时，宜将双手放在身前的桌子上。有三种方

式:双手平扶在桌子边沿上;双手相握置于桌上;双手叠放在桌上。

⑤ 放在身旁的扶手上。有两种情况:正身而坐时,宜将双手扶在两侧扶手上;侧身而坐时,则应将双手叠放或相握后,置身一侧的扶手上。

(9)双膝应并排或微微分开,并视情况向一侧倾斜。

男士坐的时候膝部可以分开一点,但不要超过肩宽,更不能两腿叉开过大,半躺在椅子或沙发里面。

女士入座后,双脚必须靠拢,脚跟也靠紧;任何坐姿都不可将双膝分开。

(10)双脚的位置:脚尖脚跟可并拢,也可稍分,或一前一后,或右脚放在左脚外侧。

(11)身子的朝向。与他人交谈时,为了表示对他人的重视,不仅要面对对方,而且应将整个身体朝向对方。注意,侧身而坐时,躯干不要歪扭倾斜;可选用上体与腿同时转向一侧,面向对方形成优美的 S 型坐姿。

(12)离座。

① 先有表示:如座旁有人,需以语言或动作向其示意,随后方可起身,一跃而起会令邻座或周围人受到惊扰。

② 注意先后:地位低于对方时,应稍后离座;地位高于对方时,可首先离座;双方身份相近时,可同时起身离座。

③ 起身缓慢:动作轻缓,避免"拖泥带水",弄响座椅或将椅垫弄掉。

④ 站好再走:先采用基本站姿,站定后,方可离去。若起身便跑或走,就会显得过于匆忙,有失稳重。

⑤ 从左离开:尽可能从左侧离开,与左入一样,是一种礼貌。

(二)坐姿的基本类型

1. 正襟危坐式。

正襟危坐式被称为最基本的坐姿、正位坐姿、标准式,适用于最正式的场合,男女皆宜。

(1)要求:上身与大腿、大腿与小腿都应形成直角,小腿垂直于地面。双膝、双脚包括双脚的脚跟都应该完全并拢,挺胸直腰,面带微笑。

(2)女士:上身挺直,双腿并拢,两脚尖并拢略向前伸,两手叠放在双腿上,略靠近大腿根部。

(3)男士:上身正直上挺,双肩平正,双膝并拢,小腿垂直地落在地面,两脚自然分开成45度,双手分放在两膝上或椅子的扶手上。

第六章 仪态礼仪　　　　　　　　　　　　　　　　133

图 6-10　正襟危坐式

（图片来源：百度图库）

2. 垂腿开膝式

垂腿开膝式多为男性所使用，也较为正规。

要求：上身与大腿、大腿与小腿皆成直角，小腿垂直地面。双膝分开，但不得超过肩宽。

图 6-11　垂腿开膝式

（图片来源：百度图

3. 双腿叠放式

它适合穿短裙子的女士采用(或处于身份地位高时的场合)。造型极为优雅,有一种大方高贵之感。

要求:将双腿完全地一上一下交叠在一起,交叠后的两腿之间没有任何缝隙,犹如一条直线。上身挺直坐正;双腿斜放于左右一侧,斜放后的腿部与地面呈45度夹角,叠放在上的脚尖垂向地面。

4. 双腿斜放式

它适用于穿裙子的女性在较低的座椅就座时使用。

要求:身体的重心垂直向下,双腿并拢,大腿和小腿成90度角同时向右侧或左侧斜放,力求使斜放后的腿部与地面呈45度角。双手虎口相交轻握放在腿上,挺胸直腰,面带微笑。

图6-12 双腿斜放式坐姿

(图片来源:百度图库)

5. 双脚交叉式

它适用于各种场合,男女皆可选用。

要求:身体的重心垂直向下,双腿并拢,大腿和小腿成90度角,双脚在脚踝处交叉,交叉后的双脚可以内收,也可以略向侧面斜放,但不宜向前方远远直伸出去;双手虎口相交轻握放在腿上,挺胸直腰,面带微笑。

第六章 仪态礼仪 135

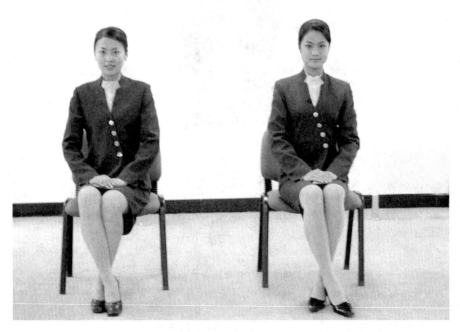

图 6-13 双脚交叉式坐姿

(图片来源:百度图库)

6. 双脚内收式

适合一般场合采用,男女皆宜。

要求:双腿并拢,双膝略打开,两条小腿分开后向内侧屈回。双脚脚掌着地。

7. 前伸后曲式

它是女性适用的一种优美坐姿。

要求:上身挺直,身体的重心垂直向下,大腿并紧之后左腿前伸,右小腿屈回,也可右脚前伸,左脚后屈,用脚掌着地,大腿靠紧,两脚前后保持在同一条直线上。双手虎口相交轻握放在左腿上,更换脚位时手可不必更换,挺胸直腰,面带微笑。

图 6-14 前伸后曲式坐姿

(图片来源:百度图库)

8. 大腿叠放式

它多为男性在非正式场合采用。

要求:两条腿在大腿部分叠放在一起。叠放之后位于下方的一条腿垂直于地面,脚掌着地。位于上方的另一条腿的小腿则向内收,同时脚尖向下。

图 6-15　大腿叠放式

(图片来源:百度图库)

(三) 不同场合的坐姿选择

1. 谈判、会谈等重大会议进行时

此种场合一般比较严肃,适合正襟微坐,但不要过于僵硬。要求上体正直,端坐于椅子中部,注意不要使全身的重量只落于臀部,双手放在桌上、腿上均可。双脚为标准坐姿的摆放。

2. 在内部小型会议或相对轻松的客户会议上

女士可采用"双腿斜放式""双腿交叉式"和"前伸后曲式"坐姿,男式可采用架腿坐姿。

3. 倾听他人教导、传授知识、指点时

对方是长者、尊者、贵客时,坐姿除了要端正外,还应坐在座椅、沙发的前半部或边缘,身体稍向前倾,表现出一种谦虚、迎合、重视对方的态度。

4. 较轻松、随便的非正式场合

此种场合可坐得轻松、自然一些。全身肌肉可适当放松,可不时变换坐姿,以作休息。

5. 写姿

伏案书写,上体稍前倾,眼睛与书写距离33厘米,两臂曲扶台面约一肩半宽,两腿并拢微屈稍分开,小腿垂直地面。时间长时在不影响姿态美的前提下作适当调整。

(四)座位高低不同时的坐姿

1. 低座位

轻轻坐下,臀部后面距座椅背约2厘米,背部靠座椅靠背。如果女士穿高跟鞋坐在低座位时,膝盖会高出腰部,应当并拢两腿使膝盖平行靠紧,然后将膝盖偏向对话者,偏的角度根据座位高低来定,但以大腿和上半身构成直角为标准。

2. 较高的座位

上身仍然要正直,可以跷大腿。其方法是将左腿微向右倾,右大腿放在左大腿上,脚尖朝向地面,切忌右脚尖朝天。

3. 座位不高也不低

两脚尽量向后左方,让大腿和上半身成90度以上角度,双膝并拢,再把右脚从左脚外侧伸出,两脚外侧相靠,这样不但雅致,而且显得文静而优美。

(五)不良坐姿及坐姿忌讳

不良坐姿让优雅打折,以下坐姿应当避免:

1. 不雅的腿姿

(1)双腿叉开过大。面对外人时,双腿如果叉开过大,不论是大腿还是小腿叉开,都极其不雅。

(2)架腿方式欠佳。将一条小腿架在另一条大腿上,在两者之间还留出大大的空隙,成为所谓的"架二郎腿"或架"4"字形腿,甚至将腿搁在桌椅上,就更显得过于放肆了。

(3)双腿过分伸张。坐下后,将双腿直挺挺地伸向前方,这样不仅可能会妨碍他人,而且也有碍观瞻。因此,身前若无桌子,双腿尽量不要伸到外面。

(4)腿部抖动摇晃。

2. 不安分的脚姿

(1)坐下后,脚后跟接触地面,而且将脚尖跷起来,脚尖指向他人,使鞋底在他人眼前"一览无余"。

(2)以脚蹬踏其他物体,以脚自脱鞋袜,都是不文明的陋习。

(3)把脚藏在座椅下或勾住椅腿则显小气,欠大方。

3. 手的摆放忌讳

（1）双手切勿交叉放在桌上或胸前，也不可单手或双手托额。

（2）绝不可把手夹在两腿间或双手抱在腿上。

（3）忌将手放在小腿上或是手握、手扶小腿。

（4）忌双手支于膝上或椅腿上，容易被人判读为示意结束。

4. 其他忌讳

（1）忌坐椅时前俯后仰、东倒西歪。

（2）忌上体不直，左右晃动，显得没教养。

（3）忌猛起猛坐，弄响座椅，惊扰四座，甚至带翻茶具或餐具，弄得自己难堪。

（4）忌坐姿与环境不符。如在求职面试、与领导或长辈谈话等时，不用叠放式。

（5）忌过于放松或瘫坐在椅子内，坐姿懒散。

（6）上高台坐下的主礼女嘉宾，忌穿太短的裙子。

四、蹲姿

蹲姿是在比较特殊的情况下采用的一种暂时性体态，即由站立的姿势转变为两脚弯曲使身体下降的姿势。欧美国家的人认为"蹲"这个动作是不雅观的，所以在商务场合，除了捡拾地面物品、整理鞋袜外，一般很少采用蹲的姿势。商务人士尤其是女性穿套装需要下蹲时，要注意优雅的蹲姿，尽量迅速、美观、大方，否则会显得很没教养。

（一）允许蹲姿的场景

（1）整理工作环境；

（2）给予客户帮助；

（3）提供必要服务；

（4）捡拾地面物品；

（5）自己照顾自己。

（二）蹲姿的基本类型

蹲是一种相对静态的造型。雅观而优美的蹲姿有两种：交叉式蹲姿和高低式蹲姿。除此之外，还有半跪式蹲姿。

1. 高低式蹲姿

它是平日所用最多的一种蹲姿，基本特征是双膝一高一低。具体要求如下：下蹲时左（右）脚在前，右（左）脚稍后（不重叠），两腿靠紧向下蹲。左（右）脚全脚着地，小腿基本垂直于地面，右（左）脚脚跟提起，脚掌着地。右（左）膝低于左（右）

膝,右(左)膝内侧靠于左(右)小腿内侧,形成左(右)膝高、右(左)膝低的姿态。臀部向下。女士双腿应尽量靠紧,男式双腿可以微分,基本上以膝低的腿支撑。

图 6-15　高低式蹲姿

(图片来源:百度图库)

图 6-16　半跪式蹲姿

(图片来源:百度图库)

第六章 仪态礼仪

2. 交叉式蹲姿

它有造型优美典雅的优点,通常适用于女性,尤其是身穿短裙的女性。基本特征是蹲下之后双腿交叉在一起。具体要求如下:下蹲时,右脚在前,左脚在后,右小腿垂直于地面,全脚着地。右腿在上,左腿在下,两者交叉重叠。左膝由后下方伸向右侧,左脚脚跟抬起,并且脚掌着地。两腿前后靠紧,合力支撑身体。上身略向前倾,而臀部朝下。

3. 半跪式蹲姿

它又称为单跪式蹲姿,属非正式蹲姿,多适用于下蹲时间较长,或为用力方便之时。基本特征是双腿一蹲一跪。下蹲后,改用一腿单膝着地,以其脚尖着地,令臀部坐在脚跟上。另外一条腿应当全脚着地,小腿垂直于地面。双膝必须同时向外,双脚宜尽量靠拢。

(三)优雅蹲姿的基本要领

(1)下蹲时应自然、得体、大方,不遮遮掩掩。站在所取物品的旁边,蹲下屈膝去拿,而不要低头,也不要弓背,要慢慢地把腰部低下;两腿合力支撑身体,掌握好身体的重心,臀部向下。

(2)若用右手捡东西,可以先走到东西的左边,右脚向后退半步后再蹲下来。脊背保持挺直,臀部一定要蹲下来,避免弯腰翘臀的姿势。特别是穿裙子时,如不注意背后的上衣自然上提,露出臀部皮肉和内衣很不雅观。即使穿着长裤,两腿展开平衡下蹲,撅起臀部的姿态也不美观。

(3)下蹲时两腿合力支撑身体,避免滑倒。

(4)下蹲时应使头、胸、膝关节在一个角度上,使蹲姿优美。

(5)女士无论采用哪种蹲姿,都要将腿靠紧,臀部向下;穿旗袍或短裙时需更加留意,以免尴尬;如穿着低领装,则要用一只手按着领口防走光。

(四)不良蹲姿及蹲姿忌讳

(1)不要突然下蹲。下蹲前应用目光示意,避免突然下蹲在客户或同事面前;蹲下时,速度切勿过快。

(2)不要距人过近。下蹲时,应与他人保持一定的距离,与他人同时下蹲时,更不能忽略双方之间的距离,以防彼此迎头相撞。

(3)不要方位失当。在他人身旁下蹲,尤其在服务对象身旁下蹲时,最好是与之侧身相向,正面面对或背对他人下蹲,通常都是不礼貌的。

(4)不要随意滥用。没必要时尽量不要采用蹲姿。另外,不可蹲在椅子上,不可蹲着休息。

(5)不要直接弯腰而蹲,不要双腿叉开而蹲,下蹲时不要露内衣。

第三节　表情与手势

身体语言是一种表达和交换信息的可视化符号系统，它由人的面部表情、手势等构成。身体语言本身不是表达的主要手段，但它具有形象性，可以起到辅助的作用，以生动直观的形象告诉他人所要表达的意思；且能使表达更充分，更富有感情色彩，更有感染力。心理学家认为，这种无声语言所显示的意义要比有声语言深刻得多，因此身体语言在传递信息过程中发挥着重要的作用。美国 Albert Meharabian 博士发现，人们传达信息的影响力中，语言因素只占7%，说话声音占38%，而面部表情、手势等各种身体语言则占55%。

一、面部表情

表情是指人的面部情态，是内心情感在面部上的表现，主要包括眼神和微笑。

（一）目光礼仪

"听其言也，观其眸子"。在人类的五种感觉器官中，眼睛最为敏感，人们与他人交往所得信息的87%来自视觉，而来自听觉的信息则仅为10%左右。作为人类的心灵之窗，眼睛能够最明显、最自然、最准确地展示自身的心理活动。泰戈尔说："一旦学会了眼睛的语言，表情的变化将是无穷无尽的。"

商务场合的眼语主要由时间、角度、区间、方式四方面构成。

1. 时间

在人际交往中，注视对方时间的长短十分重要。交流过程中用60%~70%的时间与对方进行目光交流是最适宜的。少于60%，则说明对对方的话题、谈话内容不感兴趣；多于70%，则表示对对方本人的兴趣要多于他所说的话。眼语表达的时间规律具体如下：

（1）表示友好。若对对方表示友好，则注视对方的时间应占全部相处时间的约1/3左右。

（2）表示重视。若对对方表示关注，比如听报告、请教问题时，则注视对方的时间应占全部相处时间的约2/3左右。

（3）表示轻视。若注视对方的时间不到相处全部时间的1/3，往往意味着对其瞧不起，或没有兴趣。

（4）表示敌意。若注视对方的时间超过了全部相处时间的2/3以上，往往表示可能对对方抱有敌意，或是为了寻衅滋事。

（5）表示兴趣。若注视对方的时间长于全部相处时间的 2/3 以上,还有另一种情况,即对对方发生了兴趣。

2. 角度

在注视他人时,目光的角度,即其发出的方向,是事关与交往对象亲疏远近的一大问题。注视他人的常规角度有:

图 6-17　俯视,表权威感和优越感
（图片来源:百度图库）

图 6-18　仰视,表敬畏或请求
（图片来源:百度图库）

图 6-19　平视,表平等客观
（图片来源:百度图库）

(1) 平视,即视线呈水平状态,它也叫正视。一般适用于在普通场合与身份、地位平等之人进行交往。

(2) 侧视,是一种平视的特殊情况,即位于交往方侧面,需要平视对方。它的关键在于面向对方,否则即为斜视对方,那是很失礼的。

(3) 仰视,即主动居于低处,抬眼向上注视他人。它表示尊重、敬畏之意,适用于面对尊长之时。

(4) 俯视,即抬眼向下注视他人,一般用于身居高处之时。它可对晚辈表示宽容、怜爱,也可对他人表示轻慢、歧视。

3. 区间

在人际交往中目光所及之处,就是注视的区间。注视他人的区间不同,不仅说明自己的态度不同,也说明双方关系有所不同。

商务交往中,不宜"目中无人"。任何时候都不宜注视对方的头顶、胸部、腹部、裆部、臀部以及下半身,这是非常失礼的,因为这些都是比较私密的部位。

交谈时的目光注视区间主要有以下几种情况:

(1) 公务注视区间:进行业务洽谈、商务谈判、布置任务等谈话时采用的注视区间。这一范围一般是以两眼为底线,以前额上部为顶点所连接成的区域。

图 6-20　公务注视区间

(图片来源:百度图库)

(2)社交注视区间。社交场合中采用的注视区间,是以两眼为上线,以下颚为顶点所连接成的倒三角区域。

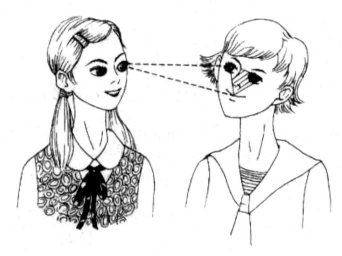

图 6-21　社交注视区间

(图片来源:百度图库)

(3)亲密注视区间。具有亲密关系的人在交谈时采用的注视区间,主要注视对方的双眼、嘴部和胸部。

图 6-22　亲密注视区间

(图片来源:百度图库)

4. 方式

商务场合,特别是与人交谈时,目光应该正视对方,不要躲躲闪闪、左顾右盼、游离不定、上下打量、挤眉弄眼或斜视对方,这不仅是对他人的失礼,更是有损个人形象。

目光注视对方,并不意味着双眼始终紧盯对方,这种逼视的目光同样失礼,会使对方感到不安和尴尬。注视他人,在商务场合主要可采用以下几种方式:

(1) 直视,即直接地注视交往对象,表示认真、尊重,适用于各种情况。若直视他人双眼,即称为对视,表明自己大方、坦诚,或是关注对方。

(2) 凝视,是直视的一种特殊情况,即全神贯注地进行注视,多用以表示专注、恭敬。

(3) 盯视,即目不转睛,长时间地凝视对方的某一部位,表示出神或挑衅,故不宜多用。

(4) 虚视,是相对于凝视而言的一种直视,其特点是目光不聚焦于某处,眼神不集中,多表示胆怯、疑虑、走神、疲乏,或是失意、无聊。

(5) 扫视,即视线移来移去,注视时上下左右反复打量,表示好奇、吃惊,亦不可多用,对异性尤其应禁用。

(6) 睨视,即斜着眼睛注视,多表示怀疑、轻视,一般应当忌用,与初识之人交往时尤其应当忌用。

(7) 眯视,即眯着眼睛注视,表示惊奇、看不清楚,模样不大好看,故也不宜采用。

(8) 环视,即有节奏地注视不同的人员或事物,表示认真、重视,适用于同时与多人打交道,表示自己"一视同仁"。

(9) 他视,即与某人交往时不注视对方,反而望着别处,表示胆怯、害羞、心虚、反感、心不在焉,是不宜采用的一种眼神。

(10) 无视,即在人际交往中闭上双眼不看对方,又叫闭视,表示疲惫、反感、生气、无聊或者没有兴趣,给人的感觉往往是不大友好,甚至会被理解为厌烦、拒绝。

(二) 笑容

在各种表情中,微笑是最动人的,表达着人际关系中自信友善、亲切和蔼、礼貌融洽等最为美好的感情,是美不可言的社交语言。在商务场合,微笑是以柔克刚的"妙招",是融洽气氛的"润滑剂",是巧妙回绝的"借口",是吸引他人的"磁石",是深化感情的"催化剂"。

1. 微笑的基本方法

首先放松面部肌肉,然后令嘴角微微上翘,使唇部变成弧形,最后在不出声、不牵动鼻子的前提下,轻轻一笑(露不露齿因人而异,以自然为标准)。

2. 微笑的基本要求

(1) 发自内心,表里如一;

(2) 声情并茂;

(3) 气质优雅,力戒轻狂;

(4) 表现和谐,不温不火。

3. 微笑的忌讳

(1) 缺乏诚意,强装笑脸;

(2) 露出笑容,随即收起;

(3) 仅为情绪左右而笑;

(4) 把微笑只留给上级、朋友、老客户等少数人;

(5) 冷笑、怪笑、媚笑、怯笑、窃笑、狞笑。

二、手势

手势是通过手和手指活动传递信息,是人际沟通时极富表现力的一种体态语言。手势作为信息传递方式,不仅远远早于书面语言,甚至早于有声语言。在商务场合中,优美得当的手势可以辅助语音来表达一定的思想内容,还可以表现出言者高雅的气质与风度。但手势运用不规范、不明确,动作不协调,寓意含混,也会给交往和工作带来不良影响。因此,商务人员应规范地运用手势,提高手势对语音的积极作用,为自身的交际形象增辉。

(一) 常见手势及其含义

(1) 手抚是爱,手指是怒,手搂是亲,手捧是敬,手遮是羞。

(2) 表示数字的手势如下图所示:

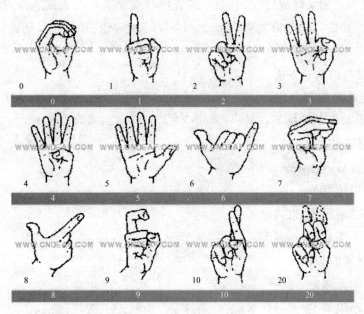

图 6-23　表示数字的手势

(3) 不同手势的含义

① 塔尖式手势：自信的表现。

② 攥紧拳头：暗示进攻、自卫，表示力量和愤怒。

③ 伸出食指：含有教训人的意思。

④ 背手：双臂伸到背后，双手相握，表示权威，有气势。

(二) 优雅手势的规范要求

(1) 简洁明确。正常情况下，手势宜少不宜多。在毫无必要之时将自己的手臂挥来挥去，既不能表达自己的思想感情，也毫无美感可言。

(2) 动幅适度。动作不宜太大。

(3) 用手势介绍某人、某物或某个方向时，应当掌心向上，四指并拢，大拇指张开，以肘关节为轴，前臂自然上抬伸直。指示方向时，上体稍向前倾，面带微笑，视线始终随手指的方向移动，并兼顾对方是否意会到目标。

(4) 借助手势谈论自己时，可将手掌轻轻按在自己的左胸，这样显得端庄、大方、可信。

(5) 招呼他人。用手势与人打招呼、致意、欢迎、告别时，要将手尽量伸开，要根据场景控制手势力度的大小、速度的快慢与时间的长短。

(6) 举手致意。伸开手掌，掌心向外，面对对方，指尖朝向上方，用来向他人

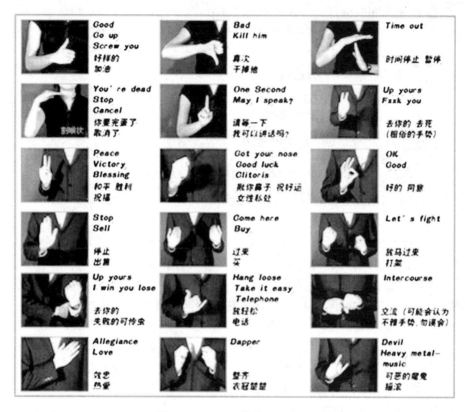

图 6-24　不同手势的不同含义

(图片来源：百度图库)

表示问候、致敬、感谢。当你看见熟悉的人，又无暇分身的时候就举手致意，可以立即消除对方的被冷落感。

(7) 递接物品。接物时应用双手，自然将手伸出去；不要用手指接物。递物品的时候应用双手把东西放在胸前递出，注意不能将物品的尖端指向对方，也不能一只手拿着物品，更不能直接丢到对方手里。

(三) 注意不同国家、地区、民族的风俗习惯

相同手势语的含义存在区域性差异。商务交往中，要想发挥手势的交际作用，就要了解、熟悉交际对象和环境的文化特征，不同文化背景下手势的不同含义。

1. 同一手势语在不同国家或地区代表不同的含义

(1) 跷起大拇指

① 一般都表示顺利或夸奖他人；

② 在美国和欧洲部分地区表示要搭车；
③ 在德国表示数字"1"；
④ 在日本表示数字"5"；
⑤ 在希腊表示"让对方滚蛋"；
⑥ 在澳大利亚表示骂人"他妈的"。

与他人谈话时将拇指跷起来反向指向第三者，即以拇指指腹的反面指向除交谈对象外的另一人，是对第三者的嘲讽。

注意：不能大拇指向下。

(2) 伸出食指
① 在中国以及亚洲其他一些国家表示"一""一个""一次"等；
② 在欧美代表打招呼；
③ 在法国代表提问；
④ 在澳大利亚表示给我一杯啤酒。

在使用这一手势时，一定要注意不要用手指指人，更不能在面对面时用手指着对方的面部和鼻子，这是一种不礼貌的动作，且容易激怒对方。

(3) "OK"手势

"OK"手势指拇指、食指相接成环形，其余三指伸直，掌心向外。
① OK 手势源于美国，在美国表示"同意""顺利""很好"的意思；
② 在法国表示"零"或"毫无价值"；
③ 在日本、缅甸和韩国表示"钱"；
④ 在泰国表示"没问题"；
⑤ 在巴西表示粗俗下流；
⑥ 在突尼斯则表示傻瓜。

(4) "V"形手势

"V"形手势是二战时的英国首相丘吉尔首先使用的，表示"胜利"。如果掌心向内，就变成骂人的手势了。

(5) 掌心向下的招手动作
① 在中国表示招呼他人过来；
② 在美国是叫狗过来。

(6) 双臂下垂交叉
① 在英语国家中是一种精神放松、态度随便、悠闲自在的身势；
② 中国人视其为拒绝交往或居高临下的一种派头。

(7) 两臂交叉的动作

两臂水平交叉在东西方都表示拒绝、反抗或轻蔑,与此同时,通常将脸扭向一侧,如果再双目直视,面带微笑,挺起胸脯,就是显示自己的"力量"。

(8) 手臂交叉

手臂交叉是东西方文化共有的情绪紧张时作为心理保护的一种姿势,其中最常见的动作是在体前双手交叉和其他掩饰交叉动作。例如,焦急等待时摩拳擦掌,理理袖口或手提包,紧紧上衣或一侧前襟,摸摸面颊或耳朵等。

(9) 双臂平伸,上下拍打

它表示"飞"的意思,但在英语国家还喻指"标致女郎"或"男子同性恋者"。

2. 同一含义用不同手势语表达

(1) 拦车的动作

① 中国:面向车辆,一只胳膊向一侧平伸,手心向前,做出"停"的手势。

② 英语国家:面对开过来的车辆右手握拳,拇指跷起向右肩方位晃动。但这一动作在澳大利亚和新西兰是不能使用的,因为在那里被看成是淫荡的。

(2) 表示欢迎的动作

都是张开双臂,但是拥抱的动作则大不相同。

① 中国:相互抓住对方的小臂,有时还将头靠在对方肩上。

② 英语国家:拥抱动作多种多样。

(四) 不规范手势与手势忌讳

1. 忌失敬于人的动作

① 掌心向下挥舞手臂;

② 勾动食指或除拇指外的其他四指招呼、指点他人,因为用手指指人,含有教训人之意,是极不礼貌的行为;

③ 用食指指向他人鼻尖;

④ 用拇指指自己,或竖起大拇指向下,表示蔑视他人;

⑤ 鼓倒掌。

2. 忌乱用易误解的手势

运用手势时,一定要考虑到文化背景带来的地区差异,同一种手势在不同的国家、地区和民族中具有不同的含义,切忌乱用,以免造成不良后果。

3. 忌不雅手势

与手势有关的不雅习惯包括不卫生的手势和欠稳重的动作。

① 不卫生的手势:在人前搔头发、掏耳朵、挖眼屎、抠鼻子、剔牙齿等。

② 欠稳重的动作:在大庭广众之下,双手乱动、乱摸、乱放等,或摆弄小物件、咬手指、折衣角等。

第四节 行为礼仪

一、点头礼

（一）遇见客户或贵宾时的点头礼

(1) 行进中遇到贵宾时，停下脚步，将身体面对客户问候"您好"，微笑点头致意，礼让贵宾先行；若客人让自己先行通过，应礼貌致谢。

(2) 客户在经过你的工作岗位时问候"您好"，微笑点头致意，继续工作。

(3) 领导陪同贵宾到你处视察工作时，应保持正确站姿，微笑鞠躬30度问候"您好"。

(4) 在电梯口遇到贵宾或来宾时，应面对宾客问候"您好"，微笑点头致意，礼让贵宾或来宾先上电梯。

（二）遇见同事时的点头礼

(1) 每天同事间第一次见面，都应面带微笑，问候"早上好"或"您好"，行点头礼，营造一个良好的工作氛围。

(2) 经常见面或一天内多次见面的同事相遇，微笑点头致意，并可视具体情况进行适当寒暄。

(3) 与相遇同事距离较远或环境非常安静时，应微笑点头致意。

（三）引领客人时的点头礼

在左前方相距二三米处，随客人步速前进，近转弯或台阶处要回头向客人示意。

（四）递物时的点头礼

递送物品，均用托盘。传递时，物品及字样的正面应对着客人；一般用双手递送，并礼貌地说："这是××。"

二、握手礼

（一）适用场合

一般在见面和离别时用。

（二）伸手次序

谁先伸手，根据双方所处的社会地位、身份、性别及其他条件来确定。一般来说，和长辈、领导人、主人、妇女、名人打交道时，为表尊重，把是否愿意握手的主动权赋予他们，即长辈在先、上级在先、主人在先、女士在先。

见面时若对方不伸手，则应向对方点头或鞠躬以示敬意。

（三）握手方式

(1) 一般应站着握手，除非生病或特殊场合，但也要欠身握手，以示敬意。

(2) 见面的对方如果是自己的长辈或贵宾,先伸了手,则应该快步走近,用双手握住对方的手,以示敬意。

(3) 和新客户握手时,应伸出右手,掌心向左,虎口向上,以轻触对方为准。

(4) 男士和女士握手,则男士应轻轻握住女士的手指部分。

(5) 冬季握手,男士应脱去帽子、摘下手套,以示尊重对方;女士可不必。

(6) 时间1~3秒钟。

(7) 轻轻摇动1~3下。

(四) 握手力量轻重

根据双方交往程度确定。

(1) 和新客户握手应轻握,但不可绵软无力。

(2) 和老客户应握重些,表明礼貌、热情。

(五) 握手禁忌

(1) 男士忌戴着帽子、墨镜和手套与他人握手。

(2) 忌在握手时面无表情或过分客套。

(3) 忌在握手时仅仅握住对方的手指尖。

(4) 忌握手时上下左右抖个没完。

(5) 忌交叉握手。

三、鞠躬礼——隆重的礼节

鞠躬起源于中国的商代,那时有种祭天仪式"鞠祭",祭品通常为猪、牛、羊等,将其整体弯卷成圆的鞠形,然后摆到祭祀处奉祭,以此来表达祭祀者的恭敬与虔诚。后来,人们逐渐援引这种形式来表达自己对地位崇高者或长辈的崇敬。低身弯腰,这是一种愿意把自己袒露和奉献给对方的象征。

小资料

据统计,在日本,坐办公室的职工,平均至少每11分钟就得鞠一次躬,火车列车员一天鞠2100次躬,在商店自动电梯里值班的女雇员,一个班要鞠2500次躬。在日本,服务员的礼仪概念就是"顾客永远是对的",这使他们的工作态度既端正又认真,一个服务员每天要向他们的顾客鞠躬多达数千次。

(一) 鞠躬的规范步骤

(1) 身体立正站好,距受礼者约二三步。

(2) 双脚跟并拢,脚尖微微打开。

(3) 女士双手虎口相对自然重叠在身前,男士两手伸直贴在两腿上,中指贴于裤缝。

(4) 面带微笑,注视对方表达问候语后,以臀部为轴心,将上身挺直地向前倾斜15~90度,目光随身体向下。

(5) 鞠躬起身时,恢复站姿,目光再回到对方脸上。

图 6-25　鞠躬礼动作要领

(图片来源:百度图库)

(二) 不同角度的鞠躬礼

(1) 15度鞠躬礼运用于一般的应酬。

(2) 30~45度的鞠躬礼通常为卑者对尊者。

(3) 30度为迎宾礼、问候礼。

(4) 45度为告别礼、致谢礼。

(5) 90度一般用于三鞠躬答谢大礼或用于悔过、谢罪等深度致歉,属最高礼节。

如果是深度敬礼,从角度上讲,是将上半身向前倾斜90度,在鞠躬的同时,女士的双手保持基本重叠姿态随身体前倾下滑至膝盖处(双手可随身体的前倾下滑至膝盖的两侧),起身后仍保持基本站姿。

(三) 不同场合的鞠躬礼仪规范要求

1. 迎接客户

与客户目光相对,或相距3~5米的时候,面带微笑并使用30度的迎宾礼向客人问候"您好""欢迎光临"。

2. 遇见客户

在电梯内遇到贵宾或来宾时,如果宾客数量少于两位(含两位),应微笑并以15度鞠躬礼问候"您好";如果宾客数量超过两位,则应微笑着点头致意问候对方"您好"。

(四)错误的鞠躬方式

(1)头:不脱帽或只弯头不倾身或头部左右晃动。

(2)眼睛:不看对方或不往下而是翻起看着对方。

(3)嘴:吃着东西或叼着香烟。

(4)双腿没有并齐。

(5)驼背式,可以看到后背。

案例分析

案例一

有一个人为单位收费的事情气冲冲地闯进部长办公室,嚷道:"喂,你们这里谁是领导?"一看就知道来者不善。当有人给他一把椅子请他坐下时,他接过来用力一转,椅背冲前,双腿一分跨骑在椅子上。面对此景,这位部长反倒迎上去和他热情地打招呼。为了消除他的敌意,设法改变他的坐姿,热情地把他让到沙发上。可是对方依然双臂抱在胸前,怒意未消。接着,部长泡了一杯茶,双手向他递去,迫使他放开双臂,接了茶杯,姿势发生了改变。而后,部长又坐在紧挨他右边的沙发上,以此暗示:我们是朝着同一个方向,有共同的目标。就这样,部长用一系列有目的性的动作语言使对方改变了姿态,消除了敌意,产生了积极的效果,谈正题时出乎意料地顺利。

思考:

部长采用什么仪态消除了来访者的敌意?对我们有什么启示?

案例二

"对不起,你们二位的面试已经结束了,请退出"

有位老师带着三个毕业生同时应聘一家公司做业务员,面试前老师怕学生紧张,同人事部主任商量让三位同学一起面试。三位同学进入人事部主任办公室时,主任上前请三位同学入座。当主任回到办公桌前,抬头一看,欲言又止,只见两位同学坐在沙发上,一个架着二郎腿,而且两腿不停地颤抖,另一个身子松懈地斜靠在沙发一角,两手攥握手指咯咯作响,只有一个同学端坐在椅子上等候面试。人事部主任起身非常客气地对两位坐在沙发上的同学说:"对不起,你们二位的面试已经结束了,请退出。"两位同学四目相对,不知何故,面试怎么什么都没问,就结束了。

思考:

为什么这两位同学的面试如此就算结束了?

故事感悟

"你会坐吗?"——一次公关部长聘任考试

一家公司准备聘用一名公关部长,主考官说的是同一句话:"请您把大衣放好,在我面前坐下。"然而,有两名应试者听到主考官的话以后,不知所措,另有两名急得直掉眼泪;还有一名听到提问后,脱下自己的大衣,搁在主考官的桌子上,然后说了句:"还有什么问题?"结果,这五名应试者全部被淘汰了。最后一名考生的反应是,听到主考官的发问后,他眼睛一眨,随即出门去,把等候时坐过的椅子搬进来,放在离主考官侧前约一米处,然后脱下自己的大衣,折好后放在椅背后,自己就在椅子上端坐着。当"时间到"的铃声一响,他马上站起来,欠身一礼,说了声"谢谢",便退出考试房间,把门轻轻地关上,公司对此人的评语是:"不着一词而巧妙地回答了问题;性格富有开拓精神,加上笔试成绩佳,可以录用为公关部长。"

思考:

假如你是应试者,你准备怎样放置大衣?怎样坐下?

本章小结

仪态是指一个人举止的姿态与风度。仪态美既依赖于人的内在气质的支撑,同时又取决于个人后天所接受的训练和培养。仪态的美与丑,往往还是鉴别一个人是高雅还是粗俗、是自重还是轻浮的重要标准之一。在商务活动中,优美的仪态语言比口头语言更生动、真实且容易接受。商务人员必须培养和形成美观大方、自然优雅的仪态,因为仪态是他人了解我们的一面镜子,良好的仪态能赢得对方的好感,获得更多的合作机会。同理,我们可以通过他人的仪态来衡量、了解和理解他人。

无论采取何种仪态,都要求遵守举止有度的原则,合乎约定俗成的行为规范,做到"步从容,立端正,揖深圆,拜恭敬;勿践阈;勿跛倚,勿箕踞,勿摇髀;缓揭帘,勿有声;宽转弯,勿触棱"。(《弟子规》)总体说来,则是要求商务人员的行为举止要文明、优雅、敬人,这是社会审美和商务交往的需要,也是仪态礼仪最基本的要求。

文明,要求举止自然、大方,并且高雅脱俗,借以体现出自己良好的文化教养。

优雅,要求举止规范美观,得体适度,赏心悦目,风度翩翩,颇具魅力。

敬人,要求仪态举止礼敬他人,从体态上体现出对对方的尊重、友好与善意。

模拟实训

实训一

良好的仪态,需要一个强化、不断规范并辅之以严格训练的过程。不断强化,主要是指在日常生活和工作中经常而反复地加以强调,使其思想上对个人仪态在商务工作中的重要性引起高度重视;而不断规范,则是指应严格按照礼仪规范的要求进行自律性训练,以不断克服因个人生活习惯而养成的不良仪态行为。

情景回放

某海滨城市的朝阳大街,高耸着一座宏伟楼房,楼顶上"远东贸易公司"六个大字格外醒目。某照明器材厂的业务员金先生按原计划,手拿企业新设计的照明器材样品,兴冲冲地登上六楼,脸上的汗珠未及擦一下,便直接走进了业务部张经理的办公室,正在处理业务的张经理被吓一跳。"对不起,这是我们企业设计的新产品,请您过目。"金先生说。张经理停下手中的工作,接过金先生递过来的照明器材,随口称赞道:"好漂亮呀!"并请金先生坐下,倒上一杯茶递给他,然后拿起照明器材研究起来。金先生看到张经理对新产品如此感兴趣,如释重负,便往沙发上一靠,跷起二郎腿,一边吸烟一边悠闲地环视着张经理的办公室。当张经理问他电源开关为什么装在这个位置时,金先生习惯性地用手搔了搔头皮。好多年了,他人一问他问题,他就会不自觉地用手去搔头皮,虽然金先生作了较详细的解释,张经理还是有点半信半疑。谈到价格时,张经理强调:"这个价格比我们预算的高出较多,能否再降低一点?"金先生回答:"我们经理说了,这是最低价格,一分也不能再降了。"张经理沉默了半天没有开口。金先生却有点沉不住气,不由自主地拉松领带,眼睛盯着张经理,张经理皱了皱眉,"这种照明器的性能先进在什么地方?"金先生又搔了搔头皮,反反复复地说:"造型新,寿命长,节电。"张经理托辞离开了办公室,只剩下金先生一个人。金先生等一会儿,感到无聊,便非常随便地拿起办公桌上的电话,同一个朋友闲谈起来。这时,门被推开,进来的却不是张经理,而是办公室秘书。

实训任务

通过实训,使学生掌握商务拜访的礼仪规范,并能灵活运用。

情景模拟

金先生是某照明器材厂的业务员,按原计划手拿企业新设计的照明器材样品到某公司业务部张经理的办公室洽谈业务。金先生该如何做好此次业务洽谈工作?应遵循什么礼仪?应注意哪些问题?

场地与道具

找一间教室来充当业务部张经理的办公室,主要用到的道具有一套办公桌椅、一张沙发、照明器材样品、一部电话;接待用到的茶水、笔和纸以及简单制作的名牌。关键在于如何设计和布置场景及摆放道具,要求做到体现专业。

评价方式

1. 根据模拟活动情景分组,3人一组,确定模拟活动情景角色:A金先生,B张经理,C办公室秘书。

2. 全组讨论业务洽谈室的正确礼仪及应该注意的问题。小组模拟演绎,其他组观摩、点评。

3. 教师根据考核评分标准给予考核分数。

实训二

实训目的

知识训练目的:通过教学,结合教师示范,引导学生正确掌握站姿、坐姿、行姿以及手势的具体要求。

技能培养目的:要求学生根据正确姿态的基本要领进行训练,熟练掌握各种站姿、坐姿、行姿及手势的礼仪规范,并能灵活运用。

素质拓展目的:要求同学在平时也能尽量做到姿势正确,改正不正确的行为习惯,塑造体态美,培养良好的仪态修养,进一步增强学生仪态美的意识。

实训内容

一、优美站姿与动作规范训练

1. 体态美起点——站姿的标准要求

- 头:正
- 目:平视
- 颌:略收
- 面:放松

- 颈:梗直
- 肩:后收、下压
- 胸:挺胸
- 腹:收腹
- 腰:立腰
- 臀:夹紧
- 臂:自然下垂
- 手:右上左下交叠于小腹前
- 膝:并膝
- 腿:绷直
- 足:男士两脚略张,微成"八"字,不超过肩宽

优美的站姿是可以练出来的。练站姿要把握的要领是:
- 平(头和肩要平直,两眼要平视)
- 直(腰直,腿直;后脑勺、背、臀、脚后跟要成一条直线)
- 高(重心上提,尽可能使人显高)

2. 训练方式

(1) 靠墙训练

优美站姿的形成必须经过针对性、系统性的场景的训练。站姿训练刚开始可以采取靠墙站立,训练直立、头正、梗颈、展肩、立腰、收腹、提臀、直腿、平视、微笑等基本要领。靠墙站立时,脚后跟、小腿肚、臀部、双肩、头部、背部都要贴墙。

(2) 背对背训练

要求两人一组,背对背站立,双人的小腿、臀部、双肩、后脑勺都贴紧。两人的小腿之间夹一张小纸片,不能让其掉下。每次训练20分钟左右。

(3) 顶物训练

把书本放在头顶,头部、躯体自然保持平衡,对身体的各部位进行训练,重点纠正低头、仰脸、头歪、头晃、左顾右盼的毛病。

(4) 照镜训练

按照站姿的要领及标准发现问题,及时调整。

站姿训练每天控制在20分钟左右,训练时最好配上轻快的音乐来调整心情,克服单调感,减轻疲劳感。

3. 站姿训练中需要注意的问题

(1) 是否有歪头、斜眼、缩脖、耸肩、塌腰、挺腹、屈腿的现象;

（2）是否有叉腰、两手抱胸或插入衣袋的现象；

（3）是否有身体倚靠物体站立的现象；

（4）是否有身体歪斜、晃动或脚抖动的现象；

（5）是否面无表情，精神萎靡；

（6）是否身体僵硬，重心下沉等。

二、稳健行姿与动作规范训练

1. 行姿的基本要求

（1）规范的行姿首先要以端正的站姿为基础。

（2）双肩应平稳，以肩关节为轴，双臂前后自然摆动，摆幅以30～35度为宜，手臂外开不超过30度。

（3）上身挺直，头正、挺胸、收腹、立腰，重心稍向前倾，提髋屈大腿带动小腿向前迈。

（4）注意步位。脚尖略开，起步时，身体微向前倾，脚跟先接触地面依靠后腿将身体重心送到前脚掌，使身体前移，两脚内侧落地时，行走的轨迹应是一条直线。行走中身体的重心要随着移动的脚步不断向前过渡，而不要将重心停留在后脚，并注意在前脚着地和后脚离地时要伸直膝部。

（5）步幅适当。一般是前脚的脚跟与后脚的脚尖相距为脚长，跨步时，两脚之间相距约一只脚到一只半脚，步伐稳健，步履自然，要有节奏感。保持一定的速度。速度过快容易给人以浮躁、慌张的印象；过慢则显得没有生气和活力。一般情况下，男士每分钟行走108～118步，女士每分钟行走118～120步。

男士穿西服时要注意保持身体挺拔，后背平正，走路的步幅可略大些，手臂自然放松、伸直摆动，手势要简洁、大方，步态要求舒展、矫健。

女士穿裙装时步幅不宜太大，两脚内侧要落到一条线上，脚尖略向外开，两手臂自然摆动，幅度也不宜过大，髋部可随着脚步和身体的重心移动而稍左右摆动，体现出柔和、含蓄、典雅的风格。穿高跟鞋时，由于鞋跟较高，身体重心自然前移，为了保持身体平衡，必须挺胸、收腹、提臀，膝盖绷直，全身有挺拔向上的感觉。行走时步幅不宜过大，膝盖不要过弯，两腿并拢，两脚内侧落到一条线上，脚尖略向外开，足迹形成柳叶状，俗称"柳叶步"。

2. 常见的行姿训练

（1）标准行姿需要注意的问题：避免走路时前俯、后仰或脚尖向外、向内呈"外八字""内八字"的走步，步幅太小或双手反背。

（2）平行步行姿的注意要点是收腹、两眼平视前方、下颌微收、两臂前后摆动，两手离支撑腿的距离约15～20厘米，肘关节微屈。

训练初期在地上画好直线，练习者以立正姿势站好，出左脚时，脚跟着地，落于离直线5厘米处，迅速过渡到脚尖，脚尖稍向外，右脚动作同左脚，注意立腰、挺胸、展肩。

（3）"一字步"行姿。在商务活动以及服务工作中，女士常见的行姿是"一字步"。"一字步"行姿的要领是：行走时两脚在一条直线上，两膝内侧相碰，收腰提臀、挺胸收腹，肩外展，头正颈直、微收下颌。

训练初期在地面上画好直线，练习者踩直线行走，以立正姿势站好，两臂自然摆动，前摆后摆距离相等，半握拳，立腰，挺胸，收腹，沉肩，肩后展，两眼平视前方，头正，微收下颌，注意上体保持平稳，不可左右摇摆。

三、端庄坐姿与动作规范训练

坐姿也是举止的主要内容之一，是身体的一种静态造型。坐姿应给人文雅、稳重、自然、大方的美感。

1. 坐姿的标准要求

（1）入座时要轻稳。走到座位前转身后，右脚向后退半步，然后轻稳坐下，再把右脚与左脚并齐。女士入座时应先背对着自己的座椅站立，右脚后撤，使右脚肚确认椅子的位置，再整理裙边，挺胸，双膝自然并拢，双腿自然弯曲，双肩自然平正放松，两臂自然弯曲，双手自然放在双腿上或椅子、沙发扶手上，掌心向下。

（2）臀部坐在椅子1/2或者2/3处，两手分别放在膝上（女士双手可叠放在左膝或右膝），双目平视，下颌微收，面带微笑。

（3）离座时要自然稳当，右脚向后收半步，然后起立，起立后右脚与左脚并齐。

2. 女士常见的坐姿训练

（1）正襟危坐式 双腿并拢，上身挺直、坐下，两脚尖并拢略向前伸，两手叠放在双腿上，略靠近大腿根部。要求上身和大腿、大腿和小腿都应当形成直角，小腿垂直于地面，双膝、双脚包括两脚的脚跟都要完全并拢。

入座时，若是女士着裙装，应用手先将裙摆稍稍拢一下，然后坐下。

（2）前伸后曲式

要求上身挺直，大腿靠紧后，向前伸出一条小腿，并将另一条腿屈后，两脚脚掌着地，双脚前后要保持在一条直线上。

（3）双腿叠放式

要求上身挺直，坐正，将双腿一上一下交叠在一起，交叠后的两腿间没有缝隙，犹如一条直线。双脚斜放在左侧或右侧，斜放后的腿部与地面成45度，双臂交叉支撑在叠放在上面的腿上，特别要注意将上面的小腿回收，脚尖向下。

3. 男士常见的坐姿训练

（1）正襟危坐式

上身挺直、坐正，双腿自然弯曲，小腿垂直于地面并略分开，双手分放在两膝或椅子的扶手上。

（2）大腿叠放式

右小腿垂直于地面，左腿在上重叠，左小腿向里收，脚尖向下，双手放在扶手上或放在腿上。

四、得体手势与动作规范训练

1. 常见的手势训练

五指伸直并拢，注意将拇指并严。腕关节伸直，手与前臂成直线。做动作时，肘关节既不要成90度直角，也不要完全伸直，弯曲140度为宜，男性可用平行手。掌心斜向上方，手掌与地面成45度角。身体稍前倾，肩下压，眼睛随手走，位于头和腰之间。运用手势时，一定要目视来宾，面带微笑，体现出对宾客的尊重。

一般来说，掌心向上的手势有一种诚恳、尊重他人的意义；向下则不够坦率，缺乏诚意等。有时是权威性的，如对女士行礼，开会时领导要求"安静"等。

2. 手势训练中需注意的问题

（1）手指不伸直并拢，呈弯曲状。

（2）手臂僵直，缺乏弧度显得生硬。

（3）手臂过于弯曲，动作不舒展。

（4）动作的速度太快，缺乏过渡，不能引起注意。

（5）手势与全身配合不协调。

（6）运用手势不自信、不明确，简单含混，缺乏热情。

五、微笑训练

1. 微笑的基本要领

先放松面部肌肉，然后使嘴角微微向上翘起，让嘴唇略呈弧形。

微笑必须注意整体配合，如与眼睛、语言、形体相结合展开训练。

2. 训练方式

（1）情绪诱导法：多回忆美好往事。

（2）他人诱导法：面对镜子，让他人讲笑话，以纠正笑姿。

（3）发声训练法：距离镜子约一米，深呼吸，接着慢慢吐气，并将嘴角向两侧牵动,然后,将嘴角往上颊面提高,发出"一"。

图 6-26 微笑训练

(图片来源:百度图库)

六、鞠躬礼训练

(1) 挺胸、站直、保持姿态端正。
(2) 膝盖、脚跟并拢。
(3) 以腰为轴,身体前倾。
(4) 鞠躬时,头、颈、脊背成一条直线。
(5) 行礼前,要注视对方的眼睛,站直后再次注视对方的眼睛。
(6) 行礼时,视线落在对方的鞋面。

实训方式

(1) 多采用示范讲解练习,并分解动作,如分解坐姿入座的几个步骤。
(2) 背靠背站立:两人一组,要求两人后脚跟、小腿、臀、双肩、脑后枕部相互紧贴。
(3) 顶书训练:让学生在头顶上平放一本书,保持书的平衡,以检测是否做到头正、颈直。
(4) 背靠墙练习:要求脚后跟、小腿、双肩、脑后枕部均紧贴着墙,张开两臂与肩成一直线,找到扩肩的感觉。
(5) 为了达到规范、完美的站姿,建议配合形体训练及科学的健身运动。
(6) 把杆训练,练习小踢脚、拉肩、下腰。
(7) 变换不同的站姿、坐姿,并通过深呼吸练习帮助提气、立腰。
(8) 训练走直线,这是行姿训练的主要内容。训练时在地面上绷直一条较长的颜色鲜艳的带子,行走时双脚内侧要求落到带子上。

(9) 训练停顿、拐弯、侧行、侧后退步。在行姿训练时可进行摄像,然后播放录像,使学生了解自己的步态,再在教师指导下加以纠正。经过反复训练达到端正、轻盈、稳健、灵敏的标准。

(10) 站姿、坐姿训练每次不少于 15～20 分钟,并配以适当的音乐进行,减少训练的疲劳感。

(11) 手势训练可运用情景训练法,组织学生扮演引导者,根据大家的不同需求运用恰当的手势。

实训评价

1. 采取统一练习、分组练习和个别练习多种方法,并及时纠正或点评。

2. 相对应地采取同学之间互评、分组竞赛的方式来改善和充实单调的练习。

3. 每个小组选出组长作为评委,分别对每个小组和个人进行打分,最后作出总评。

4. 教师进行综合评估,撰写实验报告。

行 为 篇

第七章　商务交往礼仪

☞ 学习目标

1. 通过本章的学习，了解社交礼仪在人际交往中的重要作用。
2. 了解、掌握并能运用常用的社交礼仪。
3. 善于交谈，熟知各种见面礼仪礼节，从而愉快地与人交流。

☞ 情境导入

王峰在大学读书时学习非常刻苦，成绩也非常优秀，几乎年年拿奖学金，为此同学们给他起了一个绰号"超人"。他大学毕业后顺利进入一家跨国公司，8 年后成为公司的部门经理。

有一年恰逢国庆节，王峰带着妻子回国探亲。一天，在大剧院观看音乐剧，刚刚落座，就发现有 3 个人向他们走来，其中一个人边走边伸出手大声地叫："喂！这不是'超人'吗？你怎么回来了？"这时，王峰才认出说话的正是他的老同学贾某。贾某毕业后跑到南方做生意，赚了些钱，如今在上海注册公司当起了老板。今天正好陪着两位从香港来的生意伙伴一起来观看音乐剧。

此时，王峰和贾某都既高兴又激动。贾某大声寒暄了好一阵子，才想起王峰身边还站着一位女士，就问王峰身边的女士是谁。王峰这才想起向贾某介绍自己的妻子。等王峰介绍完毕，贾某高兴地走上去，给王峰的妻子一个大大的拥抱礼。这时贾某也想起该向老同学介绍他的生意伙伴了……

思考：

王峰和贾某在社交方面存在什么问题？

社交礼仪是人们在人际交往过程中应具备的基本素质和交际能力。社交在当今社会人际交往中发挥的作用越来越重要。通过社交，人们可以沟通心灵，建立深厚的友谊，取得支持与帮助；通过社交，人们可以互通信息，共享资源，对取得事业成功大有裨益。它在商务活动中极为重要，是增进彼此友谊和相互信赖的催化剂，是解决僵局的润滑剂。

第一节 见面行礼

现代社会,见面行礼是人与人之间交往的第一个步骤,它在商务礼仪中占有重要地位。无论哪个国家、哪个民族、哪种信仰的人,见面时都有各种各样的见面礼。常见的见面礼仪包括互致问候、致意、握手、鞠躬、拥抱等。

一、互致问候

见面问候是我们向他人表示尊重的一种方式。见面问候虽然只是打招呼、寒暄或是简单的三言两语,却代表着我们对他人的尊重。在交往中,见面时行一个标准的见面礼,会给对方留下深刻而又美好的印象,直接体现出施礼者良好的修养。互致问候是人们见面时的第一礼仪,在商务往来中,见面时不打招呼或不回答对方的问候都是非常失礼的行为。

(一) 问候的内容

在商务交往中需要问候对方时,最简单的话语是"早上好""下午好""晚安"或"您好"。不同国家和地区的人们问候他人的具体内容也各有不同。例如:与日本人打招呼常用"您早""您好""拜托您了""请多关照""对不起""失陪了"等。而在巴基斯坦以及中东信奉伊斯兰教的国家,打招呼的第一句话就是"真主保佑",以示祝福。在泰、缅等信奉佛教的东南亚国家打招呼的第一句话则是"愿菩萨保佑"。与西方人打招呼多说"见到您很高兴"。应避免用中国式的打招呼方式,如"您到哪里去了""您吃饭了吗""您在哪儿发财"等,以免引起不必要的麻烦,被对方误认为你在打听他的私事或准备请他吃饭,甚至如果对方是位女士还可能认为你心怀不轨。

(二) 问候的态度

问候是敬意的一种表现,态度上一定要注意。在向对方表达问候时,态度应当主动、热情、大方。所谓"主动"是指,见到他人时,马上打招呼。同样,当别人首先问候自己之后,要立即予以回应,千万不要摆出一副高不可攀的样子。所谓"热情"是指,态度要真诚、友好。毫无表情,或者拉长苦瓜脸,表情冷漠的问候不如不问候。所谓"大方"是指,向他人问候时主动、热情。不能矫揉造作、神态夸张,或者扭扭捏捏,否则会给人留下虚情假意的坏印象。不能边走边说,一定要站稳再问候。问候的时候,要面含笑意,与他人有正面的视觉交流,以做到眼到、口到、意到。不要在问候对方的时候,目光游离、东张西望,这样会让对方不知所措。

（三）问候的顺序

在正式场合，问候一定要讲究顺序。

1. 一对一的问候

一对一，两人之间的问候，通常是"位低者先行问候"。即由两个人中身份较低者或年轻者首先问候身份较高者或年长者。具体而言，主人应当首先问候客人，职务低者应当首先问候职务高者，晚辈应当首先问候长辈，男士应当首先问候女士。

2. 一对多的问候

如果同时遇到多人，特别在正式会面的时候，既可以笼统地加以问候，比如说"大家好"，也可以逐个加以问候。当一个人逐一问候多人时，既可以"由尊而卑""由长而幼"地依次而行，也可以"由近而远"地依次而行。若对方首先向自己进行问候，则应立即予以回应。

二、致意

致意，是指将向他人表达问候的心意用礼节举止表示出来。一般是熟人之间相距远或不宜多谈的场合用无声的动作语言相互表示友好与尊重的一种问候礼节。

（一）致意的方式

致意作为一种见面礼节，主要的行礼方式有点头致意、招手致意、躬身致意、脱帽致意、注目致意等。

1. 点头致意

点头致意，适于不宜交谈的场所，如在会议会谈进行中，在公共场合遇到相识的人而相距较远时，与相识者在同一场合见面或与仅有一面之交者在社交场合重逢，都可以点头为礼，以示问候而不应视而不见，不理不睬。点头致意的方法是身体要保持正直，两脚跟相靠，双手下垂置于身体两侧或搭放于体前。目视对方，面带微笑，头微微向下，动作幅度不宜过大。

2. 招手致意

招手致意，与点头致意的场合大致相似，它最适合向距离较远的熟人打招呼。招手致意，一般不必出声，只将右臂伸直，掌心朝向对方，轻轻摆手或挥挥手即可，不必反复摇动，也不必站立起来。

3. 躬身致意

躬身致意，常常用在别人将你介绍给对方，或是主人向你奉茶等时。行礼时应面带微笑、注视对方，然后身体的上部微微向前一躬。如果是坐着，躬身时

图 7-1　贝利招手致意

（图片来源：百度图库）

只需稍微起立。

4. 脱帽致意

与朋友、熟人见面时，若戴着有檐的帽子，则以脱帽致意最为适宜。即微微欠身，戴帽者，则可以用右手完全摘下帽子，将其置于大约与肩平行的位置，或是以右手微微一抬代之，同时与对方交换目光。

图 7-2　卡波斯脱帽致意

（图片来源：百度图库）

（二）致意规范

致意要讲究先后顺序。通常应遵循年轻者先向年长者致意；学生先向老师致意；男士先向女士致意；下级先向上级致意。致意时要注意文雅，一般不要在致意的同时向对方高声叫喊，以免妨碍他人。致意的动作也不可以马虎，或满不在乎，而必须是认认真真的，以充分显示对对方的尊重。与相识者侧身而过，从礼节上讲，也应说声"您好"；与相识者在同一场合多次会面，只点头致意即可；在公共场合远距离遇到相识的人时，一般应有礼貌地致意，通常是举右手招呼并点头致意；对一面之交的人或不相识的人在社交场合均可点头或微笑致意。在两人相遇时，还可以摘帽点头致意，离别时再戴上帽子。如遇对方先向自己致意，应以同样的方式回敬，不可视而不见。致意是一种无声的问候，向对方致意时距离不能太远，一般以 2～5 米为宜，也不宜在对方的侧面或背面致意。

三、握手

在商务交往中，握手已成为一种习以为常的礼节。握手是大多数国家见面和告别的礼仪，同时也是表达祝贺、感谢鼓励和同情等情感的常用形式。

（一）握手的含义

握手，通常指交往双方以握手的形式相互致意和问候，是国际交往活动中使用最为普遍的见面礼，唯有一些较为保守的东方国家，禁止异性之间行握手礼。据说，握手最早可追溯到"刀耕火种"的年代。那时，人们手里经常拿着棍棒或石块等武器，准备去狩猎或打仗，当在路上碰到不属于自己部落的陌生人时，如果双方都无恶意，就要放下手中的东西伸开手掌让对方抚摸掌心，以表示亲近、问候之意。这样，以摸手掌表示友好的习惯便沿袭下来，久而久之，演变成我们今天的握手礼节。

握手，也是和平的象征。据说握手礼起源于中世纪，当时打仗的骑兵都戴盔披甲，全身除两只眼睛外其余部分都包裹在铁甲中，随时准备冲向敌人。人们如果表示友好，互相接近时就应脱去右手的甲胄，伸出右手表示没有武器，并互相握一下，这样即为和平的象征。发展到后来，某交战双方的领导人如果有诚意坐到谈判桌上来，见面时握手就表示双方（或两国）愿意（或希望）和平共处。一旦签订停战协议，互换文本时，双方代表握手，就表示和好，并含有庆贺、化干戈为玉帛的意思。

握手除了作为见面、告辞时的礼节外，习惯上还是一种祝贺、感谢或相互鼓励的表示。如对方取得某些成绩与进步时，在向对方赠送礼品以及向某人颁发奖品、奖状和发表祝词讲话之后,都可以用握手来表示祝贺、感谢或鼓励之意。

(二) 握手的先后顺序

握手时在其顺序上讲究"尊者居先"。顺序为:应由主人、年长者、身份高者、女子先伸手。客人、年轻者、身份低者见面后先问候,待对方伸手有握手之意时,再行握手礼。男女之间,男方要等女方先伸手后才能握手,如女方不伸手,无握手之意,男子不应视为无礼举动而只能点头或鞠躬致意;长幼之间,年幼的要等年长的先伸手;上下级之间,下级要等上级先伸手,以示尊重,唯有宾主握手时较为特殊。客人到达时,主人应向客人先伸手,以示欢迎。客人告辞时,应由客人先伸手,以表示请主人就此留步。当一人同多人同时握手时,应遵循"由尊而卑"或"由近而远"的原则依次进行;多人同时握手切忌交叉,要等别人握完后再伸手。会见人数较多时,不应抢着与中心人物握手,而应等待中心人物有同自己握手之意后再行此礼。到主人家做客,可以只与主人及熟识的人握手,向其他人点头示意即可。军人戴军帽与人握手时,应先行军礼,再行握手礼。在平辈同性朋友之间,相见时先出手为敬。握手时,应先打招呼,后行握手礼。

(三) 握手的时间与力度

握手时间的长短可根据握手双方的亲密程度灵活掌握。初次见面者,握手的时间一般以 3～5 秒为宜。如果握手时间过短、一触即发,则表明双方完全出于客套、应酬,没有进一步加深交往的愿望;如果长时间握住不放,则使对方无所适从。切忌握住异性的手,久不松开。即使握同性的手时间也不宜过长。熟人之间为了表示亲切,握手时间可以适当长一些,但对方是女士时不适用。当然,特殊情况例外。

握手应有适当力度,过轻或过重都不适宜。过轻表示冷淡或傲慢,过重又会使人感到疼痛,心理上有一种压迫感。抓着对方的手乱摇,甚至拍对方肩膀就更不礼貌了。握手力度一般以不握疼对方的手为限度。一般情况下,握手不必用力,握一下即可。男子与女子握手不能握得太紧,西方人往往只握一下妇女的手指部分,但老朋友可以例外。

(四) 握手的表情与姿势

握手时应注意面部表情。握手时双方应对视,态度要自然流露出发自内心的喜悦和表达真诚的笑容,这样可以起到加深感情、加深印象的作用。切忌握手时表情呆滞冷淡,心不在焉。握手时要精神集中,注视对方的眼睛,但不要过久地或不停地打量对方,盯着对方的眼睛,特别是对女子,尤其不可以盯着不放。握手时不要一边握手,一边东张西望,或者与其他人谈话,这些都是不礼貌的。

握手要用右手,不能用左手,伸左手一般是不礼貌的,因为一些国家认为左手是不洁的。左手可以加握,也就是双手握对方的右手,以表示恭谨和热情,但男子对女子一般不用此种握法。握手时双方彼此之间的最佳距离为一米左右。距离过大,显得冷落另一方;距离过小,手臂难以伸直,也不太雅观。双方将要握的手从下方伸出,握后形成一个直角。

握手时要站立。除因为有特殊原因不能站立者外,不要坐着与他人握手。

握手时身体的弯度要视情况而定。比如,与地位相等的人握手,身体稍微前倾即可;以握手形式表达谢意时,要稍微弓腰;与长辈握手则要以深躬表示尊重。切忌握手时挺胸昂首,以免给人造成傲慢无礼的不良印象。

(五)握手的禁忌

握手礼有以下禁忌:

第一,握手时,另外一只手不要拿着报纸、公文包等东西不放,也不要插在衣袋里。

第二,握手时不要争先恐后,应当按顺序依次而行。

第三,不宜戴着手套与别人握手,无论男士或女士,在握手前必须先脱下手套、摘下帽子。如手套不易脱去或不便脱去,则应申明原因,表示歉意。但女士在社交场合穿晚礼服时可以戴着薄纱手套与人握手,因为这种手套视为女士服饰的一部分,可以不脱下而行握手礼。男士无论何时都不能在握手时戴着手套。

第四,不允许戴着墨镜与人握手,患有眼疾或眼部有缺陷者除外。

第五,不要用左手与他人握手,也不要用双手与异性握手,更不要拒绝与他人握手。

第六,不要两人同时交叉握手。

第七,握手时不要把对方的手拉过来,推过去,或者上下左右抖个不停。

第八,握手时不要长篇大论,点头哈腰,滥用热情,显得过分客套。

第九,不要仅握住对方的手指尖,不要用很脏的手与他人相握,也不能在与人握手之后立即擦拭自己的手。

不同国家握手习惯不同。大部分欧洲人,握手是标准的见面礼;东欧一些国家的初次见面行握手礼,朋友之间可以拥抱和亲吻脸颊。美国人在通常情况下,在相互介绍后,双方只是笑笑,说声"嗨"或"喂",而不是一本正经地行握手礼。只有在正式场合,他们才注重握手礼,并且握手时力度和幅度较大,胳膊上下摆动,甚至带动肩膀。在中东及海湾国家,一般以握手表示问候,但当你到当地人家里访问时,主人可能会亲吻你的双颊表示欢迎,此时要还以同样的礼节。

四、其他见面礼节

(一)鞠躬礼

鞠躬礼,就是将身体、腰及腰以上部分前倾,弯身行礼。在一般的社交场合,晚辈对长辈、学生对老师、下级对上级、表演者对观众等都可行鞠躬礼。领奖人上台领奖时,向授奖者及全体与会者鞠躬行礼;演员谢幕时,对观众的掌声常以鞠躬致谢;演讲者也用鞠躬来表示对听众的敬意。

行鞠躬礼时要心诚,应脱帽立正,双目注视受礼者,使身体上部向前倾斜,视线也随鞠躬自然下垂。男士双手应贴放于身体两侧裤线处,女士的双手则应下垂搭放在腹前。受礼者如是长者、贤者、女士、宾客,还礼可不鞠躬,用欠身、点头致意的方式以示还礼,其他人均以鞠躬礼相还。

(二)合十礼

合十礼,是将双掌十指相合于胸部正前方,五指并拢,指尖向上,手掌上端大体和鼻尖基本持平,手掌在整体上向外倾斜,双腿直立,上身微欠,同时头微微向前俯下。严格讲,合十礼是佛教专用的礼节,因此在南亚和东南亚信奉佛教的国家里十分盛行,但在欧洲、美洲、非洲,合十礼并不多见。

在国际交往中,当对方用这种礼仪向我们敬礼时,我们也应双手合十还礼。在行礼时可以面带微笑,但最佳神态却是神态庄严而凝重。切莫在行此礼时嬉皮笑脸、手舞足蹈,或同时点头,那将会显得不伦不类。

(三)拥抱礼

拥抱礼,一般指交往双方互相以自己的双手揽住对方的上身,借以致意。虽然中国人对此不习惯,但是它在国际社会中却运用得十分广泛。这是欧美各国熟人、朋友之间表示亲密感情的一种礼节。在中东欧、阿拉伯、大洋洲、非洲与拉丁美洲的许多国家,也非常常见。在欧洲、美洲、澳洲诸国,男女老幼之间均可采用拥抱礼。而在亚洲、非洲的绝大多数国家里,尤其是在阿拉伯国家,拥抱礼仅适用于同性之间,异性之间是绝对不允许的。

拥抱礼的标准方法是"左—右—左"交替拥抱。行礼时,两人走近后正面相对而立,先各自抬起右臂,把右手搭在对方的左肩之后,随后左臂下垂,以左手扶在对方的腰部右后侧。右臂偏上,左臂偏下,按各自的方位,两人头部及上身都向左前方相互拥抱,然后头部及上身再向右前方拥抱,再次向左前方拥抱以后,礼毕。

拥抱礼一般在庆典、仪式、迎送等较为隆重的场合多见,在政务活动中尤为如此；在私人性质的社交、休闲场合可用可不用；在某些场合，诸如谈判、检阅、授勋等大多不用。

拥抱礼通常与接吻礼同时进行，但礼仪性质的拥抱多见于男子之间或女子之间，而非男女之间。

（四）亲吻礼

在一些流行拥抱礼的国家里，亲吻礼也普遍流行，并且与拥抱礼同时采用。亲吻礼，是指以亲吻交往对象面部某些特定部位的方式，向对方致意的礼节，是上级对下级、长辈对晚辈以及朋友或夫妻之间表示亲昵、爱抚的一种礼节。

根据惯例，亲吻礼分吻额、贴面、吻唇等几种。行亲吻礼时关系不同的人，亲吻的部位大有差别。辈分高者对辈分低者，只吻额头或脸部；晚辈亲吻长辈，应亲吻下颔或者面颊；辈分相同的朋友或兄弟姐妹之间，同性应轻贴对方的面颊，异性方可亲吻对方的面颊。吻唇是夫妻或情人的专利，不能滥用，尤其不能在大庭广众之下表演。

在亲吻别人时，应点到为止，不论与对方的关系如何，不论双方是否同性，都不宜表现得过于强烈、过于投入，一般以唇部象征性地接触一下即可。

在西方国家，亲吻礼既适用于同性之间，也适用于异性之间；在伊斯兰国家，只限于同性之间使用，异性之间绝对不能使用。

（五）吻手礼

在欧洲与拉丁美洲，异性在社交场合见面时，往往采取吻手礼。在亚洲国家，吻手礼与亲吻礼一样，都不甚流行。所谓吻手礼，实际是亲吻礼的一种特殊形式，它是以一个人亲吻另一个人的手部，向对方表示致意的礼节。

吻手礼的特点是单向施礼，并且其施礼对象不必以相同形式向施礼者还礼，不像握手礼、拥抱礼、亲吻礼都是双向的。吻手礼大多是男士向女士施礼，接受吻手礼的女士，往往都是已婚者，按照惯例一般不能对未婚女士施吻手礼。

施吻手礼时应注意它的两个特殊限制：施礼的地点应当在室内，在户外不合时宜；施吻手礼的部位应当是女士的手指或手背，被吻的手大多是右手。吻手时，无论双方关系如何，都不宜表现得过于热烈，点到即止，必须是轻轻的具有象征性的接触。

（六）脱帽礼

脱帽礼在东西方国家里，都比较盛行，是指利用脱掉帽子的方式来敬礼。分脱帽、拿帽和提帽等几种。应邀做客，一进门就脱下帽子（及大衣）交给主人放好，在室内期间不戴帽子。进入公共场所如教堂、戏院、演讲厅、教室等，应脱下帽子，离开时才能戴上；在旅馆或公寓的电梯上如果有女子在场，男子应脱下帽子拿在手上。男子如果停下来与女子谈话，也应脱下帽子，在谈话期间将帽子拿在手上是很有礼貌和修养的表现；男子向女子打招呼，或学生向老师致意，以及向路遇者打招呼时，通常都应把帽子向上微微提一下，以示敬意。

行脱帽礼时，戴制服帽者，通常双手摘下帽子，然后以右手持之端在胸前；戴便帽者，则既可以右手完全摘下帽子，又可以右手微微一抬帽檐代之，不过正规场合，要求完全摘下帽子。另外，有时在社交场合允许女士不必摘帽子，而男士则不能享有此项待遇。

脱帽礼用途广泛，除了用于见面之外，还适合于其他场合。比如：正规的演奏国歌、升挂国旗或是步入娱乐场所，进入他人居室或办公室等。

第二节 介绍与称呼

一、介绍礼仪

介绍是人与人进行相互沟通的出发点，是交际场合结识朋友的主要方式，在商务交往中也是必不可少的。如能正确地利用介绍，不仅可以扩大自己的交际圈，广交朋友，而且有助于进行必要的自我展示、自我宣传，并且替自己在人际交往中消除误会，减少麻烦。

(一) 介绍的方式

介绍主要分为自我介绍、介绍他人和介绍集体。

1. 自我介绍

自我介绍，绝对不可缺少。自我介绍，就是在必要的社交场合，把自己介绍给其他人，以使对方认识自己。恰当的自我介绍，不但能增进他人对自己的了解，而且还可能创造出意料之外的商机。

进行自我介绍时，要充满自信，态度要亲切、自然，目光要正视对方，应注意以下四点：

第一，先递名片。先递上名片，随后再自我介绍，这样可以使自己在介绍时省去不少内容，而且还会给人留下较深刻的印象。

第二，时间不宜过长。介绍自己时，要言简意赅，力求节省时间，一般不超过1分钟。

第三，内容完整，自我介绍的内容要简洁、清晰，言之有据，不宜过谦，也不可夸大其词，甚至欺骗他人。一般而论，正式的自我介绍中，单位、部门、职务、姓名缺一不可，应当一口报出自己的姓名，不可有姓无名，或有名无姓，然后报出供职的单位及部门以及担当的职务或从事的具体工作。比如："我叫王××，在××公司从事××工作。"

第四,要选好时机,在对方无兴趣、无要求、心情不好,或正在休息、用餐、忙于工作时,切勿打扰,以免尴尬。

2. 介绍他人

介绍他人,也称第三人介绍,是为互不相识的双方进行介绍,以便彼此认识。介绍他人认识有三个要点应注意:

第一,确定介绍人。介绍人的身份很讲究,在商务交往活动中,介绍人应由东道主一方的礼宾人员、公关人员、文秘人员以及专门负责接待的人员担任;重要场合,介绍人应由主方或宾主双方在场人员中职位最高者担任;在普通交际场合,可以由认识双方的人做介绍。

第二,在为他人做介绍前,要先了解一下双方是否有结识的愿望,不宜为没有结识愿望的双方做介绍。当介绍者询问是否有意认识某人时,不要拒绝或扭扭捏捏,而应欣然表示接受。实在不愿意时,要委婉说明原因。当介绍者走上前来,开始为你进行介绍时,被介绍的双方都应该起身站立,面含微笑,大大方方地目视介绍者或对方。当介绍者介绍完毕后,被介绍者双方应依照合乎礼仪的顺序进行握手,彼此问候下对方,也可以互递名片,作为联络方式。

第三,介绍他人时,通常用"请允许我介绍×××"等礼貌用语开始。介绍的内容要简洁、清晰,以便于双方记忆。主要包括:说明被介绍人是谁,并注意加上头衔及一些必要的个人资料,如职位、公司名称等。当介绍一方时,目光应热情注视对方,并用自己的视线将另一方的注意力吸引过来。同时,应有礼貌地举起手掌示意,手的姿势是四指并拢,拇指张开,掌心向上,胳膊略向外伸,手指指向被介绍人,切记不要用手指点人。被介绍的一方应该有所表示,或微笑、或点头、或握手。如果坐着,应该起立,在宴会桌或谈判桌上可以不必起立,只需点头或微笑示意即可。被介绍方的目光应正视对方,不可左顾右盼。被介绍后可以和对方简短寒暄或问候,常用"见到你很高兴"等打招呼的方式,但不宜交谈过多,以免影响他人。

3. 介绍集体

介绍集体,也称集体介绍,是介绍他人的一种特殊情况,特指被介绍的一方不止一人,而是一个集体。介绍集体主要有两种基本形式:

(1) 单项式

单项式是指被介绍的双方,一方是一人,另一方是多人组成的集体,这种情况通常只需要把个人介绍给集体,而不需要再把集体介绍给个人。遵循"少数服从多数"的原则。

（2）双向式

双向式是指被介绍双方都是多人组成的集体。介绍时要对双方所有人员一一介绍。做法是，先由主方负责人出面，依照主方在场人员地位、身份高低，自高而低依次进行介绍；然后再由客方负责人出面，依照客方在场人员地位、身份高低，自高而低依次进行介绍。

（二）介绍的顺序

介绍的顺序各国有所不同，我国的习惯是年龄大的人在介绍顺序中优先，而西方国家一般是女士优先，只有对方是年龄很大的人时才例外。

一般按照让"客人尊者先了解情况"的原则，按照先卑后尊的顺序来介绍。根据常规的原则：在为他人介绍时先把其他人介绍给最受尊敬的人，如把年轻人介绍给年长的人，把职位、身份低的介绍给职位、身份高的，把男性介绍给女性，把未婚的引见给已婚的。介绍同事、朋友与家人认识时，先介绍家人，后介绍同事、朋友。先把公司同事介绍给客户，先把非官方人士介绍给官方人士，先把本国同事介绍给外国同事，先把客人引见给主人。介绍与会先到者与后来者认识时，先介绍后来者，后介绍先到者。先把个人介绍给团体。

在团体会见，介绍双方时，也应按照先卑后尊的顺序，即把地位低的介绍给地位高的。而在介绍其中各自本方人员时，应按照先尊而卑的顺序进行，即先介绍职位高的，再介绍职位低的。在介绍时，要报出被介绍人所在部门、职务和姓名；介绍人和被介绍人都应起立，互相握手为礼，并适度寒暄。

关于介绍时的称呼，如果是外宾，通常可称"先生""女士""小姐"；如果是国内客人，通常称"同志""先生""女士""小姐"。

二、称呼礼仪

商务礼仪中的称呼指的是人们在商务交往应酬之中，所采用的相互之间的称谓语。在商务交往中，称呼要求正确和规范。在称呼他人时应使用尊敬的衔称，一般是"就高不就低"。不称呼或者乱称呼对方，都会给对方带来不快。因此不能随便乱用称呼，而要掌握一定的称呼礼仪。

（一）姓名有别

1. 姓名的排列

不同的国家，人们姓名的排列方式和称呼方式各不一样。比如中国、韩国、朝鲜、越南、匈牙利等少数几个国家的人，姓名的排列方式是姓氏居前，名字在后。在英美及其他欧洲国家，中东地区的阿拉伯国家以及受英美影响较大的印度、菲律宾、泰国等亚洲国家，姓名的排列顺序是先名后姓。其中在英美国家，姓一般只有一个,名字可以有一个、两个或者更多。妇女婚后一般是自己的名加上丈夫的姓。在俄罗斯,人们的姓名由三个部分组成,其顺序为:名字在前,父名居中,姓氏位于最后。在西班牙和拉丁美洲国家,人们的姓名也分为三个部分,名字在前,父姓居中,母姓在后。在阿拉伯国家,姓名一般由三四节组成,也有长达八九节的,其排列顺序是:本人名—父名—祖父名—姓。而在缅甸和印度尼西亚的爪哇岛则只有名没有姓,在称呼时应在名前冠以称呼,表示性别、长幼或社会地位。

2. 姓名的称呼

在国际交往活动中称呼别人时,必须区分清楚何时应当称其姓氏,何时应当称呼其名字,何时应当采用其全称。采用不同的称呼方式,不仅意味着双方具体关系有别,而且表现出对对方尊重程度有所不同。

在十分正式、隆重的场合称呼美、英、加、澳、新、法、德、意等国人士时,应称其全称,但在一般情况下,可以仅称其姓氏,只有在关系亲密的人士之间,才会直呼其名。

称呼俄罗斯人,除了在正式场合适合称呼其全称外,在一般情况下可称其姓,也可以称呼其名,将其本名与父名连用时,表示比较客气,而在向长者表示尊敬时,则只称其父名。

称呼阿拉伯人士,可称呼其全称,往往意味着郑重其事,但在一般情况下,可以省去其祖父名,或将其祖父名和父名一道省去,如果对方有一定社会地位,则简称其姓。

称呼日本人、朝鲜人、韩国人时,一般应当称呼其全称;一般情况下对日本人可以只称其姓氏;而在韩国和朝鲜,直呼一个人的名字是失礼的。在越南和泰国,在一般场合中称呼一个人时,通常只称其名;称呼越南人的名字时,一般情况下均只称其中最末的一个字。

(二)称呼的习惯与禁忌

1. 称呼的习惯

在商务交往中,最正式的称呼有两种,即称呼交往对方的行政职务、技术职务、行业,以及泛尊称。

(1)称其行政职务

在正式场合里,以交往对象的行政职务相称,这是国际交往中最常见、最正规的一种称呼方式。例如,李局长、张经理、马主任、刘科长等。

(2)称其技术职务

在国际交往中,若对方人员具有专业技术职称,尤其是具有中高级专业技术职称者,不妨直接以其技术职称相称。如"贝尔教授""斯威夫特博士"。

(3) 称其行业

在对外交往中,若仅仅了解交往对象所从事的具体行业,而不清楚对方的行政职务、技术职称时,以其具体行业称呼相称,也是一种不失礼的方式。比如可以称教师为"老师",称医生为"大夫",等等。

(4) 泛尊称

泛尊称,指的是先生、小姐、夫人一类可广泛使用的尊称。

在称呼时,对男性可以称为"先生",对女性结合其婚姻状况可以称为女士、小姐、夫人。小姐用来称呼未婚女性,夫人用来称呼已婚女性,女士用来称呼婚姻状况不明的女性。需要注意,Sir 和 Madam 通常用于不知对方姓名的场合,只能单独使用,后面不可以与姓名相连,如不可以说"Sir Smith"或"Madam Linda Bell"。Miss,Ms,Mrs,Mr 等后面只接姓氏,不跟全名。Miss 虽可单独使用,但通常只作为店员、仆人对年轻女顾客或年轻女顾客对女店员、女服务员的称呼。

2. 称谓的禁忌

在商务交往中,一定要注意避免因称呼而冒犯对方。一般来说,下列称呼都是不适当的。

(1) 错误称呼

在称呼对方名称时出现错误,显然是十分失礼的。常见的错误称呼无非就是误读或是误会,误读也就是念错姓名。为了避免这种情况的发生,对于不认识的字,事先要有所准备,如果是临时遇到,就要谦虚请教,误会主要是对被称呼的年纪、婚否以及与其他人的关系作出了错误判断。比如,将未婚女士称为"夫人",就属于误会。相对年轻的女性,都可以称为"小姐",这样对方也乐意听。

(2) 无称呼

需要称呼对方时,如果根本不用任何称呼,或者代之以"喂""嘿""那边的"等都是极不礼貌的。

(3) 绰号性称呼

在对外交往中,对关系一般者切勿擅自为对方起绰号,也不应以道听途说而来的绰号去称呼对方。

(4) 不适当的俗称

有些称呼在正式场合不适合使用,例如"兄弟""哥们儿"等一类的称呼,虽然听起来亲切,但显得档次不高。

(5) 不适当的简称

例如,黄局、李处、倪董……

(6) 地方性称呼

例如,伙计、师傅、大妈、大叔、大哥、大姐……

3. 避免错误称呼

在商务交际活动中,特别是在一些慰问、会客、迎送等人们接触不多而时间又比较短暂的场合,容易发生把称呼弄错的现象。这样不仅失礼、令人尴尬,而且还会影响交际效果。那么,如何避免这种事情的发生呢?

(1) 要从思想上认识到张冠李戴的消极作用和不良影响

在一次经济技术开发洽谈会上,一方的负责人竟连续发生称呼张冠李戴的现象,引起了另一方的注意,觉得这样的合作者头脑不清晰,生产经营能力不可信赖,从而取消了合作的打算。

(2) 事先要有充分的准备

交际刚开始时,一般双方都要互相介绍,但比较简略,速度也快,印象难以深刻。因此,事先要对会见对象的单位、姓名、职务、人物特征有个初步的了解,做到心中有数。这样经过介绍后,印象就比较深刻。必要时,在入室落座或会谈、就餐前,再次详细介绍。有条件的,交换名片则更理想。

(3) 要注意观察对方的特征

要留意观察被介绍者的服饰、体态、语调、动作等,特别注意突出特征或个性特征,对统一着装的人,要格外注意观察高、矮、胖、瘦、脸型、戴不戴眼镜等。

(4) 注意掌握主要人物

商务交际场合,人员一般都较多,有时一下难以全部记住,那么这时要首先注意了解和熟悉主要对象(带队的负责人)和与自己对等的对象(指所从事的业务、职务、级别与自己相同者)。如有的人把来客中的司机当成了经理,那将会十分尴尬。

第三节 名片的使用

名片是个人用作交际或送给友人纪念的一种介绍性媒介物。在商务来往中,名片犹如一个人的脸面,可以说,一个没有名片的人是没有实力的人,一个不随身携带名片的人,是不尊重交往对象的人。简言之,每一名商界人士不仅必须备有名片,而且必须随时携带。

名片有两个作用,首先是自我介绍,这是名片的一项最基本的功能。交换名片通常是在自我介绍或经人介绍后进行。在口头自我介绍时,少不了需要字斟句酌,考虑时间的长短,留意对方的表情,然而即使做得再好,也不一定能够保证对方记忆清楚。也有许多人介绍时对自己的职务总是不好启齿,觉得一介绍,就有自吹自捧之嫌,特别是身兼数职时更是如此。只有使用名片才能处理好这个矛盾。其次,名片往往是身份的象征。在西方国家,赠送礼品时常常会附上自己的名片,这时就有了亲自前往的含义。另外,在拜访陌生人时,可以先递上名片,名片就兼有了通报的作用。

一、如何设计名片

名片一般为10厘米长,6厘米宽的白色或有色卡片,在社交中以白色名片为佳。在商务场合使用的名片上一般都印有姓名、地址、邮编、电话、传真以及所在单位、职务、职称、社会兼职等。名片的设计可以体现出一个人的审美情趣、品位和个性。雅秀、峻逸、脱俗、活泼、平和、张扬等个性特征,都能透过方寸之间的字体、布局颜色、材料等内容展现出来。你的名片不仅旨在向未来的客户介绍你本人和你的公司,还代表着你的职位及职称,更代表你的形象,因此一定要精心设计。

(一)选择适合的纸张和字体

名片印制中最关键的是印制质量,制作名片所使用纸张的质量一定要好。这样,从名片夹里取出时,不至于被撕破。纸张质地可粗可细,颜色可各异,只要符合你的形象及行业特征即可。形状奇特的名片虽然能引人注目,但在很多钱包或名片夹里都装不下,因而不易保存。名片上的字体可横排,也可竖排。

(二)名片应包括的内容

(1)公司标志或公司的徽记。

(2)姓名、职务、公司名称。中式名片,姓名通常印在名片的中央,字体最大;职务用较小的字体印在名字的左上角;公司名称通常印在名片的最上方,字体应比姓名略小。西式名片,名字在中间,职务则用较小字体印于姓名之下。

(3)联系方式、住址、办公地点。联系方式、住址、办公地点一般写在名片的底部。如果是商务名片可以不写家庭住址,而私人名片一般不写办公地点。联系方式应该详细些,因为建立联系本来就是名片的意义所在。它应该包括电话号码、手机号码、邮政编码、传真号码、电子邮箱等内容。

(4)背面印上公司经营范围及项目等。

(5)在涉外交往中要用两种语言印制名片,一面中文,一面外文,一般用英文。

（三）制作名片的禁忌

（1）忌使用不正确或不准确的外文。

（2）忌罗列一大堆头衔。名片上往往只提供一个头衔，最多两个。如果你身兼数职，或者办了好多子公司，那么你应该印几种名片，面对不同交往对象，使用不同的名片。

（3）忌提供私人家庭住址和家庭电话。人在社交场合会有自我保护意识，不会告诉对方私宅电话，甚至手机号码。西方人讲公私有别，特别在乎这一点，如果与他初次见面进行商务洽谈，你把你家的电话号码给他，他会理解为让他到你家的意思，觉得你有受贿索贿之嫌。

（4）忌对正式对外使用的个人名片涂涂改改。名片如同脸面，不能随便涂改。

（5）忌在名片上使用缩写，包括公司的名称、个人的职位、头衔等。到某地，名片最好同时印有中文与当地文字；名片应用正楷标准字体印刷，忌用或少用花体字。

二、名片的交换

名片的交换可以在初次相识握手之后立即进行，经他人介绍后，交流前或交流结束、临别之际也可以交换名片，这一点可以结合当时的情况自己选择。不要在会议进程中擅自与别人交换名片。在西方文化中，向对方索要名片会被认为有冒失之嫌，一般要等对方主动提供。身为主人应先递上名片表示急于认识的诚意。

（一）交换名片的顺序

在商务场合交换名片时，往往不止与一人交换，通常要与多人交换。在与多人交换名片时，应讲究先后次序：或由近而远，或由尊而卑进行。位卑者应当首先把名片递给位尊者。如果在递交名片时顺序混乱，远近不分，尊卑不分，就会对商务活动造成不良影响。

（二）递送名片

递送名片，应走近并正视对方，面带微笑，双手拇指和食指分别捏着名片的上端两角，名片正面朝着对方，送到对方的胸前，以便对方阅读。递交名片时，同时可以报上自己的姓名，说一些礼貌的话，如"这是我的名片，欢迎多多联系"或"请多关照"等。

（三）接受名片

接受对方名片时，一般应起身或欠身，面带微笑，恭敬地用双手的食指和拇指捏住名片的下方两角,并向对方致谢,说些类似"认识您十分荣幸"等的话。在接受名片的过程中,如果是单方接,最好能用双手;如果是双方互送名片,应右手递,左手接;在收下对方的名片之后,应认真地看一遍名片,有不明白的地方应该认真请教,然后当着对方的面郑重其事地将名片放入自己携带的名片夹之中。不应看都不看,随意装入衣袋。把对方的名片拿在手中搓玩或弯折,是十分不礼貌的行为。一般收取对方名片后应迅速将自己的名片递上,如果手边没有,应该向对方解释,并在下一次碰面时补上。多人交换名片时,可按当时各人所坐位置,将名片一一列于桌上,防止混淆,称错对方。

(四)索取名片

一般而言,索取名片不宜过于直截了当。其可行之法有以下四种:

1. 交易法

交易法是指"将欲取之,必先予之"。也就是说,想索要别人的名片时,最省事的办法就是把自己的名片先递给对方。所谓"来而不往非礼也",当你把名片递给对方时,对方不回赠名片是失礼的行为,所以一般会回赠名片给你。

2. 激将法

有的时候遇到的交往对象身份地位比我们高,或者身为异性,难免有提防之心,这种情况下把名片递给对方,对方很有可能不会回赠名片。遇到这一情况,不妨在把名片递给对方的时候,略加诠释,如:"王总,我非常高兴能认识您,不知道能不能有幸跟您交换一下名片?"在这种情况下,对方就不至于不回赠名片。即使他不想给,也会找到适当借口让你下台。

3. 谦恭法

索取对方名片之前,稍作铺垫,以便索取名片。比如,见到一位电子计算机技术的专家可以说:"认识您我非常高兴,虽然我玩电脑已经四五年了,但是与您这种专业人士相比就相形见绌,希望以后有机会能够继续向您请教,不知道以后如何向您请教比较方便?"前面的一席话都是铺垫,只有最后一句话才是真正的目的:索取对方名片。

4. 联络法

谦恭法一般是对地位高的人,对平辈或者晚辈就不大合适,面对平辈和晚辈时,不妨采用联络法。联络法的标准说法是:"认识您太高兴了,希望以后有机会能和您保持联络,不知道怎么跟您联络比较方便?"

三、名片的存放

自己随身携带的名片,应放在专用的名片盒或名片夹中,在外出前再将它放在容易取出的地方,以便需要时迅速拿取。男士一般可以放在西装内袋或公文包里,女士可以放在手提袋里。在接过对方的名片后,也应当面郑重地将其放在名片盒或名片夹中,不要弄脏或弄皱。回家后应及时进行整理,分类存放,可以在名片上记下相关的情况,如认识的时间、场合,是否亲自交接,有否回赠名片等,千万不要弄丢,以免影响将来的联系。另外,需要注意将自己的名片和他人的名片分开放置,否则,一旦慌乱中将他人的名片当作自己的名片送给对方,是件很糟糕的事。

第四节　邀请与拜访

在商务交往中,为了建立、保持、改善人际关系,就需要有来有往。来而不往或往而不来,都有可能造成交往的中断。邀请与拜访就是两种保持人际交往的重要方式。

一、邀请的礼仪

在商务交往中,出于各种各样的实际需要,商务人员必须对一定的交往对象发出邀请,邀请对方出席某项活动,或者是前来我方做客。从交际这一角度来看,邀请实质上是一种双向的约定行为。

作为邀请者,邀请另一方或多方人士,前来自己所在地或其他地方约会,以及出席某些活动时,他不能仅凭自己一厢情愿行事,不能不自量力、无事生非,既麻烦别人又自讨没趣。邀请者要做到既力求合乎礼貌,又能得到被邀请者的良好回应,而且还必须使之符合双方各自的身份,以及双方之间关系的现状。作为被邀请者,需要及早作出合乎自身利益和意愿的反应,无论是邀请者还是被邀请者,都必须认真对待,将其作为一种正规的商务约会来看待,遵守一定的礼仪规范,切不可掉以轻心。

（一）邀请的方式

邀请有正式与非正式之分。正式的邀请,既要讲究礼仪,又要设法使被邀请者备忘,因此多采用书面形式。非正式的邀请通常是以口头形式来表现的,相对而言,显得随便一些。

1. 正式邀请

根据商务礼仪的规定,在比较正规的商务往来之中,必须以正式的邀约作为邀约的主要形式。正式的邀请,包括请柬邀请、书信邀请、传真邀请、电报邀请、便条邀请、电子邮件邀请等具体形式,一般也可统称为书面邀请。

(1) 请柬邀请

在正式邀约的诸形式之中，请柬邀约档次最高，商界人士也最为常用。一般凡精心安排与组织的大型活动与仪式，如宴会、舞会、纪念会、庆祝会、发布会、单位的开业仪式等，都采用请柬邀请嘉宾。请柬是主办方为了郑重邀请其合作伙伴参加其举行的礼仪活动而制发的书面函件。它体现了活动主办方的礼仪愿望、友好盛情，反映了商务活动中的人际社交关系。企业可根据商务礼仪活动的目的自行撰写具有企业文化特色的请柬。

请柬又称请帖，它一般由正文、封套两部分组成。请柬的形状、样式不同，大小也不等，但无论是购买印刷好的成品，还是自行制作，都要注意请柬设计应美观大方，填写应字迹端正工整，在格式与行文上，都应遵守成规。

目前，在商务交往中所采用的请柬，基本上都是横式请柬。它的行文，是自左向右、自上而下地横写的。除此之外，还有一种竖式请柬。它的行文，则是自上而下、自右而左地竖写的。作为中国传统文化的一种形式，竖式请柬多用于民间的传统性交际应酬，因此在这里将它略去不提。

请柬的封套上要写明被邀请人的姓名。书写时要注意，被邀请人的姓名和职务要写清楚，字迹要端正。

请柬正文的用纸，大都比较考究，多用厚纸对折而成。以横式请柬为例，对折后的左面外侧多为封面，右面内侧则为正文的行文。封面通常采用红色、粉色、紫色，并标有"请柬"二字。请柬内侧，可以用封皮颜色，也可采用其他颜色，但民间忌讳用黄色与黑色，通常不可采用。在请柬上亲笔书写正文时，应采用钢笔或毛笔，并选择黑色、蓝色的墨水或墨水汁。红色、紫色、绿色、黄色以及其他色彩鲜艳的墨水，则不宜采用。

请柬的内容包括活动形式、目的，被邀请人的姓名，地点和时间，活动要求，联络方式等。中文请柬行文不用标点符号，所提到的人名、单位、节日名称都应用全称。如若是涉外宴请，还应有中外文对照或索性用客人所在国文字，请柬应视主宾之间的地理位置远近和通信联系的方便程度，提前一周送达为好，要在时间上给宾客留有余地，以便他们能安排好自己的工作。

正式宴会的请柬在制作和发送时，还应注意：如果事先已口头（或电话）预约过、通知过对方，仍应在宴会前正式发送一份请柬，在请柬右上方或下方写上"备忘"字样，以示正式和真诚；如能确定对方"一定会来"，可在请柬上注明客人在宴会上的桌号，以便他赴宴时，落座不乱。另外，如果所举办的活动对服装有要求，应注明是正式服装，还是便服。规范的请柬范文如下：

> 谨订于2012年5月18日下午18时整于本市××大酒店××厅举行××集团公司成立六周年庆祝酒会,敬请届时光临。
>
> 联络电话:×××××××
>
>   ××公司
>   2012-05-10

> 为欢迎××总裁率领的美国××公司友好代表团访问,谨订于××××年×月×日(星期×)晚×时在××宾馆××楼举行宴会。敬请届时光临。
>
> 联络电话:×××××××
> R.S.V.P
>
>   ××公司
>   2012-08-31

  在以上范文里,没有"请柬"二字。可以有,也可以没有。被邀请者的"尊姓大名"没有在正文中出现,因为被邀请者姓名一般已在封套上写明了。要是"不厌其烦"地在正文中再写一次,也是可以的。

  在请柬的左下方注有"备忘"二字,意在提醒被邀请者届时毋忘。在国际上,这是一种习惯的做法。西方人在注明"备忘"时,通常使用都是同一个意思的法文缩写"P.M",用在书面邀约中,带有提醒被邀请者务必注意勿忘之意。"R.S.V.P"意即"不论出席与否均望答复"。

  被邀请者和邀请者名称单独分列的请柬如下:

请　柬

尊敬的××先生：

　　谨订于××××年×月×日（星期×）晚×时在××饭店举行××集团成立十周年庆祝酒会，敬请光临。

联络电话：×××××××
备忘

××集团

总经理：××

2012年1月20日

在对外交往中所使用的请柬，应采用英文书写，在行文中，全部字母均应大写，应不分段，不用标点符号，并采用第三人称。这是其习惯做法。

在请柬的封套上，被邀请者的姓名要写清楚，写端正。一方面是为了表示对对方尊敬；另一方面也是为了确保它被准时送达。

（2）书信邀请

书信邀请是以书信的形式对他人发出的邀请。比之于请柬邀请，书信邀请显得要随便一些，多用于熟人之间。

邀请信多为手写，如果电脑打印，由邀请人亲笔签名。格式各不相同，内容要求详细，可以因事因人而异，文字可长可短。邀请信给人以亲切感，不像请柬那样显得刻板和公式化，因此多用于熟人之间。

邀请信的内容应以邀请为主，但措辞不必过于拘束，应写得诚恳热情。它的基本要求是言简意赅，既能说明问题，同时又不失友好之意。内容应包括邀请目的、具体细节、时间、地点、联系方式等，另外还可以对应邀者提出有关服饰的建议和请"回复"等方面的要求。

在装帧和款式方面，邀请信不必过于考究。其封套的写作，与书信基本上相同。比较正规一些的邀请信，有时也叫邀请书或邀请函。具体格式如下：

> **邀请信**
>
> 尊敬的××公司负责人：
>   2012年中国台湾民用新产品新技术展销会"定于今年5月8日至28日"在天津展览中心举行，欢迎贵公司报名参展。
>
>   报名时间：2012年3月1日至20日
>   报名地点：××区××路10号
>   联系电话：××××
>
> 组委会敬邀
2012年2月16日

（3）传真邀请和电子邮件邀请

传真邀请与电子邮件邀请基本相似，是利用传真机或电子邮箱对他人发出邀请的形式。在具体格式文字方面，其做法与书信邀请大同小异。由于它利用了现代化的通信设备，因而具有传递迅速、不易丢失的特点。

（4）电报邀请

电报邀请，是以拍发专电的形式，对他人发出邀请。电报邀请与书信邀请基本相同，要求在文字上热情、友好、恳切、得体，但电报邀请对准确、精炼要求更高，多用于邀请异地的客人。在具体内容上，它与书信邀请大致相同。

（5）便条邀请

便条邀请，即将邀请内容写在便条纸上，然后留交或请人转交给被邀请者。在书面邀请的诸形式中，便条邀请最为随便，但正因如此，反而让人感觉更加亲切、自然。

商界人士在进行个人接触时，可以采用便条邀请。便条邀请的内容，一定要写清楚。它所选用的纸张，应以干净、整洁为好。邀请他人的便条不管是留交还是转交，都应放入信封中。

在一般情况下，不论以何种书面形式邀请他人，都要做到提前通知。通常，应在至少一周之前送达对方手中，以便对方有所准备。便条邀约的范文如下：

> ××先生：
>
> 　兹××集团公司××经理约定，下周五中午12时在××饭店共进工作餐。敬请光临。
>
> 　　　　　　　　　　　　　　　　　　　　　　　××留上
> 　　　　　　　　　　　　　　　　　　　　　　　2012年5月2日

　2. 非正式邀请

　　非正式邀请，包括当面邀请、托人邀请以及打电话邀请等不同形式，一般也可统称为口头邀请。这种方式比较自然，省时省力，但显得不够郑重，多适用于商界人士非正式的接触之中。

　　口头邀请的方式，不但可以让被邀请方详细了解邀请的目的和细节，而且在多数情况下能够立刻知道被邀请者是否接受邀请。当不能一次得到对方的肯定答复时，可再约时间敲定，以得到对方最后正式答复为准。可以在休息时间或平时的晚上，到被邀请者家中亲自邀请，以示郑重，也可打电话邀请。

　　非正式邀请也要说明邀请的时间、地点和活动，真诚表示邀请对方参加。口头邀请时，表达必须认真诚恳，一旦商定，双方都要遵守诺言。

　　电话邀请是非正式邀请中较为常用的一种形式。电话邀请和书面邀请一样，也要重礼貌礼节。一般书面邀请，在撰写时还可有推敲的时间，而电话邀请，时间短促。所以通话前应写好提纲，或胸有腹稿，避免说话无层次，需要表达的主要内容被遗漏，次要的话说得过多等。还要注意，通话时语言、语调必须使对方感受到盛情和诚意。如果不是被邀请者本人接电话，要建议接话人做好记录备忘，以便转告被邀请者。

　（二）回复邀请

　　任何书面形式的邀约，都是在邀请者经过慎重考虑，认为确有必要之后才发出的，因此在商务交往中，不管接到来自任何单位、任何个人的书面邀约，都应该及时、正确地进行处理。对方邀请我方，尤其是以书面形式正式地邀约我方，基本上都是对我方尊重与友好的一种表示，自己不论能不能接受对方的邀约，均须按照礼仪的规范，对邀请者待之以礼，给予明确、合理的回答，或应邀，或婉拒。

　　邀请者发出的邀请往往不止一方，为了使邀请者做到心中有数，被邀请者在接到书面邀请之后，不论邀请者是否要求答复，出于礼貌，都应尽早将自己的决定通知对方。置之不理，草率从事，都是不合乎礼仪规范的。

一般为了尽快了解被邀请者对邀约的态度，许多邀请者在发出书面邀约时，就对被邀请者有所要求，请对方对能否到场作出答复。通常，类似的规定往往会在书面邀约的行文中标出。例如，要求被邀请者"如蒙光临，请予函告"或"能否出席，敬请答复"以及"盼赐惠复"等。有些善解人意的商界人士为了体谅被邀请者，在发出书面邀约时，往往会同时附上一份专用的"答复卡"，上面有"接受邀请""不能接受"这两项内容，这样，被邀请者在答复时，只需稍费"举手之劳"在以上两项之中，做一回"选择题"，然后再寄回给邀请者就行了。如果邀请函中没有"答复卡"，也不意味着不必答复，只不过需要自己亲自动手罢了。有时，为了确保被邀请者准确无误地将有关信息反馈给邀请者，在书面邀约正文的左下方，依照惯例要将邀请者的具体联络方式，详尽地提供给被邀请者。它们通常包括：电话号码、传真号码、电子邮箱、网址、邮政编码、电报挂号、手机号码、联络地点以及通信地址等。以上这些内容不必一一列出，可以根据具体情况从中选择。不过联络或咨询的电话号码这一项，原则上是不能缺少的。

对书面邀约的答复，通常采用书信形式，在商务礼仪中，称为回函。回函基本上都需要亲笔书写，以示重视。如果打印回函，则至少应当亲笔签名。所有的回函，不管是接受函，还是拒绝函，均须在接到邀约之后3日之内回复，而且回得越早越好。在回函的行文中，应当对能否接受邀约这一关键性问题，作出明确的答复，切勿避实就虚，让人觉得"难解其中味"。如果拒绝，只要讲明理由就可以了。回函的具体格式，可参照邀请者发来的书面邀约。在人称、语气措辞、称呼等方面与之不相上下就算不上失礼。

如果已经接受邀请，但由于出现紧急事件而无法按计划出席，应及早打电话告知邀请者，没有任何解释的缺席是极端失礼的。接受邀约的回函范文如下：

> ××非常荣幸地接受××集团总经理××的邀请，将于××××年×月×日（星期×）晚×时，准时出席在××饭店举行的××集团成立十周年庆祝酒会，并顺致敬意。

在写接受函时，应将有关的时间与地点重复一下，以便与邀请者"核实"无误。在写拒绝函时，则不必这样做。

回函通知邀请者自己决定接受邀请后，就不能届时失约了。这类临时的"变卦"，会给邀请者增添许多麻烦。

拒绝邀约的理由应当充分。卧病、出差、有约在先等，均可采用。在回绝邀

约时,千万勿忘记向邀约者表示谢意,或预祝其组织的活动圆满成功,拒绝邀约的回函范文如下:

> 尊敬的××集团总经理××先生:
>   我深怀歉疚地通知您,由于本人明晚将乘机飞往四川××公司谈生意,故而无法接受您的邀请,前往本市××饭店参加××集团成立十周年庆祝酒会。恭请原谅,谨致谢忱。
>   此致
> 敬礼!
>
>   ××敬上
>   2012年1月16日

对于邀约上书面规定的赴约要求,被邀请者在原则上都应当接受,并且"照章办事"。

另外,如果被邀请者接受了邀请,还应注意以下几点:

第一,邀请范围(如是否携带夫人、孩子),留意服装要求。

第二,准时赴约。到达现场后应主动与站在门口的东道主或工作人员打招呼、握手,然后和其他宾客点头致意。对后来的客人,不管相识与否都应该笑脸相迎、点头致意和握手寒暄。

第三,入座前要看清自己的座次,不是主宾不要坐到主宾席上。

第四,如果应邀参加节日、生日等庆贺活动,应准备鲜花等礼品;若应邀参加自费聚会,应带钱前往。

第五,活动结束时,应向主人告别,并酌情与周围人告别。

二、拜访的礼仪

拜访是公共关系活动中的一种常见形式,是联络感情、发展关系必不可少的手段。从拜访的对象来说,可以是机关团体、企业、政府机构、个人等;从拜访的内容上讲可以进行礼节性拜访、工作拜访或者私人拜访。通过拜访,人们可以达到互相了解、沟通信息、加深感情等目的,拜访应遵循一定的礼仪规范,从进门、落座、交谈、入席到告辞,都有一些约定俗成的做法。如果在礼仪上不注意,失礼于人,可能有损自己和单位的形象。

拜访应遵守以下礼仪:

（一）有约在先

1. 事先预约

拜访之前可以通过信函、电话预约，将访问的目的告诉对方。"不速之客"通常是不受欢迎的，切勿未经约定便不邀而至。这样会打乱对方的生活秩序和日程安排，是非常不礼貌的。

预约时除了定出访问的日期与时刻，同时还应将己方前去访问的人数、姓名、职务、将要商谈的事情概要，以及预计所需的时间告诉对方，如此一来，对方才能对会客室及之后的行程等作出安排。

预约时要注意说话的语气应该是友好、请求、商量式的，而不是强求命令式的。在发现对方带有推辞或勉强的意味时，切不可强求会见。即使遭到拒绝也不要迁怒对方，仍应以友好而委婉的口气。例如，可以说："那么，我等您方便的时候再约时间来看您，祝您一切顺利。"这样的语言能感动对方，使他对你感到歉意，为下一次的约会打下良好的基础。

2. 拜访的时间

拜访要选择恰当的时间，一般安排在对方比较空闲的时候。约定的具体时间通常应当避开节日、假日、用餐时间、过早或过晚，及其他一切对方不方便的时间。特别注意不要定在星期一上午，通常公司在星期一常因商洽与会议而忙得不可开交，如果你将会面的时间定在这个时候，会造成对方不便。

（二）守时践约

守时践约不只是为了讲究个人信用、提高办事效率，而且也是对交往对象尊重友好的表现。让别人无故等候，无论有何理由，都是严重失礼的事情。一旦与对方约定了会面的具体时间，作为拜访者就应履约守时如期而至。

拜访他人，在一般情况下，既不要随意变动时间，打乱主人的安排，也不要迟到或早到，准时到达才最为得体。为了避免迟到，我们通常都会提前一点出发。在提前很长时间到达目的地的情况下，如果拜访的是对方单位，我们应该先找一个地方等一会儿，差五六分钟的时候再进去，以免打乱对方的工作安排。

如不能履约，应事先向对方诚恳而婉转地说明情况，以取得谅解。如果有紧急的事情，不得不晚到，必须通知对方。如果遇到交通阻塞，应通知对方要晚一点到，必要的话，还可将拜访改期。在这种情况下，一定要记住向对方郑重其事地道歉。

（三）进行通报

进行拜访时，倘若抵达约定的地点后，未与拜访对象直接见面，或是对方没有派人员在此迎候，则在进入对方的办公室或私人居所的正门之前，有必要先向对方进行通报。

如到主人寓所拜访,在进入主人寓所前,应轻轻叩门或按门铃,按门铃时切忌按得太久,敲门不能用力或紧促。待有回音或有人开门相让时,方可进入。

如果是到对方公司进行商务性拜访,到达对方公司时,应先脱掉外套或取下围巾,首先向前台报出自己的身份和要见之人,并告知已有约定,然后安静等待,服从前台的安排。此外,如果你的公司的名称不易听清楚,或者你的名字较为少见,可向接待员递出自己的名片。接待员看过名片,就会替你跟负责人联系。当接待员不在时,应向最早走出来的人报出你所在的公司名称及自己的姓氏,请他跟对方取得联系。如果没有前台,应主动与离办公室入口处最近的人搭话。然后同样地报出公司名称与自己的姓氏,请他与对方联系。即使你曾经来过这个公司很多次,知道你要见的人的办公室在哪里,也不要不打招呼就直接闯进去。

(四) 登门有礼

不论是到公司还是寓所拜访他人,都应遵从主人的安排,切忌不拘小节,失礼失仪。

1. 寓所拜访

在拜访他人时,一定要注意仪表整洁,衣着得体,站有站相、坐有坐相,举止文明,并且时刻以礼待人。这既是对主人的尊重,也是自身文明教养的体现。

若是主人亲自开门相迎,见面后应主动热情向其问好,互行见面礼;若是主人夫妇同时开门相迎,则应先向女主人问候。若你不认识出来开门的人,则应问:"请问,这是×××先生的家吗?"得到准确回答后方可进门。

要在主人的引导下,进入指定的房间,切勿擅自闯入。进门后,倘若主人一方不止一人之时,则向对方问候与行礼,在先后顺序上必须合乎礼仪惯例。标准的做法有两种:其一,先尊后卑;其二,由近而远。待主人安排或指定座位后再坐下。

与主人或其家人进行交谈时态度要诚恳,坐姿要文雅,谈吐要文明,要慎择话题,切勿信口开河,出言无忌。不要对主人家的陈设评头论足,也不要谈论令主人扫兴之事。主人说话,不要随便打断或插话。与异性交谈时,要讲究分寸。对于主人家里遇到的其他客人要表示尊重,友好相待。不要在有意无意间冷落对方。若遇到其他客人较多,要以礼相待,一视同仁,切勿明显地表现出厚此薄彼,而本末倒置地将主人抛在一旁。

在主人家里,不要随意脱衣、脱鞋、脱袜,也不要动作嚣张而放肆。如果是夏天拜访他人,进屋后再热也不要随便脱去衬衫和长裤;而冬天进入房间后,再冷也应摘下帽子,同时还应脱去大衣和围巾,并切忌说"冷",以免引起主人的误解。进入主人屋内,不要随意翻动主人的书信和其他物品。主人未请,不要擅自进入卧室、书房,也不要在屋内乱翻东西,更不要在主人床上乱躺。如果主人敬茶要起身双手接过,并热情道谢。如果主人敬烟,烟灰和烟蒂要放在烟灰缸里,不要随意往茶碗、碟子里乱放。如果身患疾病,尤其是传染病患者,不应走亲访友,带病拜访是不受主人欢迎的。

2. 公司拜访

(1) 衣着得体,准备充分

如果是到公司拜访,要特别注意穿着端庄、整洁、规范,男士穿西装,女士穿套装,并应准备好名片。男士的名片可放在西装内袋中,也可放在名片夹中;女士则可将名片放在提包中容易掏出的地方。最重要的是拜访客户前要对他的概况、特点、销售量,以及对方的信用、在商界的信誉都要有所了解,以免交谈时无话可说而陷入尴尬局面。

(2) 应对合宜

① 在对方的会客室,应坐在下座。当你前去拜访其他公司时,应坐下座。将你带到会客室的人,会请你坐上座,而你必须推辞。在会客室里等待时,应当浅坐在沙发上,脊背挺直,腿不要盘起来而应整齐地并在一起。此外,当沙发较低时,应将腿略微偏向下座的一侧。

② 不要将公事包放在会客室桌上,这有违礼仪。一般,较大的皮包应放在自己的脚边。在取出资料时,也应注意不要将皮包放在桌子上,而应放在膝盖上。此外,当所携带的物品很多时,应只将工作所需的物品放在脚边,而将剩下的放在房间角落不显眼的地方。

③ 严禁与同行者闲聊。当有很多人同去其他公司访问而在会客室等待的期间,常会不知不觉就聊起来。然而,在会客室内聊天,是绝对禁止的。虽然会客室让人觉得有如密室,但实际上声音却会清楚地传向外边。若是让该公司的职员听见你正在闲聊,会做何感想?无论这种闲聊是与工作有关的事还是私事,都是不礼貌的行为。

④ 寒暄问候,应面带笑容。寒暄问候时应口齿清晰、精神饱满,不是要你拉大嗓门,只要用对方能够听清楚的音量,发音尽可能清晰。当然,希望你在问候对方的同时,也能露出笑容,否则,无论你的声音多清晰,如果面无表情也是白费。

(五) 适可而止

在拜访他人时,一定要注意在对方的办公室或私人居所里停留的时间长度。从总体上讲,应当具有良好的时间观念,不要因为自己停留的时间过长,从而打乱对方既定的其他日程。

在一般情况下,礼节性的拜访,尤其是初次登门拜访,应控制在一刻钟至半小时之内。最长的拜访,通常也不宜超过两个小时。有些重要的拜访,往往需由宾主双方提前议定拜访的内容和时间。在这种情况下,务必要严守约定,不要单方面延长拜访时间。为了能够控制好拜访的时间,应该事先想好此次拜访的目的、准备谈些什么内容,以免浪费双方的时间和精力。当与被拜访者见面后应尽快将谈话引入正题,直接清楚地表达你所要说的事情,不要讲些无关紧要的事情。说完后,要让对方发表意见,并要认真倾听,不要辩解或不停地打断对方讲话。如果坐在那里没完没了地闲聊,会耽误对方的时间,使之不能进行下一项活动,你就会成为不受欢迎的客人。

在他人家中无谓地消磨时光是不礼貌的,也是令人讨厌的举动。遇到以下情况时,访客就该及时告辞了:一是宾主双方话不投机,或是主人反应冷淡,爱答不理的时候;二是虽然主人貌似认真,但却反复看表的时候;三是主人抬起双肘,双手置于座椅扶手的时候。访客提出告辞时,主人即使表示挽留,仍须执意离去,但要向对方道谢,并请主人留步,不必远送。

第五节 聚会礼仪

聚会是一种不带具体任务、较为轻松的活动。主要由企业、机关、团体发起,有内外部公众参加的诸如舞会、联欢会、茶话会、沙龙这样的活动。聚会不仅是维持人际交往的有效途径,也是联络感情、增进友谊的理想场所,更是展示自我、推销自己的舞台。

一、舞会礼仪

舞会是一种常见的社交方式,其形式自由活泼,内容健康,而且具有较强的群众性和娱乐性。

舞会大体上可以分为两类:一种是正式舞会,一般由单位或社会团体在公共场所举办;一种是非正式舞会,通常是个人或家庭为了庆祝节日或者某件喜事(毕业、周年纪念、生日聚会)而举办。正式舞会通常都是从晚上 10 点到翌日清晨两点,参加舞会需要携带请柬,男士的传统着装是白色领结和大燕尾服;女士的舞会装束应该是长款的晚礼服。正式舞会一般都在俱乐部或者大宾馆举行,配有乐队,所以音乐不间断。舞会上会供应点心和各种饮料。非正式舞会规模较小,开始的时间较早,一般为晚上 9 点到午夜左右。

现在,商务人员应邀参加舞会的机会越来越多,经常参加舞会可以陶冶性情,并在跳舞的过程中联络感情,逐步加深彼此之间的友谊。在组织或参加舞会的时候,必须注意礼仪,否则会给人以缺乏修养、不懂礼貌的感觉,损害自己在公众中的形象。舞会礼仪并没有严格的明文规定,往往都是人们约定俗成的。下面简单介绍一下正式舞会应遵循的礼节。

(一) 组织舞会的礼仪

组织舞会要精心安排,力求使舞会的气氛活泼、热烈且又不失典雅。

1. 邀请参加人员

举办方要定好舞会的时间,比较正式的舞会或家庭舞会首先应考虑的是邀请哪些人员来参加,并提前向客人发出邀请。邀请应说明舞会的起止时间、地点和要参加的人员,以便客人安排何时进退场。最好能够简要说明开舞会的事由或者目的。邀请的男女客人的人数要大致相等。请柬通常以女主人的名义发出。

2. 布置舞场

布置舞场首先应注意所选择舞场的大小。舞场的大小,应与客人多少相适应,根据发请帖的多少估计将有多少客人来参加舞会。舞场过小,会使客人有拥挤感,不便于翩翩起舞;而舞场过大时,整个舞场空空荡荡,又显得气氛不够热烈。另外,舞场的布置要突出"欢快""热烈"的气氛,场地空间可用彩色花环、飘带、彩灯等加以装饰。灯光的亮度及颜色应调整好,既不能太亮,也不能太暗,太亮了影响气氛,太暗了容易使人感到压抑。同时,还要准备好音响和音乐,如果条件好的还可以请乐队来演奏,舞场四周应摆放好足够的桌椅,以供来宾在跳舞间隙就座。如果是比较重要的酬宾舞会,应免费供应饮料,还可以放一些糖果之类的小食品。总之,舞场的布置要典雅大方,造就良好的氛围和优雅的环境,提高人们的兴致。

3. 选择合适的舞曲

跳舞必须有舞曲伴奏,所以舞曲的选择对客人情绪的影响是很大的。好的舞曲能够创造出高雅、欢快、美妙的舞场气氛,必然受到客人的欢迎,把舞会推向高潮。选择舞曲,应根据对象而定,以利于创造良好的气氛。舞会主办者既要选择一些民族乐曲或世界乐曲作为伴奏曲,也要选择受人众欢迎的流行乐曲作为伴奏曲,以提高共鸣度。舞曲要丰富多彩,各种舞步的舞曲要穿插播放,音量要适中,不宜过大或过小。

4. 安排舞伴

舞会一般是男女相伴起舞,因此,舞会主持者应考虑舞客的性别比例以及年龄层次,安排一定数量的伴舞人员。如举办会议专场舞会时,代表中一般以男性居多,舞会主持者应事先从本单位或兄弟单位邀请一些女士前来伴舞。

5. 做好安全保卫工作

舞会从开始到结束,都要十分重视做好安全保卫工作。闲散人员不准入内,衣冠不整者谢绝入场。舞场的气氛要尽量热烈,但舞风必须端正。当发现个别客人举止不轨时,应由保安人员劝阻或劝其退场。另外,还要有专人保管客人的衣服、财物,严防发生舞客财物丢失等不愉快的事件。在舞会进行过程中应尽量避免打架斗殴、盗窃等事件的发生,确保舞会的正常进行,防止因一点小事而引起舞会不欢而散。

(二)参加舞会的礼仪

参加舞会,应注意自己的身份,遵循一定的礼节,做到文明高雅、彬彬有礼,在舞会中树立自己的良好形象。

1. 做好准备

(1) 回应邀请

当接到主人的邀请时,应明确告知主人是否应邀前往,如无特殊情况,应愉快地接受,如遇特殊情况不能前往,应向主人说明理由。

(2) 参加舞会前的准备

首先,应该修饰仪表仪容,总的要求是仪表仪容整洁、大方。女士要化妆,并注意发型。衣着方面,如果应邀参加大型正规的舞会,或者有外宾参加,这时的请柬会注明:请着礼服。接到这样的请柬一定要提早作准备,女士在这种场合要穿晚礼服。穿晚礼服定要佩戴首饰,以佩戴有光泽的首饰为宜。不可浓妆艳抹地参加舞会,也不要穿牛仔裤参加舞会。男士的头发要梳理整齐,不蓄须的应事先剃须,可以着西装并系领带,也可着其他礼服。男士可以在身上洒点香水。

其次,舞会前应洗澡,换干净衣服,以免汗气熏人,让对方不快。

最后,参加舞会前饮食要合理。过饥、过饱都是不适宜的。不要吃带有刺激气味的食物,如韭菜、大蒜、酒等,要注意清洁口腔,如漱口、嚼口香糖或茶叶。

应该注意,患有外伤、感冒及其他传染性疾病者,不宜出席舞会。跳舞时不宜戴口罩、墨镜,舞会禁止吸烟。刚学跳舞的人士,下舞场前最好多学几种舞步,否则会影响舞伴。另外,不要在舞场学舞步,这样会影响对方的情绪。

2. 步入舞场

一切准备妥当之后,应主动相约、文雅大方地步入舞场。进入舞场时应彬彬有礼,脚步要不快不慢,既不能急匆匆、迫不及待地入场,也不要懒懒散散、无精打采地进场。进入舞场后,应主动与主持者及周围熟悉的客人打招呼,对陌生人也应以礼相待。讲话声音不要太大,以免影响他人,然后在指定的区域就座。待舞曲响起时,应主动邀请舞伴,相伴而舞。

3. 邀舞的礼仪

交际舞的特点是男女共舞,邀舞通常是男士的义务。男女即使彼此互不相识,但只要参加了舞会,都可以主动邀请别人共舞。

第一场,通常由主人夫妇、主宾夫妇共舞。第二场,由男主人与主宾夫人,女主人与男主宾共舞。舞会中,男主人应该陪无舞伴的女宾跳舞,或为她们介绍舞伴,并要照顾其他客人。男主宾应轮流邀请其他女宾,而其他男宾应该首先邀请女主人共舞。舞曲响起时,男士庄重从容、彬彬有礼地走到女士面前,面带微笑,微微鞠躬,伸出右手,手指向舞池并礼貌地说:"我可以请你跳支曲子吗?"或:"请你跳支舞,可以吗?"弯腰以45度左右为宜,不能过分。如果女士的父母或丈夫在场,应先向他们致意问候,得到同意后再邀请女士跳舞。舞曲结束后,男上要向女士致谢,然后把女士送到座位旁并向其周围亲属点头致意后离去。男士应避免全场只同一位女子共舞。切忌同性共舞。

如果是女士邀请男士,男士一般不得拒绝。音乐结束后,男士应将女士送到其原来的座位。待其落座后,说一声:"谢谢,再会!"然后方可离去,不予理睬。

不论是男士或女士,如果一个人单独坐在远离人群的地方,别人就不要去打扰。但如果她是坐在群人中间,则可以邀请她跳舞。一般来讲,女士也不应该随意拒绝邀请,如已有人邀请在先,则可以婉言解释:"对不起,已经有人邀请我跳了,下一支曲子再和你跳吧!"如表示谢绝,可以说:"对不起,我累了,想休息一下。"或者说:"我不大会跳,真对不起。"以此类的托词加以婉拒,并致歉意。已经婉言谢绝别人的邀请后,在一曲未终时,女士不宜再同别的男士共舞,否则会被认为是对前一位邀请者的蔑视。

如果同时有两位男士去邀请一位女士共舞,通常女士最好都礼貌地拒绝。如果已同意其中一方的邀请,对另一方则应表示歉意。应礼貌地说:"对不起,只能请您跳下曲了。"当女士拒绝一位男士的邀请后,如果这位男士再次前来邀请,在确无特殊情况下,女士应答应与之共舞。有的男士自带舞伴,两个人多跳几场也无不可。但如果别人来请,一般也不能拒绝,女士不能说"我不认识你,不跟你跳"这类小家子气的话,应该微笑地站起来,接受他的邀请。男士和夫人一同去跳舞,跳过一曲之后,如果有人前来向其夫人邀舞时,应按礼节促请夫人接受,绝不能代夫人回绝对方的邀请,这是失礼的表现。

如何邀请女方

舞曲奏响以后,男方要大方地走到女方面前邀请,如果女方的家人同在,则应先向女方的亲属点头致意,并征得他们的同意后,走到女方面前立正,微欠身致意说:小姐,可以请您跳舞吗?有时还要向陪伴女方的男士征求说:"先生,我可以请这位小姐共舞吗?"得到允许后,再与女方走进舞池共舞。

图 7-3 舞会礼仪

(图片来源:百度图库)

4. 风度与舞姿

跳舞的风度,主要是指舞者的舞姿和表情等方面表现出来的美。跳舞时,男女双方都应面带微笑,说话声音要轻细,不要旁若无人地大声说笑。讲话时只要对方听到即可。舞姿要端正、大方和活泼,整个身体应始终保持平、正、直、稳,无论是进是退,还是向前、后、左、右方向移动,都要掌握好重心,如果身体摇摇晃晃,肩膀一高一低,甚至踩了对方的脚,都是有失风度的。在跳舞时,男女双方的神态要轻盈自若,给人以欢乐感;表情应谦和悦目,动作要协调舒展,给人以和谐感。男士不要强拉硬拽,女士不可挂在、扑在对方身上,这样既让对方有不胜负担之苦,自己也有失雅观。女士跳舞时态度固然应和蔼可亲,但不能乱送秋波,有失稳重。即使是热恋中的恋人,也不宜过分亲昵,因为这对周围的人来说是不礼貌的。

舞姿应力求标准正确,一般是男子应挺胸收腹,用右手扶着女士腰肢,手掌心向下向外,用右手大拇指的背面轻轻地将女士挽住即可,不应用掌心紧贴女方腰部。男方的左手应让左臂以弧形向上与肩部成水平线举起,掌心向上,拇指平展,只将女伴的右掌轻轻托住,不能随意捏紧或握住,女伴的左手应轻轻放在男方右肩上,而不应勾住男方的脖颈。跳舞时,双方不能握得或搂得过紧,有些舞蹈动作需要握搂时,也应一带而过,停留时间过长则有失风度。一曲终了,双方应立即分开,缓缓退出舞池,切不可继续共舞。男伴应将女伴送至座位。跳三步舞(华尔兹)时,双方应保持一臂的距离,让身躯略微昂起向右,使旋转时重心适当,表现出热情、舒展、轻快的情绪与节奏;跳探戈舞时,随着乐曲中切分音所含节拍的弹性跳跃,男女双方的步法与舞姿变化较多,舞步可稍大些,但男士应注意不可将脚伸入女士两脚间过远,回旋时也不要把女士拉来拖去;跳伦巴舞时,男女双方可随着音乐节奏轻轻扭动腿部及脚踝,但臀部不应大幅度地摆动。

在舞场中还应做到举止文明,行为端庄。首先,语言要文明,不能满口污言秽语。其次,举止要文雅。女士要特别注意自己的坐姿,因为舞会中的灯光通常比较暗,男士只能看见你的形态,所以,即使你坐在一个黑暗的角落,也要随时保持优美的仪态。另外,走路脚步要轻,不能单个人进入舞池,如果有事找人,也应等到这支曲子结束时,才能去找。找座位时应向旁边的客人有礼貌地询问:"这里有人吗?"请特别小心,不要把口红沾染在男伴的衣襟或领带上,还要注意舞场卫生,不能乱扔纸屑或瓜果皮壳之类的东西。

5. 礼貌退场

当音乐停止,主持人宣布本次舞会结束时,要听从安排,按时结束,不能因为自己没有跳够而迟迟不愿退场,也不能急匆匆地抢在别人前面离去,应该向主人道别后,将衣帽穿戴整齐,然后退出舞场。如果想提早离开会场,应悄悄地向主人招呼一声,说明原因,千万不可在大众面前言明要早走之意,以免破坏其他人的玩兴,使主人难以控制场中的气氛。

(三)舞会主人的礼仪

作为舞会的主持人或主人除了要布置好舞场,为舞会创造欢快、热烈的气氛外,还要在舞会进行中注意以下几个方面的礼仪:

首先,作为舞会的主人化妆应该适当,如果你是一位少女,不宜有造作、夸张的发型,不能抹太浓的脂粉,只需涂上鲜艳的唇色,比平时多加装扮即可。

其次,在舞会上,主持人或主人要注意照料客人,把害羞的青年人介绍给同伴,安排他们坐在一起,但介绍时要考虑他们的个子高矮是否合适,性格是否相近等因素。主人可以在舞会开始前,或音乐的间歇,对单身的男青年说:"我给你介绍一个不错的舞伴吧!"并把他带到一位女青年身边,做简单介绍,然后鼓励他们一起跳舞。

最后,男女主人如果发现有些客人没有被邀请,这时男主人或女主人就应该承担起这个责任与之共舞。舞会在进行过程中,如果所有的宾客都进入舞池跳舞,为了使舞池不致太拥挤,男女主人应该从舞池中退出来。

总之,舞会的主持人或主人要控制场内的情绪,使整个舞会自始至终地保持热烈、欢快的气氛和文明、健康、优雅的情调。

二、联欢会礼仪

联欢会是一个宽泛的概念,包括各种组织举办的节日联欢会(如新年联欢会、春节联欢会),各种文艺晚会(如歌舞晚会、电影晚会、戏曲晚会、相声晚会)、游艺晚会等。联欢会大体上可以分为两种类型:一是综艺娱乐性联欢会,即没有一定的主题,仅为寻求放松、找寻乐趣而举办的纯文娱晚会。其节目可以提前排定,但也允许观众现场参与,进行即兴表演。二是专题性联欢会,即为了反映某一主题,并以其为中心而举办的晚会。通常所说的联欢会多指综艺娱乐性的联欢会。

举办联欢会已成为各类组织公关工作的一项专门业务。联欢会对于提高组织的凝聚力、向心力,活跃员工的文化生活,加强与外部公众的联系与沟通,提高组织形象等都起着积极的促进作用。岁末年终,许多单位都通过举办各种形式的联欢会总结过去、展望未来、交流感情、沟通信息。有的家庭也在节日、纪念日举办家庭联欢会,邀请亲朋好友共度节日、纪念日。联欢会重在娱乐,但不可忽视礼仪,否则可能达不到预期效果。

(一)联欢会的前期准备工作

1. 确定形式和主题

联欢会的形式不拘一格,采用何种形式对联欢会的成功与否意义重大。形式确定的同时还要确定主题,明确指导思想、预期目标等。

2. 确定时间和场地

联欢会的时间一般应选择晚上,有时也可根据情况选择白天。联欢会的时间一般在两小时左右为宜。联欢会的场地选择非常重要,最好选择宽敞、明亮,有舞台、灯光、音响的场地。场地应加以布置,给人以温馨、和谐、喜庆、热烈之感。

3. 选定节目和主持人

选定节目一定要考虑主题,尤其是开场和结尾的节目一定要精彩、有吸引力。节目应多种多样,不可头重尾轻,更不可千篇一律。主持人是联欢会的关键人物,联欢会应选择仪表端庄、表达能力强,有一定的组织能力、应变能力,熟悉业务的人担当主持人。一场联欢会的主持人最好不少于两人(通常为1男1

女)。主持人也不可过多,以免给人以零乱无序之感。

4. 彩排

正式的联欢会一定要事先进行彩排。这样有助于组织管理、堵塞漏洞,控制时间,增强演职人员自信心等。非正式的联欢会也要逐一落实具体事宜,切不可赤膊上阵,一旦出现意外,其结果可想而知。

5. 及时发出通知和邀请

发出通知和邀请应提前一周,以给被邀请人安排的时间。从交际这一角度来看,邀请实质上是一种双向的约定行为。联欢会层次不同,发出的通知和邀请也不同,分为正式邀请和非正式邀请。(详见本章第四节)

(二) 主持人的礼仪

主持人是联欢会的中心,其仪表、着装、举止言行等都对整个联欢会有着直接的影响,其作用举足轻重。主持人的礼仪、素养如何,直接关系到联欢会的成败。

1. 主持人应具备的基本条件

(1) 具备良好的政治素养和职业道德;(2) 具备一定的组织能力、语言表达能力和现场应变能力;(3) 精通业务知识,具有广泛的知识面;(4) 具有一定的幽默感,善于同各种公众打交道,并在短时间内缩小与观众之间的心理距离;(5) 重仪表、懂礼仪。

2. 主持人的气质和人格魅力

主持人是联欢会中最引人注目的人物。主持人的气质、风度以及人格魅力对联欢会的成败起决定性作用。主持人的气质、风度来自于主持人端庄的仪表、得体的服饰、良好的心态和自信心。主持人并不一定非要俊男靓女,若没有气质和风度,那种漂亮也只能是昙花一现。作为主持人一定要注意整洁,注意发式发型,化妆要淡雅,着装不可太露,也不可猎奇。主持人不是时装模特,更不是来参加选美比赛,因而主持人的着装应结合联欢会的主题,给人以庄重、文雅、和谐之感。主持人的人格魅力体现在他对观众的尊重与爱心,体现在他的主持风格、思想观念、人生态度,体现在他的举止言行之中,也体现在他对事业的执着追求和强烈的责任感上。

3. 主持人的语言表达技巧

作为主持人,首先要说普通话,口齿清晰、发音准确、语速适当、语音动听,这是主持人的必备条件和努力方向。其次,词汇丰富、用词准确、词句通顺、逻辑性强,这是主持人的基本功。

4. 感情投入，富有激情

主持人必须全身心地投入联欢会的情境之中，犹如"导演"，将观众的情绪和热情激发出来。主持人的激情是观众的兴奋剂。主持人要有一定的煽动性，控制观众的情绪，控制现场的气氛和节奏。主持人若成为节目的报幕员，那样倒不如事先制作一个节目单更清晰些。作为主持人一定要灵活，在运用口头语言的同时，适当运用一些动作语言，但动作不可太多，幅度不宜过大。

5. 主持人的协调与合作能力

主持人不可自恃清高，应该有全局观念，与各方面竭诚合作，协调矛盾和冲突。俗话说，"众人拾柴火焰高"，联欢会是一项集体活动，只有大家的共同努力，才能确保联欢会圆满成功。

（三）观看演出的礼仪

1. 准时到场，对号入座

观看演出时应准时或提前到场，对号入座。在寻找座位时，只能按号就座，不要占较好的位置。如果别人占了自己的座位，可以礼貌地出示入场券进行说明或请工作人员调解，避免发生口角或冲突。如果陪同他人一起观看演出，座位有好有差，应当把好座位让给别人。演出一旦正式开始，观众便不宜再陆续入场。因此，如果迟到，最好在幕间入场；如果没有幕间，则入场时要放轻脚步，旁边的观众协助自己入座时，应该致谢。

2. 服饰要求

观看演出时，衣着的总体要求是干净、整洁，绝对不能穿背心、短裤、拖鞋，不能打赤膊或者赤脚。

3. 适时鼓掌

当主要领导、嘉宾入场或退场时，全场应有礼貌地鼓掌。观众观看演出时，要尊重演员的劳动。每一位演员表演结束，都要热烈鼓掌，但要把握好时机和分寸。看戏是每幕结束时鼓掌；看芭蕾舞可以在演出中间一段独舞或双人舞表演之后鼓掌；听音乐则只能在一曲终了之后才能鼓掌，只有在演出结束时掌声才可以经久不息。

4. 献花

联欢会上对表演精彩者或主要客人可献花，演出结束时可向演员献花篮或花束。

5. 其他礼仪

观看演出时，坐姿要端正，不要左右晃动，应摘下帽子，以免挡住后面观众的视线。不允许把脚踩在他人椅面上或蹬在他人椅背上，以免弄脏前排观众的衣服。如果碰脏别人的衣服,应主动轻声道歉。不能坐在座位的扶手、椅背上,或垫高座位。演出没有结束时,不得起立。要保持演出场所的安静,演出过程中不得随便走动,不要高声解说或评论。不宜进行交谈,不要随意拍照摄像,应关闭寻呼机和移动电话。不要在演出现场大吃大喝,不要携带食物、饮料入场,尤其是不要携带带壳的食物和易拉罐饮料。

观看演出时,不宜中途退场,如有急事也必须在幕间或一个节目结束时退场,因为提前退场不仅会影响别人的观赏,而且也是对演员的极不尊重。

演出全部结束后,应当起立鼓掌,不要匆忙退场,可以在演出谢幕时,给演员送花。

三、沙龙礼仪

"沙龙"是法文 salon 的音译,法文原意为"会客室""客厅"。17 世纪末期至 18 世纪,法国巴黎的文人和艺术家经常接受贵族妇女的招待,在客厅聚会,谈论文艺等问题。后来,就把有钱阶层的文人雅士清谈的场所叫做"沙龙"。到了现在,沙龙已经逐步成为室内社交聚会的一种形式。

(一)沙龙的类型

沙龙的类型多种多样,主要有:

(1)社交性沙龙。由较熟悉的朋友、同事结成的定期或不定期的聚会。如同乡联谊会、校友联谊会等,以促进相互之间的了解和友情,从而形成固定的社会关系网。

(2)学术性沙龙。由职业、兴趣相同或相近的人组成,以探讨某一领域问题为主要目的。内容以文学、艺术、科技等为主。

(3)应酬性沙龙。以增进了解和加深友谊为目的,如接待客人来访的座谈会、茶话会、舞会等。

(4)文娱性沙龙。以联络感情和相聚娱乐为目的。

(5)外语沙龙。以爱好外语的人进行交流为目的。

(6)综合性沙龙。兼有多种目的,促进人们自由交谈,互相了解,提高文化水平。

沙龙聚会采取的活动形式有讨论会、茶话会、酒会、家庭晚宴等。

(二)沙龙的礼仪

虽然沙龙聚会形式比较自由、随便,但毕竟是聚会,应当讲究必要的礼仪。

1. 明确聚会的时间、地点

应当明确聚会的时间、地点等,并及时、准确地让每一位参加者都知道,以确保沙龙尽可能地顺利进行。

2. 赴会的人要按时到场

为避免主人因还未作好准备而无暇出面应酬,客人可以比约定时间稍晚一点到。万一临时有事难以准点到达,或者不能前往,应提前通知主人,并向大家表示歉意。

3. 衣着得体

穿衣服不一定要讲究面料,但一定要穿着得体,另外一定要熨平整,干净利落,给人留下好印象。如果衣服皱皱巴巴,歪歪扭扭,只能给人以邋遢的印象。男士要注意外衣、衬衣和领带颜色的和谐。女士的衣着当然就更要讲究整洁悦目。不同性质的沙龙可能对服装的要求会有所不同,参与者应当事先考虑好。如参加一个学术讨论性质的沙龙,就没必要穿奇装异服来吸引别人的注意。

4. 言谈真诚

沙龙是展示个人修养、结交新朋友的重要社交形式,所以言谈务必真诚。要言之有物、言之有理,紧紧围绕主题,防止空洞和信口开河。不能为了哗众取宠,故做惊人之语。不要自以为是,滔滔不绝,瞎侃一气,以免弄巧成拙,在众人面前失态。交谈有适度的幽默和风趣是必要的,可以活跃沙龙的气氛,但不要说些庸俗的俏皮话或语带讥讽,也不可违心地对别人进行肉麻的吹捧。

5. 要尊重别人

不轻易打断他人的发言,插话时要礼貌地说一声"对不起"。

6. 举止文雅大方

文雅大方、彬彬有礼的举止有助于树立良好的形象,赢得大家的信任、友谊和尊敬。有的人常把不拘小节、不修边幅作为洒脱的体现,殊不知小节不拘失大礼。比如随地吐痰,当众抠鼻子、挖耳朵等举止,看似很小的动作,却是有伤大雅的,显得粗俗不堪。因此,在这样的社交场合,应该私下处理一些不雅的小事情,尽量避开众人的注意。

(三)举办沙龙的条件

1. 有一个宽敞的场所

一般举办沙龙的地点应当选择条件较好的餐厅、庭院或者是宾馆、饭店、写字楼内的某一专用的房间。至少应做到面积大、通风好、温度适中、环境幽雅、不受外界干扰。

2. 沙龙的组织者

一般由沙龙的发起者或组织者担任主人。按惯例,沙龙的主人应当有男有女,以便分别照顾男宾和女宾。

3. 沙龙的参加者

社交性沙龙的参加者,应当事先大体上确定好。在某些较为正式的社交性沙龙上,参加者彼此之间应以相识者居多,这样才有助于大家多交流、少拘束,当然,也不排斥"新人"加入,只不过"新人"加入要提前征得主人的同意。

第六节 馈赠礼仪

在商务活动中,谈判者在相互交往中会赠送礼品,达到增进双方友谊的目的,同时,也表达了对本次合作成功的祝贺和对再次合作能够顺利进行的愿望。但是,馈赠礼品同样也要讲究礼节,处理不当反而会适得其反。

一、赠送礼品的选择

(一)赠送礼品要有目的性

商务活动中送礼要有恰当的理由,否则对方不会轻易接受,因为受礼人担心不能满足对方的商务要求或担心别人别有用心,这样的话,接受礼物会让自己处于被动状态。所以,如果找不到合适的送礼理由,对方是不会欣然接受你的礼品的。

一般说来,送礼的理由有以下几种:表达友情;感谢他人的宴请以及正式的招待;感谢他人帮你得到业务;祝贺他人提升;庆祝节日、纪念日等。

(二)选择礼品的原则

礼品的好坏并不完全取决于其货币价值的高低,所以选择礼品并不是越贵越好。比如欧美国家,人们在送礼方面较注重的是礼物的意义而不是其货币价值,因此,在选择馈赠礼品时不必追求礼品的贵重,有时馈赠贵重的礼品效果反而不好,对方会怀疑你此举是否想贿赂他或另有图谋。这样,不但不能加深相互间的友谊,反而会引起对方的戒备心理。但是,在亚、非、拉和中东地区,人们往往较注重礼物的货币价值,所以,在与这些国家的人们进行商务交往中,馈赠礼品不仅要投其所好、投其所需,而且还要分量足够,这样才能产生一定效果。那么什么样的礼品更容易获得对方的接受和喜爱,达到馈赠礼品的目的呢?下面介绍几个选择礼品时要遵循的原则:

1. 宣传性

在商务交往中,首先要注意礼品的宣传性,即在商务交往中所使用的礼品,意在推广宣传企业形象,并非贿赂、拉拢他人。

2. 纪念性

在商务交往中赠送礼品，无论获赠对象是集体还是个人，都要注重其纪念性。所使用的礼品并非越贵越好，而要能达到使对方记住自己，记住自己的单位、产品和服务的作用，使双方友善和睦地交往。总之，让对方记住自己是商务交往中礼品的主要功效之一。

3. 独特性

商务交往中礼品应具有独特性，要做到人无我有，人有我优。所谓"物以稀为贵"，送礼时注重的是礼品的珍贵性，而不是价格贵。

4. 时尚性

礼品不仅要与众不同，还应特别注意礼品时尚与否。总之，在商务交往中选择礼品时不能太落伍，否则会适得其反。

5. 便携性

如果客人来自异地他乡，礼品要选择不易碎、不笨重、便于携带的，否则会为对方添烦恼。

（三）忌送的礼品

不能送大额现金和有价证券，否则有收买对方之嫌。与此同时还要注意，金银珠宝也不适合送给别人。粗制滥造的物品或过季商品，有愚弄对方、滥竽充数之嫌。药品或营养品，有暗示对方身体欠佳之意。有违社会公德和法律规章的礼品，比如涉及黄、赌、毒之类的物品。带有明显广告标志和宣传用语的物品，有利用对方为自己充当广告宣传之意。有违交往对象民族习俗、宗教信仰和生活习惯的物品，有不尊重对方之嫌。另外，容易引起异性误会的物品，以珍稀动物或宠物为原材料制作的物品，涉及国家机密、行业机密的物品都不能送。

（四）不同国家的喜好与禁忌不同

在美国，可送葡萄酒或烈性酒等高雅的名牌礼物，也可以送一些具有浓厚乡土气息或精巧别致的工艺品，以满足美国人的猎奇心。

给英国人送礼要轻，可送些鲜花、小工艺品、巧克力或名酒，送礼一般在晚上。英国人普遍厌烦有送礼人单位或公司印记的礼品。

德国人喜欢价格适中、典雅别致的礼物，包装一定要尽善尽美，且不能用白色、空白或棕色的包装物。

法国人对礼物十分看重，但又有其特别的讲究。法国人最讨厌初次见面就送礼，一般在第二次见面时才送。宜选具有艺术品味和纪念意义的物品或是几枝不加捆扎的鲜花，但是不能赠送菊花，因为菊花是和葬礼相联系的。不宜选刀、剑、剪、餐具或是带有明显的广告标志的物品。男士向一般关系的女士赠送香水、红玫瑰也是不合适的。

日本人一般在第一次商务会上送礼,日本人之间互赠礼品一般在盂兰盆节或年末。他们比较注重品牌,喜欢名牌礼物和礼品的包装,但不一定要贵重。互送仪式比礼品本身更重要。送礼通常送对其本人用途不大的物品为宜。送礼者不要在礼物上刻字作画以留纪念,因为他还要将此礼品继续送出去。

到韩国人家里做客最好带些鲜花或小礼品。韩国人喜欢本地出产的东西,故你在送礼时只需备一份本国、本民族、本地区的特产即可,也可以送上印有本公司介绍的精美笔记本或办公用品。因为在朝鲜语中"四"与"死"同音被认为是不吉祥的,因此,礼物的数量也不可以是4。

阿拉伯人喜欢赠送贵重物品,也喜欢得到贵重物品,喜欢名牌和多姿多彩的礼物,不喜欢纯实用性的东西,但初次见面不能送礼给他们,否则会被认为有贿赂的嫌疑。不能送酒和绘有动物图案的礼品,不能给当事人的妻子送礼品。

在信奉基督教的国家不可以送数量为3的礼物。

朝鲜人喜欢送花,斯里兰卡人喜欢赠茶,澳大利亚、新加坡人喜欢鲜花与美酒。一般外国人喜欢中国的景泰蓝、刺绣品等。

二、赠送礼品

(一) 赠送礼品的时机

什么时候送也是有讲究的,一般要兼顾两点:一是具体时机。一般而论,赠送礼品的最佳时机是节假日,对方重要的纪念日、节庆日等。二是具体时间。不外乎进门见面时、告别离开时、宴会结束前、对方送礼后、会谈结束后、签订协议后几种情况。一般而言,当我们作为客人拜访他人时,最好在双方见面之初向对方送上礼品,而当我们作为主人接待来访者的时候,应该在客人离去的前夜或者举行告别宴会时,把礼物赠送给对方。

各国也有不同的习惯。在日本通常是第一次见面时送出;法国人则希望下次重逢时馈赠礼品;英国人多在晚餐或看完戏之后,趁尽兴时赠送礼品;我国则以在离别前赠送礼品较为自然。如果为了引起对方惊喜之情,送礼品的时间更为重要,可以在飞机即将起飞或火车即将开动之前赠送礼品。

(二) 赠送礼品的场合和包装

赠送礼品的场合,要注意公私有别。一般而言,公务交往中所赠送的礼品应该在公务场合赠送,比如办公室、写字楼、会见厅;在谈判之余,商务交往之外应在客人下榻的住所进行,而不宜在公共场合赠送。私人交往中赠送的礼品,应该在私人居所赠送。

在赠送礼仪中,包装很重要。正式场合赠送他人的礼品最好加以包装,向外籍客人赠送的礼品则必须包装,因为包装意味着重视,不加以包装有敷衍了事之嫌。把礼品精美地包装起来,是表示送礼人把送礼作为很隆重的事,以此表达对受礼人的尊敬。一般包装的价值是礼品价值的1/2。

礼品包装的要求:要使用质地较好的材料;要注意包装后的形状颜色、图案、缎带的结法,不要违反受礼人的文化背景、风俗习惯和禁忌。

三、接受礼品

(一) 接受礼品

接受他人礼品时要注意以下5点:

1. 态度大方

如果准备接受别人礼品,没必要再三推辞,心口不一。这样反而会让对方觉得你不诚恳,给对方留下不好的印象。

2. 拆启包装

接受礼品时如果条件允许,应该当面拆启礼品的包装。接受境外客人赠送的礼品时,尤其要注意这一点。在外国人看来,礼品如果带有包装而自己不打开看,就等于怠慢对方,不重视对方所赠送的礼品。

3. 欣赏礼品

接受别人的礼品之后不仅要打开看,而且要适当地加以欣赏。不管喜欢与否,收到礼品时都应该露出高兴的神情,这是对对方的尊重。

4. 表示谢意

接受礼品时,口中要道谢。接受贵重礼品后,还需要打电话或者写信再次向对方道谢。

5. 有来有往

在接受礼品后,切莫忘记"有来有往",可以挑选适当时机,回赠对方适当的礼品。礼品的性质与档次,大体可与对方的礼品相近。除了当场向对方表示道谢之外,事后应再度表达谢意。常规做法是在一周内以致信、发电子邮件或打电话的方式,提及自己很喜欢对方所赠送的礼品。

(二) 拒收礼品

在商务交往中,有时万不得已必须拒绝别人的礼品,可以有礼貌地婉转地拒绝或将礼品退回,原因可能是因为礼品的价格超过了公司规定的限度,或者是由于你不便接受那个礼品。拒收礼品时一定要解释说明拒绝的原因,然后要表达谢意,即便是拒绝了对方的礼品,也要感谢对方的好意。

案例分析

小王进入新单位以后,一直非常苦恼,看着别人和朋友、同事之间说笑嬉戏,很是羡慕,他不明白为什么朋友们都好像躲着自己,不喜欢和自己多说几句话?有一天,负责指导小王工作的李师傅把小王叫进办公室,对小王说了一番话,语重心长地指出了小王在社交礼仪方面的几点不足,其中包括问候礼仪,使小王豁然开朗。

原来,小王喜欢和别人开玩笑,对还不是很熟悉的同事,也经常口无遮拦。有一次见了同事小赵,第一句话就问:"哥们儿,最近又交往什么女孩子吧?还是原来那个女朋友吗?"弄得小赵的脸当时就变了颜色。还有一次,小王在街上遇到一个几年未见的大学女老师和她的几个朋友正在说话,小王热情地走上前对老师说:"您是韩老师吧?您不记得我了?"韩老师一时想不起来,很是尴尬,小王笑哈哈地说:"老师真是贵人多忘事啊!都不记得我这个学生了,真是让人伤心啊!"本以为开玩笑的话能让老师喜欢,没想到老师和自己寒暄几句后就匆匆离去了。

思考:
小王在社交礼仪上存在哪些问题?

本章小结

商务场合的社交礼仪是每个商务人士都应该掌握的基本规范。本章着重介绍了商务活动中见面行礼、称呼、名片的使用、邀请与拜访、聚会与馈赠礼品等方面的礼仪常规,对商务人士进行商务活动提供了一定依据。但这些常规礼仪受到很多因素的影响,因此,在具体运用时应该坚持具体问题具体分析的原则。

模拟实训

实训目的
让学生了解并掌握商务人际交往中的交谈礼仪。

实训场地
教室。

实训任务及方式
任务描述:方先生是某公司总经理,应邀参加一个交谊舞会,他应该如何与他人展开交谈?在交谈中应该注意什么问题?

方式:

(1) 舞会场景为教室。

(2) 由教师把全班同学分为6人一组。

(3) 由各小组学生自己确定角色:总经理方先生,舞会主持人,某公司总经理赵先生,某公司副总经理孙女士,某公司总监王先生,某公司部门经理李女士,然后分小组进行小组展示。

(4) 每小组展示6~10分钟。

实训评价

1. 各小组结束后,由教师进行分组点评。
2. 全部小组结束后,由教师进行综合点评。

思考

1. 商务场合的见面行礼礼仪包括哪些内容?
2. 商务场合介绍他人时的顺序是什么?
3. 商务场合称呼的习惯与禁忌是什么?
4. 如何设计一张名片?名片应包含哪些内容?
5. 邀请的方式有哪些?
6. 拜访时要遵守哪些礼仪?
7. 舞会礼仪包括哪些内容?应注意的问题是什么?
8. 利用教室或相应场地,分组进行正确的介绍、握手、递送名片等模拟训练。

第八章　商务通信联络礼仪

☞ 学习目标

1. 了解商务通信礼仪的基本概念、基础知识和基本理论。
2. 基本掌握商务通信礼仪需注意的事项和内容。
3. 具备运用所学商务通信礼仪原理、方法与人沟通的能力。

☞ 情境导入

新加坡利达公司销售部文员刘小姐要结婚了,为了不影响公司的工作,在征得上司的同意后,她请自己最好的朋友陈小姐暂时代理她的工作,时间为一个月。陈小姐大专刚毕业,比较单纯,刘小姐把工作交代给她,并鼓励她努力干,准备在蜜月回来后推荐陈小姐顶替自己。某一天,经理外出了,陈小姐正在公司打字,电话铃响了,陈小姐与来电者的对话如下:

来电者:"是利达公司吗?"

陈小姐:"是。"

来电者:"你们经理在吗?"

陈小姐:"不在。"

来电者:"你们是生产塑胶手套的吗?"

陈小姐:"是。"

来电者:"你们的塑胶手套多少钱一打?""1.6美元一打行不行?"

陈小姐:"不行的。"

说完,"啪"一声挂断了电话。

上司回来后,陈小姐也没有把来电的事告知上司。过了一个星期,上司提起他刚谈成一笔大生意,以1.4美元一打卖出了塑胶手套,并且对方订了1100万打。陈小姐脱口而出:"啊,上星期有人问1.6美元一打行不行,我说不行的。"上司当即脸色一变说:"你被解雇了。"

思考:

陈小姐为什么会被解雇了?

第一节 电话礼仪

随着科学技术的发展和个人生活水平的提高,电话成为社会生活中最普及的信息传递工具之一,也是人们使用最频繁的通信工具,是同外界传递信息、维持联络进而开展工作的一种最常用的手段。有一位科学家曾经说:"一个不会正确地利用电话的人,很难说他是一个符合现代社会需要的人。至少,他算不上是一个具有现代意识的人。"看起来打电话很容易,只是对着话筒与对方交谈,似乎和当面交谈一样。其实不然,电话联络不仅有一般口头语言的礼仪要求,还有其独特的礼仪要求。电话礼仪,就是指通话者在通话过程中为留给通话对象及其他在场者良好印象所应注意的礼仪。

一、电话的一般礼仪

(一)第一声最重要

面对面的交谈,表情、手势可以帮助我们表达思想、情感。可是通过电话交谈只有靠语言了,不可能用微笑或眼睛中的神采弥补声音中的缺陷,在电话中,声音是表情达意的唯一信使。既然在电话中只能依赖谈吐,那就应该让它表现出最佳状态。因此,在电话中说话特别要讲究艺术,要让电波传递美好的形象,让情感在不经意间得以交流,愉快地将事情办成。

(二)选择适当的时间

一般的公务电话最好避开临近下班的时间,因为这时对方往往急于下班,很可能得不到满意的答复。公务电话应尽量打到对方单位,若确有必要往对方家里打时应注意避开吃饭或睡觉时间。具体要注意以下几点:

(1) 尽量避免在早晨上班前往私人住所打电话;
(2) 尽量避免21点以后(除非对方同意)往私人住所打电话;
(3) 晚餐时间避免打电话;
(4) 因公务需要打往私人住宅的电话,要长话短说,力求简洁;
(5) 晚上打电话谈公务应先征求对方同意。

(三)保持正确的姿态

不要以为姿态无所谓,对方反正看不见。实际上,姿态影响心情,一个坐得懒懒散散、松松垮垮的人,他能有一个好心情接听电话吗?

(四)要重视通话时的吐字、声调

声音清晰、悦耳、吐字清楚、干练是电话礼仪的又一要务。电话里是无法用体态语言、文字书面语言表达意思的,发音标准、口齿清晰才能将意思清楚地表达给对方。一般来说,应正对着话筒,咬字要清楚,一个字一个字地说。一些关键字,如姓名、联系电话、报价、数目、时间、日期、号码和地点,要特别注意,最好能重复一遍,确认对方已经完全听清楚了为止。吐字不清会导致错误出现,影响事情的办理。

声调既能传递感情,又能帮助词语表达,便于对方准确理解。如"你吃饭了吗"这句话,如重音放在"你"上,那就是对"你"的一种特别关心,它的潜台词就是"我只在乎你怎么样了,别人我才不管呢";如重音放在"吃饭"上,那就表示要确认"吃了没有",潜台词变成了"如果你没吃,我会担心的"。

我们在接听电话时,要把握好自己的声音,音量要适中,音调要恰到好处。有的人一拿起电话,就像生怕对方听不见似的,操起高八度的嗓门大喊大叫,使对方觉得好似公鸡在叫。其实,他不知道对方早已将听筒离开耳朵几十厘米,不然耳膜都会被震坏。而有的人一拿起电话又好像在说联络暗号,生怕被别人听见似的,将声音压得又小又低或含混不清。总会令人不断地追问:"你说的是什么?请再说一遍!"这样的次数多了,肯定会引起对方的厌烦。

另外,许多人忽略了声音通过电话会稍微有所改变,即使最好的电话机也还不能够把你的"原声"传递给对方。因此,在电话中谈话时,不能完全按照平时说话的习惯,要用一种特殊的适合打电话的节奏与速度。你的音量也要加以调整,太轻、太重都会使对方听起来不清晰。

(五) 耐心礼貌

无论打电话还是接电话,总会遇到一些有情绪、有抱怨或者缺少文化修养的人,这时要控制好自己的情绪,礼貌地回答或请他转告一些必要的问题和事情,切忌受他的感染,自己也变得烦躁起来,甚至失去控制,在电话里和对方"打架"。记住,当你拿起话筒的时候,你就代表整个组织的形象!

(六) 挂电话的礼貌

要结束电话交谈时,一般应当由主叫方提出,然后彼此客气地道别,说一声"再见",并轻轻放下电话,不可只管自己讲完就挂断电话。

(七) 使工作顺利的电话术

(1) 迟到、请假由自己打电话。

(2) 外出办事,随时与单位保持联系。

(3) 外出办事应及时告知去处及电话。

(4) 延误拜访时间应事先与对方联络。

(5) 用传真机传送文件后,以电话联络确认。

（6）同事家中电话不要轻易告诉别人。

（7）办公期间忌打私人电话，如果是紧急情况，电话也须尽量简短。

（8）借用别的单位的电话应注意：不要超过10分钟。遇特殊情况，非得长时间接打电话时，应先征求对方的同意和谅解。

二、拨打电话的礼仪

（一）通话的准备

任何形式的人际交流能否取得最后的成功，往往取决于交流各方是否在交流前作了充分的准备，接打电话也是如此。只有在通话前作好充分的准备，才能使通话得以顺利进行，观点得以准确阐明，信息得以及时传递，分歧得以有效消减。

1. 内容准备

在拨打电话之前，首先必须明了自己所要找的受话人的一般情况，包括受话人姓名、性别、职务、年龄等以免尴尬，同时须明确受话人的电话号码，仔细核实、谨慎拨打。更为重要的是，在通话前应当对自己所要传达的信息和阐述的要点有明确的把握。最佳办法是事先把这些内容写在便笺上，预备一个条理清晰的提纲。这样，电话一通，就可以依照提纲有条不紊地进行阐述了，不至于遗漏要点或者语无伦次，甚至因一时想不起来该说什么而尴尬地僵住。

2. 仪态准备

一般情况下，不论是拨打电话还是接听电话，都必须全神贯注。应当注意的是，通话虽然只是一个"只闻其声，不见其人"的交流过程，但通话人的神情举止完全可以通过声音的变化被对方清晰地洞察。通话人可以根据声音判断对方是全神贯注还是心不在焉，是和蔼可亲还是麻木呆板，进而推断对方对自己尊重与否，从而微妙地影响交流的进程与效果。

（二）拨打电话的时间

当商务人员准备拨打电话时，率先考虑的问题共有三个：这个电话该不该打？何时拨打通话为最佳？通话的时间该有多久？只有考虑到了这些问题，通话的效果才会事半功倍。

1. 是否拨打通话

通常来讲，在需要通报信息、祝贺问候、联系约会、表示感谢等的时候，都有必要利用一下电话。而毫无意义、毫无内容的"没话找话"式的电话，则最好不要打。即使非常想打电话聊聊天，也要两相情愿，要先得到对方同意，并选择适当的时间。

2. 何时拨打通话

按照惯例,通话的最佳时间有两个,一是双方预先约定的时间,二是对方方便的时间。

一般来说,若是利用电话谈公事,尽量在受话人上班10分钟以后或下班10分钟以前拨打,这时对方可以比较从容地应答,不会有匆忙之感。除有要事必须立即通告外,不要在他人休息的时间拨打电话,例如,每日上午7点之前、晚上22点之后以及午休的时间。另外,在用餐之时拨打电话也不合适。

拨打公务电话,尽量要公事公办,不要有闲言碎语,也不能占用他人的私人时间,尤其是节假日时间去麻烦对方。如果在对方节假日用餐、睡觉时,万不得已打电话影响了别人,不仅要讲清楚原因,而且千万不要忘记说一声"对不起"。另外,有意识地避开对方的通话高峰时间、业务繁忙时间、生理厌倦时间,打电话的效果会更好。

给海外人士打电话,先要了解一下时差,不要不分昼夜,骚扰他人。例如,笔者的一位朋友从美国打来电话,深夜之中我被铃声叫醒,问他有什么急事,他说想和我聊聊。他那里是中午,而我的甜梦却被这子夜的铃声打断了,有点令人啼笑皆非。

3. 通话时间长短

在一般情况下,每一次通话的时间长短应有所控制,基本的要求是:以短为佳,宁短勿长。

在电话礼仪里,有一条"3分钟原则"。实际上,它就是"以短为佳,宁短勿长"基本要求的具体体现。它的意思是:在打电话时,发话人应当自觉地、有意识地将每次通话的时间限定在3分钟之内,尽量不要超过这一限定。有的人打电话,与电话那边的朋友天南海北地侃,所谈又尽是一些零碎之事,使受话人感到十分厌烦。

(三) 简明扼要

在通话时,发话人讲话务必求真务实,不求虚假客套。问候完毕,即开宗明义,直入主题,少讲空话,不说废话。绝不可啰嗦不止、节外生枝、无话找话、短话长说。在通话时,最忌发话人讲话吞吞吐吐、含混不清、东拉西扯,一厢情愿地逼通话对象和自己"煲电话粥"。

使用公共电话而身后有人排队时,一定要自觉主动地尽快终止通话。切勿表演欲望顿生,当众发嗲撒娇,大演爱情戏剧,或是故意拖延时间,与排队者作对。

向对方发出邀请或通知时,应把话说得简单、明确又符合礼仪规范。比如说:"王蓉小姐,本星期六本公司将举行鸡尾酒会,如果您能光临,我们将非常高兴。"避免说:"本星期六,你干什么?有空吗?有空请光临本公司举行的鸡尾酒会。"

（四）注意礼貌

1. 态度文明

拨打电话时,除语言要"达标"外,在态度方面也不可草率。要沉住气,耐心等待对方接电话。一般而言,至少应等铃声响过6遍,或是大约半分钟时间,确信对方无人接听后才可以挂断电话。切勿急不可待,铃响未过3遍就断定对方无人接听而挂断电话;也不可响两三下后就挂断重拨,如此循环往复,似与对方"捉迷藏"让人把握不定。

（1）发话人在通话时,对于受话人,即使是对下级,也不要厉声呵斥,态度粗暴无理;即使是对领导,也不要低三下四,阿谀奉承,因为那些毫无必要。

（2）电话若需要总机接转,勿忘对总机的接线员(也称"话务员")问候一声,并且还要加上:"谢谢"。另外,"请""麻烦""劳驾"之类的词,该用的也一定要用。

（3）如果要找的人不在,需要接听电话之人代找或代为转告、留言时,态度同样要文明有礼,乃至要更加客气。

（4）通话时电话忽然中断,依礼节需由发话人立即再拨,并说明通话中断是线路故障所致。万不可不了了之,或等受话人一方打来电话,以免对方生疑,以为是打电话者不高兴挂断的。

（5）一旦自己拨错了电话,不要对被你打扰的人发出不悦的声音,"啪"地挂掉电话。切记要对无端被打扰的对方友善地表示歉意,你应该说:"非常抱歉,我拨错电话了,请您不要见怪。"不能连"回音"都不给,就把电话挂断了事。

（6）挂断电话时,应双手轻放,不要末了再给对方的听觉以"致命一击"。

2. 语言文明

使用电话的过程实质上是用语言进行交流的过程,语言是信息传递的载体,因此语言的使用是电话礼仪中的一项重要内容。用语是否礼貌,是对通话对象尊重与否的直接体现,也是个人修养高低的直观表露。要做到用语礼貌,就应当在通话过程中较多地使用敬语、谦语。在通话过程中,通话人不能使用"脏、乱、差"的语言,应当根据具体情况适时选择运用"谢谢""请""对不起"一类礼貌用语。须铭记,三句话非讲不可,它们被称为"电话基本文明用语",即:

（1）在通话之初,要向受话人恭恭敬敬地道一声"您好!"然后方可再言其他。切勿一上来就"喂"对方,或是开口便讲自己的事情。

(2)在问候对方后,接下来须自报家门,以便对方明确来者何人。这里有四种模式可以借鉴:第一种,报本人的全名;第二种,报本人所在单位;第三种,报本人所在单位和全名,说"你好!我是××公司的××,请问……"第四种,报本人所在单位、全名以及职务,即在某某后加上你的职务,便于对方理解和适应场合对话。其中,第一种模式适于日常的私人交往,后三种多用于公务交往,第四种则最为正规。

如果发现自己拨错了电话,应当诚恳地向对方致歉,不可一声不吭立即挂断电话,更不可怨天尤人,说诸如"倒霉""见鬼"一类的话。如果因线路问题或其他客观原因而导致通话中断,则应由发话人迅速重拨一遍,不可让对方久等,并向其解释、致歉;受话人也应守候在电话旁,不宜转做他事,甚至抱怨对方。

通话时语气的把握至关重要,因为它直接反映着通话人的办事态度。语气温和、亲切、自然,往往会使对方对自己心生好感,从而有助于交往的进行;语气生硬傲慢,拿腔拿调,则无助于工作的顺利开展。为确保信息的准确传递,通话人在通话过程中应当力求发音清晰、咬字准确、音量适中、语速平缓。如果自己说话带有口音,或觉察到对方听着较困难,就应有意识地调整语速和音量;如果由于种种原因听不太清对方的话,则应委婉地告诉对方:"对不起,我们这边线路有点问题,我听不清楚您的声音,请大点声好吗?"对方调整过来后再向对方致谢,切不可抱怨对方。

通话过程中,为了不影响他人的正常工作,通话双方都应对自己的说话音量和方式加以控制。既不可大声嚷嚷、高声谈笑,或者一惊一乍、时高时低,从而打断他人工作思路,也不可窃窃私语、鬼鬼祟祟,无端吸引他人注意。除了用语要文雅外,通话人的举止亦应保持文雅。话筒要轻拿轻放,不宜用力摔挂。通话时应避免过分夸张的肢体动作,以防带来嘈杂之声。

在终止通话前,发话人可主动征求对方意见,如:"就谈到这里,好吗?"并主动说一声:"再见!"如果少了这句礼貌用语,就会使终止通话显得有些突兀,并使自己有礼始而无礼终。那同样会使对方受到伤害和感到不解;通话结束后要等对方说完放下话筒,再挂电话。

3. 举止文明

发话人在通话时,在举止方面应对自己有所要求。如果一个主管并非担任高级职务,应该自己拨电话。一个年轻的主管,请秘书打电话给上层领导或老领导,就犯了不敬的错误。在工作中,由秘书打电话给对方,然后让对方等待自己来接听,这会使对方心生不悦;如果不得已由秘书拨号,也应当在旁等候电话接通,而不应该另干其他的事情,让对方傻等着,那样容易给人以摆架子的感觉。

在打电话时,无论如何,都不要在通话时把话筒夹在脖子下,抱着电话机随意走动或是趴着、仰着、坐在桌角上,或是高架双腿与人通话。按号时,不要以笔代手。边打电话边吃东西,也是不礼貌的。

在讲话时,嘴部与话筒之间应该保持3厘米左右的距离。这样就不会使对方在接听电话时因话音过高或过低而感到"难过"了。

终止通话,放下话筒时,轻轻一搁即可,不要随便一扔,令对方感到"轰隆"一声,震耳欲聋,更不能摔打话筒、话机。

通话"半途而废"或连续拨号对方一再占线时,要表现出应有的耐心。不要骂骂咧咧,或是采取粗暴的举动,甚至拿电话机撒气。

三、接听电话的礼仪

根据礼仪规范,受话人接听电话时,由于具体情况有所不同,需要分为程序要求、语调要求、代接电话要求和待机稍候要求几个方面,以下对其分别讲述:

(一)程序要求

1. 接听及时

电话铃一旦响起,应立即停止自己所做之事,尽快予以接听。接听电话是否及时,反映了一个人待人接物的态度。最好不要让铃声响过5遍。电话铃响一声大约3秒钟,若长时间让对方久等是不礼貌的。

如有可能,在电话铃响之后,应亲自接听,不要让别人代劳,尤其不要让小孩代接电话。即使电话离自己很远,听到电话铃声后,也应该以最快的速度拿起听筒。如果电话铃响了5遍才拿起电话,应该先向对方道歉;如果电话响了许久,甚至连打几次之后,才去接电话,会给对方留下恶劣的印象。不过,铃声才响过一次就拿起电话也显得操之过急。有时,还会使对方因没反应过来而大吃一惊。

在日常生活和工作中,应该本着实在、及时的原则,正常情况下,不允许不接听他人打来的电话,尤其是如约而来的电话,因为这涉及一个人的诚信问题。

2. 应对谦和

接电话时,受话人应努力使自己的所作所为合乎礼仪。特别重要的是要注意下列三点:

(1)拿起话筒后,即应自报家门:"你好,这里是……"无论在家中还是在公司,自报家门和发话问好,一是出于礼貌;二是说明有人正在认真接听。

(2)在通话时,即使有急事,也要力求聚精会神地接听电话,不允许三心二意、心不在焉，或者把话筒置于一旁，任其自言自语。如果你在接电话时不得不中止电话去查阅一些资料，应当动作迅速。可以有礼貌地向对方说："您是稍候片刻，还是过一会儿我再给您打过去？"让对方等候时，可以按下等候键。如果电话没有等候键，就把话筒轻轻地放在桌子上。如果查阅资料的时间超过所预料的时间，可以每隔一会儿拿起电话向对方说明进展，如："××先生，我已经快替您找完了，请您再稍候片刻。"当你查找完毕，重新拿起电话时可以说："对不起，让您久等了。"以引起对方的注意。这样的方式通常对方都可以接受。

在通话过程中，对发话人的态度应当谦恭友好。特别是当对方身份较低或有求于己时，更应表现得谦和有礼。

（3）当通话终止时，可询问对方"还有什么事情吗""还有什么要求"之类的客套话，这既是尊重对方，也是提醒对方。然后让对方自己结束电话，同时不要忘记向发话人道"再见"。即使发话人忽视了首先向受话人说"再见"的礼节，你也不能以"无礼"还之以"无礼"。一般在对方放下电话之后，再轻轻放下电话。后挂轻放是礼貌、尊重对方的做法。

当通话因故中断，要等候对方再拨进来，不要扬长而去，也不要为此而责怪对方，正确的做法是让谈话正常进行，而且要自然。

3. 主次分明

就在电话铃声响起的瞬间，即以电话交谈为当时活动的中心，绝不应当不明主次，随意分心。

接听电话时，不要与人交谈，不要看文件、看电视、听广播、吃东西。千万不要对发话人表示对方的电话"来得不是时候"。万一在会晤重要客人或举行会议期间有人打来电话，而此刻的确不宜与其深谈，可向其说明原因，表示歉意，并再约一个具体时间，届时再由自己主动打电话过去。若对方是长途的话，尤须注意别让对方再打过来。约好时间，即须牢记并遵守。在下次通话时，还要再次向对方致以歉意。

（二）语调要求

用清晰而愉快的语调接电话能显示出说话人的职业风度及可亲的性格。

若要保持平和的语调，答话前可先做一次深呼吸，就能使自己很冷静且反应正常。此外，说话应清晰，要注意措辞。说话时要面带微笑，使声音听起来更有热情。不妨在电话机旁放面镜子，以随时提醒自己。

语调要平稳安详，不可时而细语似水，时而声音高亢，更不能时而悲泣难抑，时而狂笑不止，这都是一个人不懂得自控自制的表现。

如果在通话时想打喷嚏或咳嗽，应转头，掩住话筒，并说声"对不起"，千万不要一边谈话一边嚼口香糖或喝茶水之类。

另外要注意,不要使房间里的背景声音干扰电话交谈。比如隔壁的办公室正在装修,电钻正发出刺耳的噪声,应先向对方解释原因,以求理解,并对由此带来的不便表示歉意。

说话是人际交往的一个主要内容,电话中说话更有较多的礼数,若做不好,就会影响接听电话的质量。因此,从语调入手,改善自己的应答习惯,相信对自己的电话礼节乃至整个人际关系都大有帮助。

(三)代接电话要求

在日常生活中,遇到家里人、公司同事或者上司不在场,而有人打电话来找他们,代替他们接电话乃是人之常情。但是替他人接电话,需要有某些前提条件:其一,来电要找的人不在现场;其二,来电要找的人虽在现场,但却因故不能分身,是他授意自己出面代替他接电话的。

为家里人、公司同事及领导代接、代转电话,可以说这已经成为一个普遍性、经常性的活动。代接、代转电话时,尤其需要注意礼尚往来、尊重隐私、记忆准确、传达及时和注意方式五个方面的问题。

1. 礼尚往来

同事、家人之间互相代接电话,本是互利互助之事,连电话都懒得代接的人,在现实生活和工作中是难以取信于人的。所以,代接电话要讲究礼尚往来,有来有往,也是做人的基本准则之一。

2. 尊重隐私

接听寻找他人的电话时,先要弄明白"对方是谁""现在找谁"这两个问题。若对方不愿讲第一个问题,可不必勉强。若对方要找的人不在,首先以实相告,千万不要热心过度,先问上一大堆问题。比如:"你找他有什么事情?""公事还是私事?""我怎么没听说过你?"询问对方与其所找人之间的关系,以及"打破砂锅问到底",然后才告诉对方要找的人不在。这样做的后果极为恶劣,会使对方感到自己要找的人就在电话旁边,只不过装作不在而已。比较得体的做法应是在告诉对方要找的人不在之后,客气地告诉对方自己与前者是何关系以及自己叫什么名字,然后再询问对方:"您是否需要我帮忙?"若对方说:"我是某某的朋友,以后再打电话来吧",此刻就没有必要让人家留下姓名和电话号码了。

当别人通话时,要根据实际情况,或是埋头做自己的事,或是自觉走开,千万不可故意侧耳"旁听"。更不要没事找事,主动插嘴,这种"参与意识"是要不得的。

3. 记忆准确

对发话人要求转达的具体内容,应取过纸笔当场记下来。在对方讲完之后,还应略微把要点重复一下,以验证自己的记录是否足够准确,免得误事。因为一旦代为转达,就要尽到责任。记录他人电话,应包括通话者单位、姓名、联系方式、通话时间、通话要点、是否要求回电话、回电话时间等几项基本内容。

4. 传达及时

来电要找的人回来后,应立即转达来电人和来电内容或者转交记录内容,以免误人大事。

不到万不得已时,不要把代人转达的内容,再托第二人代为转告。否则,一是可能使转达内容大变样;二是难保不会耽误时间。

5. 注意方式

若来电要找的人就在不远处,应先对来电话的人说一声:"请您稍候,我立刻请他来听电话。"叫人的时候不要放声大喊要找的人的姓名,搞得人人皆知。

奉上司指示拦截电话时,说话要委婉谦和。"刘总经理不在办公室,您有什么事情需要转告吗?"或者"刘总经理不在办公室,我能告诉他是谁给他来了电话吗?"等等,都是标准的应对语言。

秘书替主管代接电话很普遍,这时沟通以至心灵上的默契很重要。如果秘书和其主管在接电话前,完全沟通清楚,必能省下许多洽询琐事的时间。例如,在秘书把电话转接主管之前,她要问发话人一些问题。这是必然的,也是对主管负责的表现。

(四)待机稍候要求

记住一点很重要:请与秘书合作。有些人特别以自我为中心,只肯跟主管说话,没有耐心与秘书交流。其实与公司主管打交道的最聪明的方式,就是通过他的秘书留下实质的信息,让其知道某些隐含的内容,通过秘书把难以和主管直接讲的部分传达给公司主管。

为此,指导你的秘书学习代接电话的基本礼仪是十分必要的。

(1)不断强调你很重视接电话的礼节,让她不敢忘记。

(2)叫她不要过滤掉太多电话,好像你拒人于千里之外。以下的问题都可以请她转给你:"贵公司做哪方面生意?""您在公司的职位是……""您上回和××先生通话是什么时候?"

(3)身为上司,你应该给秘书一些资料,包括:一份"立刻转接"的电话清单,包括你的家人、朋友、老师。一份次重要人士清单,若有时间你就会和他们说话。一份"绝勿转接"的电话清单。

(4)告诉秘书,请人等电话转接时不要超过 15 秒。如果超过 15 秒,请她跟对方说你待会儿回电。

四、使用手机注意事项

(一)使用手机要注意场合

开启手机时,应注意周围有无禁止无线电发射的标志。

参加宴会或与他人一起进餐时,不能对着餐桌打电话,要离开餐桌。如果是茶话会,或者不方便离开餐桌,则要侧转身体,用于遮挡一下,防止唾沫溅到饭菜上。

如果正在开会、会见或上课,使用手机会影响和分散他人注意力。此时,应将手机关闭或置于振动状态。这样既显示出对别人的尊重,又不会打断说话者的思路。在会场上铃声不断,并不能说明你"业务忙",反而会给人一种三心二意、缺少修养、不尊重对方的感觉。如需拨打手机,应去室外;如有电话呼入,应闪断,走出室外再拨过去;不方便接听电话时,可以轻声告诉对方:"对不起,正有事,稍后给你回电话",事后则一定要主动给对方打电话。在上班期间,尤其是办公室、车间里,因私事使用手机,会显得自己做事不专心。

(二)注意通话方式

在人员较多的场合使用手机时应尽量压低嗓门,保证对方能听清楚即可;尽量少用"体势语";通话时间不宜过长,应该简洁、明了;应侧身通话,降低音调,让干扰降至最低。

第二节 传 真

在商务交往中,需要将某些重要的文件、资料、图表即刻送达身在异地的交往对象手中。传统的邮寄书信的联络方式,已难以满足这一方面的需求。在此背景之下,传真应运而生,并且迅速走红于商界。

传真又叫传真电报。它是利用光电效应,通过安装在普通电话网络上的传真机,对外发送或是接收外来的文件、书信、资料、图表、照片等的一种现代化的通信联络方式。现在,在国内外的商务交往中,传真机早已成为不可或缺的沟通设备之一。

传真通信的主要优点是,操作简便,传送速度迅速,可以将包括一切复杂图案在内的真迹传送出去;缺点主要是发送的自动性能较差,需要专人在旁边进行操作，有时难以确保清晰度。

商界人士在利用传真对外通信联络时，必须注意下述三个方面的礼仪问题：

一、必须合法使用

我国有关法规规定：任何单位或个人在使用自备的传真设备时，均须严格按照电信部门的有关要求，认真履行必要的使用手续，否则即为非法之举。

（1）安装、使用传真设备前，须经电信部门许可，并办理相关的一切手续，不准私自安装、使用传真设备。

（2）安装、使用传真设备，必须配有经电信部门正式颁发的批文和进网许可证。如欲安装、使用自国外直接带入的传真设备，必须首先前往国家所指定的部门进行登记和检测，然后方可到电信部门办理使用手续。

（3）在使用自备的传真设备期间，按照规定，每个月都必须到电信部门交纳使用费用。

二、必须规范使用

使用传真设备通信，必须在具体的操作上力求标准规范。不然，也会令其效果受到一定程度的影响。发送传真时，本人或本单位所用的传真机号码，应被正确无误地告之自己重要的交往对象。一般而言，在商用名片上，传真号码是必不可少的一项重要内容。对于主要交往对象的传真号码，必须认真记好。

使用传真设备通信，必须在具体的操作上力求标准而规范。不然，也会令其效果受到一定程度的影响。

（1）明确传真的有关信息，即正式的传真必须有封面，封面上应注明传送者与接受者双方的公司名称、人员姓名、日期、总页数等。

（2）发送传真时，必须按规定操作，并以提高清晰度为要旨。最好先用电话向对方通报一下，以便对方能及时收到。这样做既提醒了对方，又不至于发错传真；同时，也要注意其内容简明扼要，以节省费用。

（3）单位所使用的传真设备，应当安排专人负责。无人在场而又有必要时，应使之处于自动接收状态。为了不影响工作，单位的传真机尽量不要同办公电话采用同一条线路。

三、必须依礼使用

商界人员在使用传真时，必须牢记维护个人和所在单位的形象问题，处处不失礼数。

(1) 在发送传真时,在语气和行文风格上,应做到清楚、简洁、礼貌。一般不可缺少必要的问候语与致谢语。发送文件、书信、资料时,更是要谨记这一条。

(2) 出差在外,有必要使用公众传真设备,即付费使用电信部门设立在营业所内的传真机时,除了要办好手续、防止泄密之外,对于工作人员也须以礼相待。

(3) 在使用传真设备时,最看重的是它的时效性。因此,在收到他人的传真后,应当在第一时间内告知对方,以免对方挂念。需要办理或转交、转送他人发来的传真时,千万不可拖延时间,耽误对方的要事。

第三节 电子邮件

电子邮件就是我们通常所说的 E-mail。在英语中,mail 是邮件的意思,而 E 则是"电子"一词 Electronic 的缩写。在现代商务中,E 意味着"高效率的"(efficient)、"有魄力的"(enterprising) 和"基本的"(essential)。在中文中,电子邮件被亲切地称作"伊妹儿",被当作一位讨人喜欢的"小妹妹"。

电子邮件是在传统邮件的基础上衍生出来的网络应用,是运用互联网络向交往对象发出的一种电子信件。通过电子邮件可以实现极为迅速的远距离通信,可以用来传送个人的信息,或者向您的亲戚朋友致以问候,甚至可以用来传送语音、图像、视频等多媒体文件,为电子商务服务。使用电子邮件进行对外联络,不仅方便快捷,不受篇幅限制,特别是对远距离的国际通信交流和大量的信息交流,优势更是明显。不论距离远近,完成整个过程只需要几分钟,价格也比普通的国际邮件便宜得多,可以降低通信费用。另外,电子邮件还有一个显著的优点,就是无论身在何处,只要手头有一台连通网络的电脑,就能随时随地收取、发送电子邮件。因此,使用者越来越多。

一、认真撰写

向他人发送的电子邮件,一定要精心构思,认真撰写。若是随想随写,既不尊重对方,也不尊重自己。在撰写电子邮件时,必须注意以下四点:

1. 主题要明确

每一封信应有一个标题,每一标题应有明确的内容,以便收信人可以很快把握住信的内容,便于管理。标题的内容不要太长,要言简意赅,回信与标题若不符,内容应该加以修改或是改另一新的标题,方便自己、也方便别人整理信件，也避免从头到尾都是"Re"的枯燥格式。各类电子邮件的回信格式通常都可由用户重新设置。一个电子邮件，大都只有一个主题，并且往往需要在主题栏中注明。若是将其归纳得当，收件人见到它便对整个电子邮件一目了然。

2. 语言要流畅、礼貌

电子邮件要便于阅读，语言应该流畅。尽量别写生僻字、异体字。引用数据、资料时，最好标明出处，以便收件人核对。

不要使用不文明的用语，别忘了多使用"请""对不起""谢谢"这类词语。写信时要注重基本的礼貌，要注意措辞，不要用脏话。对别人意见的评论必须谨慎而客观。

电子邮件已成为一种沟通的方式。但它无法表达某些特定的信息，如身体语言及脸上的表情。为了弥补这个缺陷，很多网络使用者喜欢在他们的信件中加上表示"微笑"的符号，这个微笑可以是一张脸、一幅图，或是一张由键盘上字元所组合成的脸。最常见的微笑符号包含：":"表示眼睛、"-"表示鼻子、")"表示嘴巴。把它们组合在一起，然后把头倾向左边看":-)"就成为一个笑脸！由此得知，一个代表微笑的"单字"已经组成。

3. 内容要简洁

网上的时间极为宝贵，要表达的内容尽量简单扼要，条理分明，避免长篇大论。信件内容应尽可能简短。若是单纯询问他人问题，则尽可能简单到可以表示出该问题即可。但也不可简短到无法让人了解您的问题。打字应该正确，寄出之际应检查一下。尽可能长话短说并直指重点，每行字数不宜太长，一般75个字或是更短、更容易阅读。可使用大写字母强调重点或区别标题。要善用邮件主旨，每一封信尽可能针对一个主旨。将主题于主旨内简要说明，最好不要超过15个字，以便让对方一目了然。

4. 格式规范

电子邮件和平常的书信一样，称谓、敬语、签名均不可少。如果软件允许将自己的名字附在每一封信件上，则应该把自己的名字附上去。最好中文与英文同时写，因为某些邮件服务器会将中文字转码，如将"张三"转成"San Zhang"。如果软件没有提供上述功能，则应在地址处附加真实名字，如 Alice@263.net（张三）。应该尽可能使用真实姓名，若只使用英文，应该尽可能将中文姓名加入英文姓名中，因为很多人的英文名字都一样。如 Alice San Zhang，这样亦可方便接信者管理信件。不要取不雅的名字。另外，对不同的收信对象可能会有不同的署名，但无论如何要在信件最后署名，以表示对对方的尊重。

电子邮件正文栏不能空白，这样不仅不礼貌，还容易被收件人当作垃圾邮件删除。重要的邮件可发送两次,以确保发送成功。发送完毕,可用电话或手机短信告知收件人。使用电子邮件时应特别注意以下两个问题:

(1) 不应该在邮件里传送大型的文件(超过几百兆容量),所贴的附件尽量不要太大,如果实在没办法,事先应写信通知对方;贴附件时,在正文里应对附件加以一定的说明。

(2) 不要直接传送非文本模式的文件,以免造成因传送失败而浪费网络资源。

在邮件寄出前,最好从头到尾先检查一遍,有没有语法错误、语意不通或是错别字的地方,电子邮件代表一个人的知识水平和文化修养,如果发出去的邮件错误百出或不规范,会给人以粗心、不礼貌和没修养的感觉。尤其是写给上司和客户的邮件,更要特别注意。

二、避免滥用

在信息社会,任何人的时间都是无比珍贵的。对商务人员来讲,这一点就显得更加重要。有人说:"在商务交往中要尊重一个人,首先就要懂得替他节省时间。"有鉴于此,若无必要,不要轻易向他人发送电子邮件,尤其是不要以这种方式与他人谈天说地,或是只为了检验下自己的电子邮件是否发送成功,更不宜以这种方式在网上"征友"。一般而言,收到重要的电子邮件后,即刻回复对方,是必不可少的。

不要利用电子邮件进行广告宣传。这种强加于人的做法会造成别人的信箱充斥无用的信息而影响其正常工作。如果你有过这样的行为,请立刻停止下来。目前,有不少网民时常会因为自己的电子信箱中堆满了无聊的电子邮件而心烦不堪。如果对其进行处理,不仅会浪费时间和精力,而且还有可能会影响自己的工作。曾经有一位用户有意在互联网上用电子邮件做广告,向诸多用户连连发送数封商业广告邮件,这引起了众多用户的不满。

三、正确、及时回复邮件

既然拥有朋友和商务客户所知晓的电子邮箱,就有责任经常打开信箱,最好是每天检查新邮件并尽快回复(哪怕是简短的回复也好)。如果暂时没有时间,应先短信回复,告诉对方收到邮件,随后详细回复。回复信件时适当附上原文,以便收件人能够很快知道来信的主要内容。

引用足够的原来信内容,让读者了解前后关系。原文之签名档不宜加以引用,也不可以完全引用原来信内容,使得信件内容冗长,这对于收信人来说是一种痛苦。例如,引用一封400行来信,而回信竟然只有谢谢两个字,这是相当不礼貌的行为。

使用引用文件的符号,如传统的">",这样读者就能了解前后关系。当然也可以用自己的符号。

清楚表示出何处是回信内容。一般可以将引用文字放在信件之最后或最前,再将回信内容写在引用文字之后或之前,或是针对每一段引用文字回信。

引述他人的话时,删除其他无关的文字。

尽可能做到收到信后马上回复。在电子邮件末尾应附上姓名、单位、职称与internet/BIT-NET地址。还可附上住址与电话号码,根据个人情况而定。应尽可能每封信都加签名档。签名档不宜过长,约4—6行即可。最好备有其他签名档,如与非使用中文之读者通信,应使用其他签名档,以免造成乱码。

四、注意编码

这是电子信函独特的特点,也是联络成功与否的关键。编码问题是每一位电子邮件的使用者均应予以注意的大事。由于中文文字自身的特点加上一些其他的原因,中国内地、港澳台地区,以及世界上其他国家的华人,目前使用互不相同的中文编码系统。因此,当一位商界人士使用中国内地的编码系统向生活在除中国内地之外的其他一切国家和地区的中国人发出电子邮件时,由于双方所采用的中文编码系统有所不同,对方很有可能会收到一堆乱码。这时必须同时用英文注明自己所使用的中文编码系统,以保证对方可以查看到自己的邮件。

五、慎选功能

现在市场上所提供的先进的电子邮件软件,有多种字体备用,甚至还有各种信纸可供使用者选择。这固然可以强化电子邮件的个人特色,但是此类功能商务人员是必须慎用的,这主要是因为,一方面,对电子邮件修饰过多,会使其容量增大,收发时间增长,既浪费时间,又浪费金钱,而且往往会给人以华而不实之感;另一方面,电子邮件的收件人所拥有的软件不一定能够支持上述功能。这样一来,他所收到的那个电子邮件就很有可能会大大地背离了发件人的初衷,因而使之前功尽弃。

使用附件功能要小心。附件越大,下载时间就越长,占用收件人电脑空间就越多,有些附件可能毫无必要,也许收件人已经有了,应避免或尽可能减少那些冗长的附件。

使用抄送功能要小心。不要滥用抄送功能，否则收件人会以处理垃圾邮件的方式一删了之。

避免使用字符图示。你也许是网络专家并且对于各种专业术语和字符图示了如指掌，但不能假设收件人和你一样专业。总之，电子邮件会给别人留下第一印象，若把握得好，可以有加分的效果；若没有把握好，也会使对方对你的印象大打折扣。

六、注意使用中的安全性

电子邮件是计算机病毒的重要传染源和感染病毒的主要渠道。收发电子邮件，要注意远离计算机病毒。最好在发送邮件前用杀毒软件杀毒，同时要定期清理收件箱、发件箱、回收箱，空出有限的邮件空间接受新的邮件。

内容要符合法律、道德和企业文化，坚决不用电子邮件作为媒介传送任何不好的信息，也不要用来发布严肃的抱怨批评；由于电子邮件很容易被复制、改变和伪造，所以，依赖电子邮件传输重要信息是有潜在危险的。一旦发出，电子邮件就不在你的控制范围内了。即使选择"永久删除"，许多软件和网络服务仍然可以访问硬盘上备份的信息。对于某些不雅信件应尽可能加密，因为信件放在硬盘内不见得只有接信者才看得到。在发送以前，应当仔细考虑如果别人（比如老板）看到这封信会发生什么情况。

案例分析

案例一

某位商人某日与一公司的总经理约好当天下午签合同，这位商人便打电话去该公司询问详细的约见时间，接电话的是前台小姐。

"喂，谁啊？"

"你好，麻烦你帮我接通一下你们总经理的电话。"这位商人说。

"我们老板不在。"前台小姐说完就挂断了电话。

这位商人满腹疑惑，明明约好下午签约，总经理怎么会不在呢？

"你好，刚才你或许没有听清，我想找一下你们总经理，请你帮我……"

未等这位商人把话说完，前台就很不耐烦地说："不是跟你说了吗，老板不在，不在。"然后又一次粗鲁地挂断了电话。

这位商人为此取消了与该公司的合约，而且在这之后，不论该公司总经理提出怎样的合作邀请，他都一律婉言谢绝，尽管总经理已经将那名不懂礼貌的前台小姐解雇了。

分析：

前台小姐的行为有何不当之处？

故事感悟

接线员由于疏忽大意或不熟悉而接错电话，把人事科的电话接到了业务科。你恰好是业务科的秘书，接到这样的电话如何处理？如何用恰当的语言处理这些打错的电话？千万不能说："啊？这事啊？科室搞错了，我们不负责这方面的业务。请稍等一下，我帮你把电话转一下。"看起来似乎很有礼貌，也很负责，其实不然。这种回答的方法是不恰当的。要询问的电话，对方一定已向接线员说过了，所以搞错的本来就是接电话的一方，上面回答的口气仿佛倒是客户错了似的，所以"帮"一词用得不妥。

尤其像一些规模比较大的公司或企业，业务繁杂，要非常精确明晰地划清业务的界限和范围是很难的，而通晓本科室的所有业务内容也几乎是无法办到的。不过，即使明知不是属于本科室的工作范围，也不要以"我们不负责这类业务，大概应该是别的科吧"此类答复来搪塞对方，并把电话随便转到哪儿算了——这实在是太不负责任了。

你可以回答："这里不负责这类业务。请让我查一查该哪个科负责，然后给您回电话。请告诉我您的姓名和联系地址。"暂且先把电话挂了，之后一定要负责跟进处理此事。如果再添句："我是业务科的。"对方也就放心了。如此认真负责的态度，一定会使客户更加信赖你的公司。

电话"拒绝"他人的艺术

有人说："求人办事最好面对面，拒绝别人最好是电话里。"这是很有道理的。通过电话拒绝别人的请求，可以节省时间，同时也避免看到对方失望的眼神而歉疚于心，礼貌地拒绝以后，挂断电话，两人隔着一定的距离，也省去了许多麻烦。

如果是别人出其不意地打电话给你，提出一个需要解决的难题或是苛刻的要求，并要求你马上答复，这时不要紧张，用镇定的声音告诉对方你有另一件重要的事，你会考虑一下再给他回电话。电话的好处就在于"只闻其声，不见其人"。当对方的刁钻甚至是恶意之词令你脸红、尴尬时，对方也看不见，只要你声音保持镇定，再寻求应对之策即可。

用电话拒绝对方要讲究委婉含蓄。最直接的拒绝恐怕就是"我对这件事没有多大的兴趣，况且我现在很忙，所以我要挂上电话了"。听了这样的话，对方一定不好再说什么。但一点余地都不留也不好,万一以后自己又改变主意了呢。

你可以说"我马上要有个会议"或者"我和人约好的时间快到了,我现在只能挂电话了,欢迎再来电话",这样不会拒人于千里之外,但也能让他明白你的用意。

避免将电话转给他人。自己接的电话尽量自己处理,只有在万不得已的情况下才能转给他人。这时你应该向对方解释一下原因,并请求对方原谅。例如可以说:"××先生会处理好这件事的,请××和您通话好吗?"在你作出这种决定之前,应当确定对方愿意你将电话转给他人。例如,你可以说:"对于这件事,我们很快会派人跟您联系的……请××和你通话好吗?"

本章小结

对于商务人士来说,通信礼仪不仅是一种传递信息、获取信息、保持联络的途径,而且是商务人士个人或单位公司形象的一个载体,拥有良好的商务沟通礼仪不仅有助于人际交往,而且有助于商务合作的有效进行。本章主要从电话礼仪、收发传真礼仪以及收发电子邮件礼仪三个方面详细介绍了具体的内容以及操作方法,希望能具有一定的指导意义。

模拟实训

实训目的
掌握收发电子邮件礼仪并且能运用于实际生活中。

实训场地
教室。

任务描述
假设公司要采购国外一家企业的产品(产品自选),现在需要你编辑一封规范的 E-mail 询问价格、发货时间以及到货时间等信息。邮件可以使用英文或者中文。

总结评价
全部学生完成后,打乱发给不同的学生,相互批改,指出邮件中出现的问题并改正。

教师针对此次实训中学生的邮件及表现作出评价。

课外拓展

以下是接电话礼仪测试题,可以对照自己平时接电话的实际表现,作一下评估:

1. 电话一响立即或者响过四五声再从容地接起来。(　　)
2. 如果不是本部门的电话,就没必要理,免得耽误正常的工作。(　　)
3. 如果是其他同事的业务电话,要立即大声喊他来接。(　　)
4. 手头工作实在太忙的时候,可以不接电话或是直接把电话线拔掉。(　　)
5. 如果两部电话同时响起来,只能接一部,另一部不用管。(　　)
6. 快下班的时候,为了能更好地解答客户咨询,让客户改天再打电话来。(　　)
7. 接客户电话的时候,要注意严格控制时间长度,牢记"三分钟"原则。(　　)
8. 如果电话意外中断了,即使知道对方是谁也不应该主动打过去,而是等对方打过来。(　　)
9. 接到打错的电话,不用理会,马上啪地挂掉,不能耽误工作时间。(　　)
10. 在和客户谈事的时候,如果手机响了,应该避开客户到其他地方接听。(　　)

第九章　会务仪典礼仪

☞ **学习目标**

1. 了解会务与仪典的主要类型。
2. 掌握签约仪式的场地布置与座席安排的方式。
3. 熟悉不同类型开业仪式的流程。
4. 掌握剪彩仪式的流程及具体的操作方法。
5. 熟悉庆典与颁奖会的基本程序。
6. 掌握新闻发布会的筹备要点及基本礼仪。

☞ **情境导入**

某大公司举行新项目开工剪彩仪式，请来了张市长和当地各界名流嘉宾参加，请他们坐在主席台上。仪式开始时，主持人宣布："请张市长下台剪彩！"却见张市长端坐没动；主持人很奇怪，重复一遍："请张市长下台剪彩！"张市长还是端坐没动，脸上还露出一丝恼怒；主持人又宣布一遍："请张市长剪彩！"张市长才很不情愿地勉强起来去剪彩。

第一节　签约仪式

签约仪式，也叫签字仪式。就是在签约中，为表示郑重和隆重而举行的仪式。签约仪式是仪典礼仪的重要内容。对于一个单位来说，为签约而专门办一个仪式，可见这样的签约对本单位的重大意义。对这样事关各方利益的"里程碑"式事件，各方都应当严格按照签字仪式礼仪要求，表现出严谨、专业的态度。

一、签约仪式的准备

(一)签约场地布置

对于重大的签约仪式,应该布置专用的签字厅。一般情况下,没有专用签字厅,也可以临时用会议厅、会客室来代替。签字厅内满铺地毯,除了必要的签字用桌椅外,其他陈设都不需要。

通用的签字桌是长形桌,桌子上一般铺深绿色的台呢。签字桌横放在室内,签字桌后面可以放两把座椅,供签字人就座。签署多边合同时,一般仅放一把座椅,供各方签字人轮流签字时就座;也可以给每位签字人都提供一把座椅。签字人一般面对正门就座。

签字桌上,需要事先放好需要签署的合同文本和签字笔、吸墨器等签字文具。合同文本,需要用白纸印成,按大八开的规格装订成册,并以高档质料,如真皮、金属、软木等作为封面。

签字桌的正后方,最好挂上"××××签约仪式"字样的条幅或背景布,上面标明签字各方名称。条幅,按惯例是红底白字或黄字;背景布,一般以蓝底为多,有时也可以加上其他图案,比如项目合作图;而字的颜色,白、黄甚至红色都可以。

签涉外合同时要在签字桌上插放各方的国旗,有关各方的国旗插在该方签字人座椅正前方。

如果安排致辞,则可以在签字桌的右侧安排发言席。

(二)签约仪式座次安排

签约仪式中,各方代表对于礼遇均非常在意,因而商务人员对于在签字仪式上最能体现礼遇高低的座次问题,应当认真对待。签字时各方代表的座次,是由主方代为先期排定的。合乎礼遇的做法是:在签署双边性合同时,应请客方签字人在签字桌右侧就座,主方签字人则应同时就座于签字桌左侧。双方的助签人,分别站立于各自一方签字人的外侧,以便随时对签字人提供帮助。双方其他的随员,依照职位高低,依次排成一行站立于己方签字人的身后。当一行站不完时,可以按照以上顺序并遵照"前高后低"的惯例,排成两行、三行或四行。原则上,双方随员人数,应大体上相近。

签署多边合同,各方签字人根据事先约定的顺序,逐个签字。各方助签人跟着一同行动。助签时根据"右高左低"的惯例,助签人站在己方签字人左侧。各方随员按一定顺序面对签字桌就座或站立。

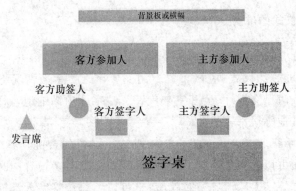

图 9-1 签约仪式场地布置

（三）准备签约文本

双方在谈判结束后，应指定专人负责合同的定稿、翻译、校对、印刷与装订等工作，主方负责准备待签文本。文本一旦签订即具有法律效力，因此对待文本态度应严肃郑重，而且此文本是正式的、不能更改的。应为在合同上签字的有关各方提供一份待签文本，如有必要，还应为各方提供一份副本。与外商签订合同，按照惯例，待签文本应同时使用宾主双方的母语。待签文本以精美的白纸印制而成，并按大八开的规格装订成册，并以仿皮、软木或其他高档质料作为封面。

（四）参加签约人员

各方签字人的职务和身份应一致或大致相当。所以，各方担任签字人的身份应事先通报对方。为了表示对签字的重视和庆贺，签字各方也可以派出职务较高的领导参加签字仪式，但应当注意身份大体相等。

致词人，一般由签字各方职务最高的领导担任，有时也可以安排上级机关或协调机构的代表致贺词。签字仪式中安排致辞、祝酒等环节时，应当有主持人介绍致词人的身份，主持人由主办方派有一定身份、形象好、语言表达能力强、善于应变的人士担任。

见证人，主要是参加会谈的人员，各方人数应当大致相等，也可以邀请保证人、协调人、律师、公证人员参加。

助签人，就是在签字过程中帮助签字人翻揭文本、指明签字之处、互换文本等工作。各方安排一位助签人即可。隆重的签字仪式上，还应安排礼仪人员，以便在签字仪式正式开始之前引导双方进入签字厅，签字结束后端上香槟酒。礼仪人员由年轻、相貌良好的女性担任。

二、签约仪式的举行

1. 签约仪式流程

签字仪式一般时间跨度较短,但程序规范、气氛庄重而热烈。正式的签字仪式流程一般有六项:

(1) 礼节性会见。各方代表见面就座后,进行礼节性会见、寒暄,时间要短,不谈实质内容。

(2) 主持人宣布开始。有关各方进入签字厅,在既定的位次上各就各位,主持人以先客后主、职务由高到低的顺序介绍各方嘉宾。

(3) 致辞。主持人请各方领导致辞。双边签字时,则先主后客,多边签字时则按签字顺序致辞。致辞这个程序也可以省略。

(4) 先签署己方保存的合同。签署合同,一般先签署己方保存的合同,交换后接着签署他方保存的合同,签好后再换回己方的。

(5) 交换合同后道贺。国际上通行的做法是各举一杯香槟酒互相道贺。

(6) 对外发布。如果是重大并有影响的或有新闻价值的签字仪式,条件许可时,还可以邀请媒体,签字结束后举行新闻发布会。也可以在发布会现场签字并随即回答媒体提问。当然,开新闻发布会不是必选项。

2. 签约礼仪

签约时按惯例,由己方保留的合同文本上,己方的名字应列在第一位。所以,每个签字人都应先签署己方保存的合同文本,然后再交由他方签字。

由助签人翻开合同夹,指明合同签字的位置,签字人在文本上签字后,助签人用吸墨器按压签字处吸干多余墨汁。交换签署或交换由己方保存的合同文本,都由各方助签人传递。签字结束后,各方签字人,包括双方随行人员都应热烈鼓掌,互致祝贺。主签人相互握手,以示庆贺;可以相互交换签字笔,以示纪念。

没有助签人员时,由双方签字人左手捧合同文本,右手相握,此时其他人员鼓掌祝贺。之后由签字人相互交换合同文本。

3. 致辞礼节

签字仪式上主办方或者来宾的致辞不是必需项目。如果致辞,一般由双方首席代表或者发言人,以及被邀请参加签字仪式的其他重要来宾发言。致辞应简单明了,内容分成三部分,首先说明对在座人员的称呼,再说明这是什么签字仪式,最后表达祝愿及祝福。时间控制在三分钟左右。

案例　吉林某公司董事长在签约仪式上的发言

尊敬的各位领导、各位贵宾,女士们、先生们,大家下午好!

首先,感谢各位领导和贵宾在百忙之中抽出时间,见证吉林×××食品股份有限公司,与北京×××配送有限公司的战略合作签约仪式。在此,我谨代表公司董事会,向各位领导和贵宾致以最诚挚的感谢!

今天,对吉林×××来说,是具有重要历史意义的一天,实现了我们走出东北,奔向全国的重要一步。

作为国家级农业产业化重点龙头企业,让消费者吃上"放心肉"是我们的责任。为广大消费者提供优质、健康、安全的猪肉产品是我们一如既往的追求。在我们严格的产品质量操作规程控制下,已通过有机产品认证的跑山猪会跑得更健康,让消费者吃得更安心。

我相信,双方的友好合作必将实现产业链互补、战略目标共赢。通过我们共赢与发展的合作模式必将迅速打开北京市场,进军全国,快速实现国内高档猪肉第一品牌的战略目标。

即将到来的 2014 年是马年,这预示着我们的合作必将一马当先,马到成功!

最后,祝各位领导、各位贵宾身体健康、万事如意!

谢谢大家!

第二节　开业典礼

开业典礼是指在组织创建、开业、项目完工、落成,某一建筑物正式启用,或是某项工程正式开始之际,为了表示庆贺或纪念,而按照一定的程序所隆重举行的专门仪式。

一、开业典礼的作用

开业典礼在社会组织的运作中一直颇受人们的青睐。这不仅仅表示开业大吉,而是通过开业典礼可以因势利导,对于组织自身事业的发展裨益良多。它具有以下几个方面的作用:

(1) 有利于塑造本组织的形象,提高组织的知名度与美誉度。

(2) 有助于扩大本组织的社会影响,吸引社会各界的重视和关心。

(3) 有助于将本组织的建设或成就"广而告之",借此招徕顾客。

(4) 有助于让支持过自己的社会各界一同分享成功的喜悦,为以后的进一步合作奠定良好的基础。

(5) 有助于增强组织全体员工的自豪感与责任心,为组织创造一个良好的开端,开创一个新起点。

开业仪式尽管进行的时间极其短暂,但要营造出现场的热烈气氛,取得成功,却绝非一桩易事。由于它牵涉面甚广,影响面巨大,不能不对其进行认真筹备。筹备工作认真、充分与否,往往决定着一次开业仪式能否真正取得成功。主办单位对于此点,务必要给予高度重视。

二、开业典礼的筹备

(一) 筹备开业典礼的原则

(1) 热烈原则。要想方设法在开业仪式的进行过程中营造出一种欢快、喜庆、隆重而令人激动的氛围,不应显得沉闷、乏味。开业典礼可以删繁就简,但却不可以缺少热烈、隆重之气氛。与其平平淡淡、草草了事,或是仅仅走一个过场,不如索性将其略去不搞。

(2) 节省原则。要求主办单位勤俭持家,在举办开业典礼及为其进行筹备工作的整个过程中,在经费的支出方面量力而行,节制、俭省,反对铺张浪费。该花的钱要花,不该花的钱千万不要白花。

(3) 缜密原则。主办单位在筹备开业仪式之时,既要遵行礼仪惯例,又要具体情况具体分析,认真策划、注重细节、分工负责、一丝不苟,力求周密细致,严防百密一疏,临场出错。

(二) 做好舆论宣传,提高组织的知名度

为塑造组织的良好形象,提高知名度和美誉度,根据组织发展目标,选择有效的传播媒介,进行集中性的广告宣传。其内容可以包括:开业仪式举行的日期和地点、开业之际对顾客的优惠、开业单位的经营特色,等等。邀请有关媒体在开业仪式举行之时到现场进行采访、报告,以便对本组织进行进一步的正面舆论宣传。

(三) 做好来宾邀请工作

开业典礼影响的大小,往往取决于来宾身份的高低与人数的多少。在力所能及的条件下,要力争多邀请一些来宾参加开业典礼。地方领导、社会团体的负责人、社会名流、新闻媒体,都是邀请时应予优先考虑的重点。确定来宾名单后,要提前发出邀请,来宾的请柬应认真书写,装入精美的信封,由专人送达来宾手中，以便对方早做安排。

(四) 做好场地布置工作

开业典礼多在开业现场举行，其场地可以是正门之外的广场，也可以是正门之内的大厅。按惯例，举行开业典礼时宾主一律站立，故一般不布置主席台或座椅。为显示隆重与敬客，可在来宾尤其是贵宾站立之处铺设红色地毯，并在场地四周悬挂横幅、标语、气球、彩带、宫灯。此外，还应当在醒目之处摆放来宾赠送的花篮、牌匾。来宾的签到簿、本单位的宣传资料、待客的饮料，等等，亦要提前准备好。对于音响、照明设备，以及开业典礼举行之时所需使用的用具、设备，必须事先认真进行检查、调试，以防其在使用时出现差错。

(五) 做好接待服务工作

在举行开业典礼的现场，一定要有专人负责来宾的接待服务工作。除了要教育本单位的全体员工要以主人翁的身份热情待客、有求必应、主动帮助之外，更重要的是分工负责、各尽其职。在接待贵宾时，需由本单位主要负责人亲自出面。在接待其他来宾时，则可由本单位的礼仪小姐负责此事。为来宾准备好专用的停车场、休息室，并应为其安排饮食。

(六) 做好礼品馈赠工作

举行开业典礼时赠予来宾的礼品，一般属于宣传性传播媒介的范畴。若选择得当，必定会产生良好的效果。礼品必须具有宣传性、荣誉性和独特性，能够充分发挥传播作用。

三、开业仪式运作

(一) 开业仪式的基本程序

开业仪式一般由开场、过程、结局三大基本程序构成。开场包括奏乐、邀请来宾就位、宣布仪式正式开始和介绍主要来宾等。过程，是开业仪式的核心内容，通常包括本单位负责人讲话，来宾代表致词，启动某项开业标志，等等。结局，包括开业仪式结束后的现场参观、联欢、座谈等。它是开业仪式必不可少的尾声，所谓结局好，一切都好。为使开业仪式顺利进行，在筹备之时，必须要认真草拟程序，并选定好称职的仪式主持人。

(二) 开业仪式的种类

开业仪式其实是一个统称，在不同的场合，往往会采用不同的名称。例如，开幕仪式、开工仪式、奠基仪式、竣工仪式、通车仪式等。其共性是都要以热烈而隆重的仪式庆贺。但在具体运作上存在着不少的差异，这里主要介绍常用的开业仪式。

1. 开幕仪式

开幕仪式是商务人士平日接触最多的一种仪式。在不少人的眼里，开业仪式就是开幕仪式。其实，开幕仪式仅仅是开业仪式的具体形式之一。公司、企业、宾馆、商店、银行等正式营业前，有关商品的展示会、博览会、订货会正式接待顾客前，皆要正式举行相关仪式，称之为开幕式。开幕仪式的地点一般选择在门前广场、展厅门前、室内大厅等较为宽敞的活动空间。

开幕仪式的程序主要有以下6项：

第一项，宣布仪式开始，全体肃立，介绍来宾；

第二项，邀请专人揭幕或剪彩；

第三项，在主人的亲自引导下，全体到场者依次进入幕门；

第四项，主人致辞答谢；

第五项，来宾代表发言祝贺；

第六项，主人陪同来宾进行参观，同时开始正式接待顾客或观众，正式对外营业或展览。

2. 开工仪式

开工仪式指工厂准备正式开始生产产品前所专门举行的庆祝性、纪念性活动。开工仪式一般在生产现场举行。除司仪人员按惯例应着礼仪性服装之外，东道主一方的全体职工均应穿着干净而整洁的工作服出席仪式。

开工仪式的常规程序主要有5项：

第一项，宣布仪式开始，全体起立，介绍各位来宾，奏乐；

第二项，在司仪的引导下，本单位的主要负责人陪同来宾行至开工现场肃立；

第三项，正式开工，届时应请本单位职工代表或来宾代表到机器开关或电闸旁，首先对其躬身施礼，然后再动手启动机器或合上电闸，全体人员此刻应鼓掌志贺，并奏乐；

第四项，全体职工各就各位，上岗进行操作；

第五项，在主人的带领下，全体来宾参观生产现场。

3. 奠基仪式

奠基仪式是指楼阁、园林、纪念碑、大厦、场馆等重要的建筑物在动工修建之初，所正式举行的庆贺性活动。

奠基仪式现场的选择与布置非常讲究，一般应选择在动工修筑建筑物的施工现场。奠基的具体地点应选择在建筑物正门的右侧。用以奠基的奠基石应为一块完整无损、外观精美的长方形石料。在奠基石上的文字应当竖写。在其右上款，应刻上建筑物的正式名称。在其正中央，刻有"奠基"两个大字。在其左下款,应刻上奠基单位的全称以及奠基仪式的具体年月日。奠基石上的字体,以楷体为宜,并且最好是白底金字或黑字。在奠基石的下方或一侧,摆放一只密闭完好的铁盒,内装与该建筑物有关的各项资料以及奠基人的姓名。届时,它将同奠基石一道被奠基人等培土掩埋于地下,以志纪念。

奠基仪式共分5项内容:

第一项,仪式正式开始,介绍来宾;

第二项,全体起立,奏国歌;

第三项,主人对该建筑物的功能以及规划设计进行简介;

第四项,来宾致辞道喜;

第五项,正式进行奠基。此时,锣鼓喧天或演奏喜庆乐曲。首先由奠基人双手持握系有红绸的新锹为奠基石培土。随后,再由主人与其他嘉宾依次为之培土,直至将其埋没。

4. 竣工仪式

竣工仪式又称落成仪式,指本单位所属的某一建筑物或某项设施建设、安装工作完成之后,或者是某一纪念性、标志性建筑物建成之后,以及某种意义特别重大的产品生产成功之后,专门举行的庆贺性活动。

竣工仪式包括7项基本程序:

第一项,宣布仪式开始,介绍来宾;

第二项,全体起立,奏国歌,并演奏本单位标志性歌曲;

第三项,本单位负责人发言,以介绍、回顾、感谢为主要内容;

第四项,进行揭幕或剪彩;

第五项,全体人员向竣工仪式的"主角"——刚刚竣工或落成的建筑物,郑重其事地恭行注目礼;

第六项,来宾致辞;

第七项,进行参观。

竣工仪式举行时,全体出席者的情绪应与仪式的具体内容相适应。如庆贺大厦落成或新产品生产成功时,神情应欢快喜悦。而在庆祝纪念碑、纪念塔、纪念堂、纪念像、纪念雕塑建成时,则应表现得庄严肃穆。

第三节 剪彩仪式

剪彩仪式是指有关单位,为了庆祝公司的成立、公司的周年庆典、企业的开工、宾馆的落成、商店的开张、银行的开业、大型建筑物的启用、道路或航道的开通、展销会或展览会的开幕等而举行的一项隆重的礼仪性程序。因其主要活动内容，是约请专人使用剪刀剪断被称为"彩"的红色绸带，故此被称为剪彩。在各式各样的开业仪式中，剪彩都是一项极其重要的、不可或缺的程序。尽管它往往也可以被单独分离出来，独立立项，但是更多的时候，它是附属于开业典礼的。这是剪彩仪式的重要特征之一。

剪彩活动气氛热闹、轰动，既能给主人带来喜悦，又能令人产生吉祥如意之感。同时借剪彩良机，可向社会各界通报自己的"问世"，以吸引各界人士对本组织的关注。

一、剪彩仪式的准备

剪彩仪式需要做大量的准备工作，包括场地布置、准备灯光与音响、邀请媒体等，必须一丝不苟，精益求精。对剪彩仪式所需使用的特殊用具，诸如红色绸带、新剪刀、白色薄纱手套、托盘以及红色地毯等，必须仔细进行选择和准备。

1. 仪式场地

剪彩仪式的场地，一般应在行将启用的建筑、工程或者展览会、博览会现场举行。正门外的广场，正门内的大厅，都是可予以优先考虑的。在活动现场，可以略作装饰。剪彩现场必须悬挂写有剪彩仪式的具体名称的大型横幅。

2. 剪彩用品

（1）红色缎带

红色缎带就是剪彩仪式之中的"彩"。按照传统做法，它应当由一整匹未曾使用过的红色缎带，在中间结成数朵花团而成。目前，有些单位为了厉行节约，而代之以长约两米的红色缎带、红布条或红纸条。一般来说，红色缎带上所结的花团，不仅要生动、硕大、醒目，而且其具体数目往往还同现场剪彩者的人数直接相关。红色缎带上所结的花团的具体数目有两个模式可依：其一，花团的数目较现场剪彩者的人数多上一个；其二，花团的数目较现场剪彩者的人数少上一个。前者可使每位剪彩者总是处于两朵花团之间，尤其正式；后者则不同常规，亦有新意。现代剪彩仪式中，彩缎也有选择其他颜色的，如蓝色、金色等，彩球也可以选择用鲜花来代替。

（2）剪彩剪刀

剪彩剪刀是专供剪彩者在剪彩仪式上正式剪彩时所使用的，要求是新的金色的剪刀。它必须是每位现场剪彩者人手一把，而且必须崭新、锋利而顺手。务必要确保剪彩者在以之正式剪彩时，可以"手起刀落"，一举成功。在剪彩仪式结束后，主办方可将每位剪彩者所使用的剪刀经过包装之后，送给对方以资纪念。

(3) 剪彩托盘

托盘在剪彩仪式上是托在礼仪小姐手中,用作盛放红色缎带、剪刀、白色薄纱手套的。在剪彩仪式上所使用的托盘,最好是崭新的、洁净的。它通常首选银色的不锈钢制品。为了显示正规,可在使用时上铺红色绒布或绸布。

托盘是供盛放剪刀、手套用的,最好是崭新的,通常首选银色的不锈钢制品。剪彩时,礼仪小姐可以用一只托盘依次向各位提供剪刀和手套,也可以为每位剪彩者各提供一只托盘,同时还应专门配置一个盛放绸缎花团的托盘。

图 9-2　剪彩彩缎、剪彩剪刀和剪彩托盘

(4) 红色地毯

红色地毯主要用于铺设在剪彩者正式剪彩时的站立之处。其长度可视剪彩者人数的多寡而定,其宽度则不应在一米以下。在剪彩现场铺设红色地毯。

(5) 剪彩手套

手套是专为剪彩者准备的。在正式的剪彩仪式上,剪彩者剪彩时最好每人戴上一副白色薄纱手套,以示郑重其事。在准备白色薄纱手套时,除了要确保其数量充足之外,还须使之大小适度、崭新平整、洁白无瑕。

二、剪彩人员

剪彩人员主要包括剪彩者和助剪者。

1. 剪彩者

剪彩仪式上,剪彩者是主角,其言行举止直接关系到剪彩仪式的效果和组织形象。剪彩仪式档次的高低,往往也同剪彩者的身份密切相关。因此,在选定剪彩人员时,最重要的是要把剪彩者选好。

(1) 选定剪彩者

剪彩者,即在剪彩仪式上持剪刀剪彩之人。根据惯例,剪彩者可以是一个人,也可以是几个人,但是一般不应多于5人。通常,剪彩者多由上级领导、合作伙伴、社会名流、员工代表或客户代表所担任。确定剪彩者名单,必须是在剪彩仪式正式举行之前。名单一经确定,即应尽早告知对方,使其有所准备。需要由多人同时担任剪彩者时,应分别告知其剪彩同伴。

(2) 剪彩者礼仪

剪彩仪式是非常正式的场合,所以剪彩者应穿着整洁、庄重。男士一般着西装、中山装,女士穿西装套裙,精神饱满,给人以稳健、干练的印象。不允许戴帽子或戴墨镜,也不允许着便装。

剪彩者若仅为一人,则其剪彩时居中而立即可。若剪彩者不止一人时,则其同时上场剪彩时位次的尊卑就必须予以重视。一般的规矩是:中间高于两侧,右侧高于左侧,距离中间站立者愈远,位次愈低,即主剪者应居于中央的位置。

剪彩者走向剪彩的缎带时,应面带微笑,落落大方。当工作人员用托盘呈上剪彩用剪刀时,剪彩者应向工作人员点头致意,并向左右两边手持彩带的工作人员微笑致意,然后全神贯注,将彩带一刀剪断。剪彩完毕,放下剪刀,应转身向四周的人鼓掌致意。

2. 助剪者

助剪者指的是剪彩者剪彩的一系列过程中从旁为其提供帮助的人员。一般而言,助剪者多由东道主一方的女职员担任。现在,人们对她们的常规称呼是礼仪小姐。

具体而言,在剪彩仪式上服务的礼仪小姐,又可以分为迎宾者、引导者、服务者、拉彩者、捧花者、托盘者。迎宾者的任务,是在活动现场负责迎来送往。

引导者的任务,是在进行剪彩时负责带领剪彩者登台或退场。服务者的任务,是为来宾尤其是剪彩者提供饮料,安排休息之处。拉彩者的任务,是在剪彩时展开、拉直红色缎带。捧花者的任务,则是在剪彩时手托花团。托盘者的任务,则是为剪彩者提供剪刀、手套等剪彩用品。

在一般情况下,迎宾者与服务者应不止一人。引导者既可以是一个人,也可以为每位剪彩者各配一名。拉彩者通常应为两人。捧花者的人数则需要视花团的具体数目而定,一般应为一花一人。托盘者可以为一人,亦可以为每位剪彩者各配一人。有时,礼仪小姐亦可身兼数职。

礼仪小姐的基本条件是，相貌较好、身材颀长、年轻健康、气质高雅、音色甜美、反应敏捷、机智灵活、善于交际。

礼仪小姐的最佳装束应为：化淡妆、盘起头发，穿款式、面料、色彩统一的单色旗袍，配肉色连裤丝袜、黑色高跟皮鞋。除戒指、耳环或耳钉外，不佩戴其他任何首饰。有时，礼仪小姐身穿深色或单色的套裙亦可。但是，她们的穿着打扮必须尽可能地整齐划一。必要时，可向外单位临时聘请礼仪小姐。

三、剪彩仪式的程序

剪彩仪式宜紧凑，忌拖沓。短则 15 分钟即可，最长不宜超过 1 个小时。独立的剪彩仪式，通常应包含 6 项基本程序。

1. 来宾就座

剪彩仪式上，通常只为剪彩者、来宾和本单位的负责人安排座席。剪彩仪式开始时，应请大家在事先安排好的座位上就座。在一般情况下，剪彩者应就座于前排。

2. 宣布仪式正式开始

在主持人宣布仪式开始后，乐队应演奏音乐，现场可燃放鞭炮，全体到场者应热烈鼓掌。此后，主持人应向全体到场者介绍到场的重要来宾。

3. 奏国歌

此刻须全场起立。必要时，亦可随之演奏本单位标志性歌曲。

4. 进行发言

发言者依次应为东道主单位的代表、上级主管部门的代表、地方政府的代表、合作单位的代表，等等。发言的内容应言简意赅，每人不超过 3 分钟，重点应为介绍、道谢与致贺。

5. 进行剪彩

此刻，全体应热烈鼓掌，必要时还可奏乐或燃放鞭炮。

6. 陪同参观

剪彩结束后主人应陪同来宾参观，还可向来宾赠送纪念性礼品，或设宴款待来宾。

四、剪彩的操作

进行正式剪彩时，剪彩者与助剪者的操作必须合乎规范，否则就会使其效果大受影响。

当主持人宣告进行剪彩之后，礼仪小姐即应率先登场。在上场时，礼仪小姐应排成一行行进,从两侧同时登台,或是从右侧登台均可。登台之后,拉彩者与捧花者应当站成一行,拉彩者处于两端拉直红色缎带,捧花者各自双手手捧一朵花团。托盘者须站立在拉彩者与捧花者身后一米左右,并且自成一行。

在剪彩者登台时,引导者应在其左前方进行引导,使之各就各位。剪彩者登台时,宜从右侧出场。当剪彩者均已到达既定位置之后,托盘者应前行一步,到达前者的右后侧,以便为其递上剪刀、手套。

剪彩者若不止一人,则其登台时亦应列成一行,并且使主剪者行进在前。在主持人向全体到场者介绍剪彩者时,后者应面含微笑向大家欠身或点头致意。

剪彩者行至既定位置之后,应向拉彩者、捧花者含笑致意。当托盘者递上剪刀、手套时,亦应微笑着向对方道谢。

在正式剪彩前,剪彩者应首先向拉彩者、捧花者示意,待其有所准备后,集中精力,右手手持剪刀,表情庄重地将红色缎带一刀剪断。若多名剪彩者同时剪彩,其他剪彩者应注意主剪者动作,与其主动协调一致,力争大家同时将红色缎带剪断。

按照惯例,剪彩以后,红色花团应准确无误地落入托盘者手中的托盘里,切勿使之坠地。为此,需要捧花者与托盘者的合作。剪彩者在剪彩成功后,可以右手举起剪刀,面向全体到场者致意。然后放下剪刀、手套于托盘之内,举手鼓掌。接下来,可依次与主人握手道喜,并列队在引导者的引导下退场。退场时,一般从右侧下台。

待剪彩者退场后,其他礼仪小姐方可列队由右侧退场。

不管是剪彩者还是助剪者在上下场时,都要注意井然有序、步履稳健、神态自然。在剪彩过程中,更要表现得不卑不亢、落落大方。

第四节 庆典与颁奖会

"庆典"即"庆祝典礼"的简称,是各种庆祝仪式的通称。商界所举行的庆典可以是为某项工程完工而召开,也可以为庆祝某项工作取得显著成绩而召开,还可以为某个节日、纪念日而召开。庆典的特点是热烈、隆重而欢快。庆典的宗旨是塑造单位的形象,显示单位的实力,扩大单位的影响。

颁奖会是为在某领域做出突出贡献的人颁发奖励并为之表示表彰庆贺而举办的仪式。

一、庆典与颁奖会的基本礼仪

1. 做好来宾的邀请工作

邀请的来宾一般包括政府官员、社区负责人、知名人士、同行代表、新闻记者、员工代表、消费者公众代表等,邀请应郑重其事,提前一周发出请柬,对特别重要的嘉宾要发出邀请信,并做好回执记录。

2. 认真布置好会场

会场要突出热烈、隆重而欢快的气氛,可以挂横幅,插彩旗,张贴宣传标语。会场可以设置主席台,主席台前要摆放鲜花盆景,台布要整洁,色彩要热烈。会场大小要与到会人数相当。

3. 做好来宾的接待工作

与一般的商务接待来宾相比,对前来参加庆典来宾的接待,更应突出礼仪性。会议组织者要根据来宾的职务、人数等有组织、有计划地安排专人接待。当来宾莅临时,接待人员应热情地将来宾引入接待室或会场,对上级领导应由主办单位负责人亲自迎送。会间要准备足够的茶水或饮料供与会者,特别是来宾饮用。

参加颁奖会的授奖人员一般安排在会场的前排就座。如果授奖人数较多,应事先安排好领导人和授奖人的位置和次序,将奖品、证书等依照颁发顺序放在主席台上,使颁奖过程既热烈又井然有序。

4. 营造热烈喜庆的气氛

可以请乐队、鼓号队、醒狮队等助兴。会后可安排与庆典内容、气氛一致的文艺节目。

二、庆典与颁奖会的基本程序

商务庆典大致上应包括下述几项程序:

(1) 请来宾就座,出席者保持安静,介绍嘉宾。

(2) 宣布庆典正式开始,全体起立,奏国歌,唱本单位之歌。

(3) 本单位主要负责人致辞。其内容是对来宾表示感谢,介绍此次庆典的缘由,等等,重点应是报捷及庆典的可"庆"之处。

(4) 邀请嘉宾讲话。一般来说,应邀请出席此次庆典的上级主要领导、合作伙伴及社区公众的代表讲话或致贺词。对发言者应当提前约定,不要临时安排,这样显得有诚意。对各单位发来的贺电、贺信等,可不必一一宣读,但对其署名单位或个人应当公布。在进行公布时,可按照"先来后到"的顺序,或是按照其具体名称的汉字笔画顺序进行排列。

（5）安排文艺演出。这项程序可有可无，如果准备安排，应当慎选内容，注意不要有悖于庆典的主旨。

（6）邀请来宾进行参观。如有可能，可安排来宾参观本单位的有关展览或生产线等。

三、颁奖会的基本程序

颁奖会大致可以分为以下几项程序：

（1）大会开始前播放音乐，锣鼓队敲锣打鼓或乐队奏乐欢迎授奖人和嘉宾入座。

（2）主持人介绍来宾，并宣布大会开始。

（3）有关领导讲话，宣读颁奖决定和获奖人员名单。

（4）进行颁奖。邀请领导、嘉宾或组织的负责人进行颁奖。获奖者在礼仪小姐的引导下，按顺序依次上台领奖。颁奖时，一般是颁奖人面向观众，获奖者站在颁奖者对面接受奖品或证书。颁奖后双方互相握手表示祝贺和感谢，然后获奖者面向公众挥手或举起奖状或证书示意。

（5）请来宾致贺词。

（6）由颁奖者和获奖者代表先后致辞。

（7）宣布大会结束，音乐和锣鼓再次响起，欢送获奖者和全体嘉宾。

（8）颁奖仪式结束后，主办单位一般安排文艺演出或播放电影以助兴。

第五节　新闻发布会

新闻发布会又称记者招待会，是一个社会组织直接向新闻界发布有关组织信息，解释组织重大事件而举办的活动。

新闻发布会具有以下三个方面的特点：

第一，正规隆重。形式正规，档次较高，地点精心安排，邀请记者、新闻界（媒体）负责人、行业部门主管、各协作单位代表及政府官员。

第二，沟通活跃。双向互动，先发布新闻，后请记者提问回答。

第三，方式优越。新闻传播面广，报刊、电视、广播、网站集中发布（时间集中，人员集中，媒体集中），迅速扩散到公众。

新闻发布会礼仪，指的就是有关举行发布会的礼仪规范。一般而言，新闻发布会礼仪包括会议的筹备、现场的应酬与善后事宜。

一、新闻发布会的筹备

1. 确定新闻发布会的主题

决定召开新闻发布会之后,应首先确定中心论题,即主题。主题得当与否,往往直接关系到发布会的预期目标能否实现。主题应集中、单一,不能同时发布几个不相关的信息。

新闻发布会的主题一般有三类:一是发布某一消息;二是说明某一活动;三是解释某一事件。

新闻发布会一般针对对企业意义重大、媒体感兴趣的事件举办。每个新闻发布会都会有一个名字,这个名字会打在关于新闻发布会的一切表现形式上,包括请柬、会议资料、会场布置、纪念品等。在选择新闻发布会的标题时,一般需要注意以下几点:

第一,避免使用新闻发布会的字样。我国对新闻发布会是有严格申报、审批程序的,对企业而言,并没有必要如此烦琐,所以直接把发布会的名字定义为"××信息发布会"或"××媒体沟通会"即可。

第二,最好在发布会的标题中说明发布会的主旨内容。如:"××企业2005新品信息发布会"。

第三,通常情况下,需要打出会议举办的时间、地点和主办单位。这个可以在发布会主标题下以字体稍小的方式出现。

第四,有时,可以为发布会选择一个具有象征意义的标题。这时,一般可以采取主题加副题的方式。副题说明发布会的内容,主题表现企业想要表达的主要含义。

2. 选择新闻发布会的时间

新闻发布的时间通常也是决定新闻何时播出或刊出的时间。多数平面媒体刊出新闻的时间是在获得信息的第二天,因此要把发布会的时间尽可能安排在周一、二、三的下午为宜,会议时间保证在1小时左右,这样可以相对保证发布会的现场效果和会后见报效果。

发布会应尽量避开节假日,并且不选择在上午8点前或晚上19点以后的时间。部分主办者出于礼貌的考虑,希望与记者在发布会后共进午餐或晚餐,这并不可取。如果不是历时较长的邀请记者进行体验式的新闻发布会,一般不需要做类似的安排。

在时间选择上,还要避开重要的政治事件和社会事件,媒体对这些事情的大篇幅报道,会冲淡企业新闻发布会的传播效果。

随着现代传媒业的发展,尤其是网络传媒的兴起,新闻刊出的时间基本与新闻发布会举行同步,因此,对于新闻发布会的时间选择应以有利于新闻传播为重要原则,特别是解释突发性事件类的新闻发布会,在时间选择上应强调及时的原则,而不要拘泥于传统媒体刊出新闻的时间。

3. 选择新闻发布会的地点

场地可以选择户外(事件发生的现场,便于摄影记者拍照),也可以选择在室内。根据发布会规模的大小,室内发布会可以直接安排在企业的办公场所或者酒店。酒店有不同的星级,从企业形象的角度来说,重要的发布会宜选择五星级或四星级酒店。

酒店有不同的风格,不同的定位,选择酒店的风格要注意与发布会的内容相统一。还要考虑酒店交通是否便利,是否易于寻找。包括离主要媒体、重要人物的远近,交通是否便利,泊车是否方便。

发布方在寻找新闻发布会的场所时,还必须考虑以下问题:会议厅容纳人数的多少,主席台的大小,是否配备投影设备、电源、布景、胸部麦克风、远程麦克风,相关服务如何,是否提供住宿、酒品、食物、饮料,价钱是否合理,有没有空间的浪费。

关于背景布置,主题背景板的内容应含主题、会议日期,有的会写上召开城市,颜色、字体注意美观大方,颜色可以企业VI为基准。要考虑酒店是否会代为安排。

发布会如果在酒店举行,还要考虑酒店外围布置,如酒店外横幅、竖幅、飘空气球、拱形门等。要考虑酒店是否允许布置,当地市容主管部门是否有规定限制等。

4. 新闻发布会场地布置

新闻发布会场地一般是主席台加下面的课桌式摆放。注意确定主席台人员。需摆放席卡,以方便记者记录发言人姓名。摆放原则是"职位高者靠前靠中,自己人靠边靠后"。

现在很多会议采用主席台只有主持人位和发言席,贵宾坐于下面的第一排的方式。一些非正式、讨论性质的会议是圆桌摆放式。

发布会摆放回字形会议桌的也较多,发言人坐在中间,两侧及对面摆放新闻记者座席,这样便于沟通。同时也有利于摄影记者拍照。

注意席位的预留,一般在后面会准备一些无桌子的座席。

发布会最主要的道具是麦克风和音响设备。一些需要做电脑展示的内容还包括投影仪、笔记本电脑、连线、上网连接设备、投影幕布等,相关设备在发布会前要反复调试,保证不出故障。

新闻发布会现场的背景布置和外围布置需要提前安排。一般在大堂、电梯口、转弯处有导引指示欢迎牌,一般酒店有这项服务。事先可请好礼仪小姐迎宾。如果是在企业内部安排发布会,也要酌情安排人员做记者引导工作。

5. 新闻发布会人员的安排

安排有关人员时,首先要选好主持人与发言人。

主持人的基本条件是:仪表堂堂,见多识广,反应灵活,语言流畅,善于把握大局和引导提问,并且具有丰富的经验。主持人一般由组织方的宣传负责人担任,如公关部部长、办公室主任或秘书长等。

代表公司形象的新闻发言人对公众认知会产生重大影响,往往是会议的主角。发言人应修养良好,学识渊博,思维敏捷,能言善辩,具有清晰明确的语言表达能力、倾听能力、反应能力及现场调控能力,可以充分控制和调动发布会现场的气氛。发言人一般由组织方的主要负责人担任,应该在公司身居要职,有权代表公司讲话,具有一定的权威性。

除了慎选主持人和发言人外,还需精选一些发布会现场的礼仪接待员。依照惯例,礼仪人员最好由相貌端正、责任心强、善于交际的年轻女性担任。礼仪接待人员也可临时从专业的礼仪服务公司聘请。

6. 新闻发布会的资料准备

提供给媒体的资料,一般以广告手提袋或文件袋的形式,整理妥当,按顺序摆放,再在新闻发布会前发放给新闻媒体,顺序依次应为:会议议程;新闻通稿;演讲发言稿;发言人的背景资料介绍(应包括头衔、主要经历、取得成就等);公司宣传册;产品说明资料(如果是关于新产品的新闻发布的话);有关图片;纪念品(或纪念品领用券);企业新闻负责人名片(新闻发布后进一步采访、新闻发表后寄达联络);空白信笺、笔(方便记者记录)。

7. 新闻发布会记者的邀请

媒体邀请的技巧很重要,既要吸引记者参加,又不能过多透露将要发布的新闻。在媒体邀请的密度上,既不能过多,也不能过少。一般,企业应该邀请与自己联系比较紧密的商业领域记者参加,必要时如事件现场气氛热烈,应关照平面媒体记者与摄影记者一起前往。

邀请的时间一般以提前3到5天为宜,发布会前一天可做适当的提醒。联系比较多的媒体记者可以采取直接电话邀请的方式。相对不是很熟悉的媒体或发布的内容比较严肃、庄重时可以采取书面邀请函的方式。

适当地制造悬念可以吸引记者对发布会新闻的兴趣,一种可选的方式是开会前不透露新闻,给记者一个惊喜。"我要在第一时间把这消息报道出来"的想法促使很多媒体都在赶写新闻。如果事先就透露出去,用记者的话说就是"新闻资源已被破坏",看到别的报纸已经报道出来了,写新闻的热情会大大减弱,甚至不想再发布。无论一个企业与某些报社的记者多么熟悉,在新闻发布会之前,重大的新闻内容都不可以透漏出去。

在邀请记者的过程中必须注意,一定需要邀请新闻记者,而不能邀请媒体的广告业务部门人员。有时,媒体广告人员希望借助发布会的时机进行业务联系,并作出也可帮助发稿的承诺,此时也必须进行回绝。

8. 新闻发布会流程的拟定

新闻发布会的流程主要有:第一步,主持人宣布开会;第二步,介绍应邀参加会议的政府官员和主要发言人;第三步,说明记者提问时间到,提问结束。

二、新闻发布会

1. 参加人员外表礼仪

在广大社会公众眼里,主持人、发言人通常是本单位整体形象的化身,有时甚至决定了社会公众对组织方的态度和评价。因此,主持人、发言人应注重自身的外表,尤其是仪容、服饰、举止等方面。按照惯例,主持人、发言人要进行必要的化妆,以淡妆为主;发型应当庄重而大方;男士着深色西服套装、白色衬衫、黑袜黑鞋,并且打领带;女士则宜穿单色套裙、肉色丝袜、高跟皮鞋;服装必须干净、挺括。

面对媒体时,主持人、发言人要举止得体大方,面带微笑,目光炯炯,表情自然,坐姿端正,并应避免某些有损个人形象的不良举止。

2. 参加人员的语言表达

发布会上,主持人、发言人的言行,都代表着主办单位。因此,必须注意语言艺术,把握分寸,把握四个原则:

第一,简明扼要。发言或是问答,都要条理清晰、重点突出,让人既一听就懂,又难以忘怀。

第二,提供新闻。新闻发布会,自然就要有新闻发布。因此,在不违法、不泄密的前提下,要善于满足对方在这方面的要求,并善于表达自己独到的见解。

第三,生动灵活。适时采用适当的风趣语言、巧妙典故,可活跃现场气氛,甚至能缓和场面冲突,化干戈为玉帛。

第四,温文尔雅。发言人面对尖锐而棘手的提问时,能答则答,不能答则应巧妙地避实就虚。千万不能恶语相向,甚至粗鲁地打断对方提问;也不应吞吞吐吐,张口结舌。

三、新闻发布会后评估

新闻发布会举行完毕之后,组织方应在一定时间内进行一次认真的善后评估工作。

1. 了解新闻界反应

发布会之后,应评测新闻发布会效果,监控媒体发布情况,了解有多少媒体发表了新闻稿,收集反馈信息,总结经验。

2. 整理保存资料

整理保存发布会的有关资料,收集会议剪报,制作发布会成果资料集(包括来宾名单、联系方式、发布会各媒体报道资料、发布会总结报告等),既可在此基础上制作相应的宣传资料,又可为此后举行同一类型的会议提供借鉴。

3. 采取补救措施

对本次新闻发布会进行评估研究后,对于失误等要主动采取一些必要的补救措施。针对出现的不利报道,具体分析后应采取相应措施。如对批评性报道,应闻过即改,虚心接受;对失实性报道,应通过适当途径加以解释,消除误解;对敌视性报道,在讲究策略、方式的前提下应有力还击,立场坚定。

案例分析

一场神秘的"新闻发布会"

今天下午 4 点 30 分,当马云和张近东出现在南京诺富特酒店会议厅时,现场近 400 名记者才意识到,这不是一次普通的新闻发布会。

下午 4 点,苏宁发布公告,宣布阿里巴巴投资苏宁 283 亿,持有苏宁 19.99% 股份,双方达成全面战略合作。瞧!双方的关系已经离 4 个 9 不远了……

消息被严格保密到了最后一刻。此前,近 200 名记者正在采访苏宁参与主办的"互联网+零售紫金峰会",到了下午突然被告知有一个重要的发布会马上要在隔壁召开……另外 100 多名记者的经历则更加传奇,他们受邀赶到镇江参加"阿里巴巴未来战略沟通会",一上午的大雨滂沱和等待之后,下午 3 点,终于被工作人员带往称为"桃花源"的神秘会议地点,结果,却被大巴车拉着送回了南京……

之所以如此神秘,是因为两家公司都太过特殊,任何消息外泄都可能导致这笔中国商业零售业有史以来最大的投资出现波折。

发布会现场,大屏幕上两颗星球相向而行,合二为一,最终化为无穷大的符号。

关于这次投资,发布会上对外披露出来的细节如下:阿里巴巴将以283.43亿人民币战略投资苏宁云商,成为持股19.99%的第二大股东,苏宁将以不超过140亿人民币认购不超过2780万股的阿里巴巴新发行股份,约占阿里巴巴发行后总股本的1.09%。

中国互联网电商巨头联手中国传统零售商业巨头,记者们清楚,这意味着,中国的商业格局将被改写,关于线上和线下、平台和自营、资产轻与重之间孰优孰劣的争论将被终结,通向未来的新商业生态打开了大门。

中国的企业,第一次在世界上成为商业潮流的引领者。到场的近400名记者,和上午参加紫金峰会的王健林、李彦宏等商界大佬们一起,成为这一里程碑事件的见证者。

究竟是阿里主动追逐苏宁,还是苏宁主动靠近阿里?故事的起点并不清晰。这两家"恩怨交织"的公司在江湖中相望已久,都捍卫着各自的商业理想,然而大道至简,一切复杂的关于商业模式的说辞,最终都指向初心——更好地服务消费者。

于是,殊途同归。

据消息人士透露,双方在3个多月前开始接触,苏宁董事长张近东多次秘密造访西溪,合作迅速推进。而在苏宁总部,一部独立电梯直通核心禁地,阿里各个板块的核心人员拖着拉杆箱,开始悄然出没其中。

8月4日,苏宁云商集团股份有限公司董事会发布公告称,正在筹划非公开发行股票事项,为维护广大投资者的利益,保证公平信息披露,避免对公司股价造成重大影响,根据《深圳证券交易所股票上市规则》的有关规定,该事项构成重大事项,经公司申请,公司股票自2015年8月3日开市起停牌。

外界开始猜测苏宁的"非公开发行股票事宜"究竟有何内情,但是,几乎没有人能够想到,同苏宁联手的竟然是阿里巴巴。

3天前,财经及互联网行业的记者们以为阿里在故意砸苏宁的场子——在苏宁操办"互联网+零售紫金峰会"的同一天,阿里却大范围邀请记者赴镇江"桃花源"之约。记者们得到的消息是,阿里巴巴集团CEO张勇、零售事业群总裁张建锋、菜鸟网络总裁童文红都将现身,畅谈阿里未来15年发展愿景与规划。

有记者在朋友圈里再现了当时的场景……

镇江距离南京仅一小时车程。紫金峰会就在苏宁位于南京徐庄软件园的诺富特酒店举行。

阿里与苏宁之前的"剧蹭"让外界不免猜测"桃花源"之邀是针对苏宁的有意"撞车"。

2013年两会期间,苏宁董事长张近东以全国政协委员身份提案,呼吁对电商征税,随后又对记者表示年销售十几万的小店主不如农民工,淘宝创造的价值不如苏宁,引发了一轮口水战。

2014年双十一期间,苏宁刊登"打脸"广告,令舆论一片哗然。

转眼又是一年过去,外界惊讶地发现,阿里似乎针对苏宁有所行动,又一季"恩怨情仇"将要上演。然而,剧情却发生了彻底反转。

下午3点,阿里邀约的100多位记者登上大巴,在雨中奔赴"桃花源"。一个小时之后,苏宁的上市公司公告发布,披露了阿里注资的消息。仅过了数分钟,记者的邮箱里已经收到了阿里巴巴和苏宁全面战略合作的新闻稿。

两批记者殊途同归,聚集在诺富特酒店会议厅,近400人在现场赶发消息,阿里283亿投资苏宁的消息瞬间在朋友圈内刷屏,到处都是不可思议的表情。

马云和张近东出现在记者们面前,成为这一标志性事件的最好注脚。

两天前,马云在为香港青年演讲时说:"前20年是互联网经济时代,后20年将是互联网经济和传统经济的互补、融合,如果互联网不改变,只会变成传统互联网。"

当时,主持人问他:"互联网和传统经济到底谁比较强大?"

马云说:"都很强大!"

现在,人们应该更好地理解了马云的意思。

(资料来源:http://business.sohu.com/20150811/n418559117.shtml)

思考:

1. 阿里巴巴与苏宁的战略合作新闻发布会是否起到了预期效果,他们是如何实现的?

2. 这场新闻发布会的筹备工作对你有什么启发?

故事感悟

奥斯卡颁奖礼的内幕

新一届的奥斯卡奖尘埃落定,49座全新的小金人找到了归宿。这一届的获奖结果没有多少惊喜,伴随着同样没有多少惊喜的颁奖礼晚会。然而,历经86年的沉淀,奥斯卡奖的举办宗旨却愈发突显:美国电影工业自身来褒奖本年度的杰出工作者。气派、华丽、明星荟萃,而其中蕴含的价值观中正平和,这是好莱坞电影的根本特征,更通过那一声声的"And the Oscar goes to……"年复一年地被大声宣示。

奥斯卡的作秀技巧

作为一场电视秀,奥斯卡有很多地方值得我们借鉴。第86届的颁奖礼3小时,加上1小时的广告插播,共4小时,依然比我们的春晚短半个钟头。除了时长和插播广告的限制,杜比剧院的舞台也比央视的小很多,但舞美设计却反胜我们好几筹。说实在,我看奥斯卡最感兴趣的是舞美和主持人的幽默能力。奥斯卡舞台是讲究留白的,很少填得满满当当,本届只有鲜花背景那场似乎有点俗,但那是跟《绿野仙踪》相呼应的。在一场大秀里致敬一部影片,我以前没见过,但《绿野仙踪》当得起。而贯穿始终的致敬银幕英雄的主题,套路比较陈旧,因为大部分影片都可以归入"英雄"之列(其中一半以上是普通人英雄),故跟2013年的电影或时事无甚关联,远不如"911"后致敬纽约的专题那么接地气。从编排的角度,第一段动画片英雄游离于两个动画奖项,也算是考虑不周。

说回舞美,透明的金人雕塑、片场的大探照灯等用作主题布景,颇为大气,借助灯光的色调以取得变化。四首提名歌曲的演唱配置了精心的舞台设计,不像某一年把所有歌曲堆在一起,变成了微型演唱会,效果惨淡。奥斯卡曾经重用大歌舞,热闹是热闹了,但显得低俗。上届(第85届)因为设置了致敬歌舞片的段落,也出现了很多唱段。其实,经典奥斯卡瞬间里没有一个是歌舞节目创造的。这个道理，在春晚中长大的我辈应该不难理解。

奥斯卡近年一直在发掘和培养长线主持人。历史上仅出过三位王牌主持，分别是鲍勃·霍普、约翰·尼卡森、比利·克里斯托。克里斯托最后一次主持尽显老态，而走马灯似的新人却参差不齐，未能出现托尼奖的尼尔·帕特里克·哈里斯那样公认的惊喜。本届的主持人艾伦·德詹尼斯不差，但也谈不上极棒。从纯娱乐的角度，还不如去年大唱"我看见你咪咪了"那哥们。艾伦是喜剧明星，20世纪90年代有自己的情景喜剧，出柜后事业依然不衰，后转战脱口秀，发掘了新战场。她的观众以女性为主，这跟奥斯卡颁奖礼不谋而合。她的段子相对温和，最刻薄的也仅仅是把年迈的女配提名人当作聋子对待。她针对乔纳·希尔那个黄色玩笑十分隐晦，估计海外观众听了一头雾水（艾伦的潜台词是她没有兴趣看乔纳的小弟弟，她是拉拉嘛）。

艾伦的最大创新是跟明星玩过家家。她数次跑到观众席，一会儿自拍，一会儿点比萨饼，轻松了气氛，但未必是高级幽默。当然，第一次尝试自然效果不错，但不可能像歌舞那样反复使用，甚至也不能像克里斯托把自己放进热门影片那么屡试不爽。理想的主持人应该能收就能放，但艾伦基本是收敛的，开场把洛杉矶下雨当作自然灾害的段子，以及最后一个佯装典礼已经结束的笑话，大致代表了她的犀利程度。

艾伦不断往观众席串门，为我们带来了更多的台下镜头。我发现有个年轻的亚裔男士，坐在第二排，心想这一定是重要奖项的入围者或家属，后来发现他坐在另一个座位，我顿时明白了他的真实身份。原来他是"临时演员"，是奥斯卡雇来填座位的填位人(seat filler)。因为经常有颁奖人需要离开座位，广告时间又有人上厕所或去廊厅酒吧而不准时返回，那时镜头扫到观众席会不太雅观，所以"临时工"要随时把空位填上。当然，他们是不可以跟身边明星搭腔的。这招中国好像还没借用，故常能见到整排整排的空位，而主办方对外号称一票难求。

有一点我们已经学到的是颁奖人的插科打诨。奥斯卡有专门的班子撰写这些简短的对话，颁奖人若不喜欢，也可提出建议。但不能完全离题去另说一套，那是违规的（如一些政治性的发言）。本届奥斯卡最浪费时间的是起立鼓掌，早年必须是德高望重者上台才能获得此待遇，现在连小丫头都能享受到，真是跌价。想当年卓别林从升起的银幕后步出，那真是感人的一幕，如今堕落到靠女星踩裙摆摔跤来制造真情流露，而且到第二年接着当笑话继续。

当然，真情流露主要来自获奖者，只是，一路呼声最高的赢家因为没有悬念，有时会流于念稿，如本届的凯特·布兰切特索性把各地的经纪人都感谢了一遍,不可谓不乏味。大家知道得奖感言有时长限制,但讲得好而又是主要奖项,导播是不会用音乐打断你的。这回,莱托、尼永奥、麦康纳都超时,但他们显露了真性情。可惜,这样的亮点还是太少,而像萨莉·菲尔德的经典狂呼:"你们真的喜欢我!"似乎再也没出现过。在念稿的感言中,获最佳歌曲的夫妻档最为风趣,他们把感谢对象编成了歌词,半念半唱,既简短又好玩。

排座位的学问

杜比剧院只有3400个位子,但是整个美国影艺学院却有6000余名成员,给谁,不给谁,怎么定,这群人的座位怎么安排,谁跟谁挨着,谁和谁不愿意打照面,都是很玄妙的事情。为了办好皆大欢喜的电影人晚会,影艺学院有一个专门负责颁奖礼运营的分支机构。一般来说,确认出席的成员,都是在本年度有着不俗贡献的电影人,作品是他们的入场券;其次是一些正当红的人气红星以及上一年的获奖者;然后是那些退隐或半退隐的影坛大腕。至于排座的原则,大体上是:在前几排的,主要是获得表演奖项的提名者,坐在正厅后方的,是技术类提名者、剧组成员及其家人。而社会名流、观摩成员则会被分派到楼座。

座位安排好了,能促成两个不相干的人凑到一部伟大的影片之中,甚至能催生出一段伟大的友谊;座位安排坏了,甚至还会让原本的好友反目成仇。在某一年的奥斯卡结束之后,坐在一起的肖·杨和詹姆斯·伍兹就翻了脸。其实,奥斯卡的座位安排,是挺困难的:首先需要对明星的过往了然于心,其次需要对明星在圈内的关系成竹在胸。情侣坐一起情有可原,但是情敌坐一起就不行了;夫妻坐一起理所当然,但是仇人可不要坐得太近,免得彼此尴尬。

2008年去世的奥托·施珀里(Otto Spoerri)是奥斯卡的超级掌门人,他在学院内为奥斯卡的颁奖典礼安排座次长达22年之久。在长时间的工作中,他总结出来两个座位安排的原则:(1)不能把获得相同提名的人摆在一起。(2)尽可能把提名者摆在走道的边上,这样他们能更方便地上台领奖。这两个黄金准则如今已经成为新任排座人金伯利·劳什(Kimberly Roush)安排座位的不变原则。

除了这两个原则之外,那些坐在剧场正中央的"黄金座位"上的人,获奖概率最高。比如说,终于在混了大半辈子之后拿到奥斯卡的马丁·斯科塞斯。在那一年的奥斯卡上,他就被安排在了大厅正中就座。而凯特·温斯莱特获奖那年,她的位子也被从往年的剧院中后部挪到了剧院中间。不过2014年,这个"黄金座位"小规律却部分落空了,因为坐在大厅正中的是那些最红的明星——小李、梅姨、布洛克、贝尔、劳伦斯都一无所得。

填座人:要面子,不要里子

整个奥斯卡的颁奖长达四小时,难免会有人中途退场、出门放风,或者上个厕所,更不要说不时有人还要上台颁奖或表演。这个时候,座位就会出现空缺,而电视转播时就会掉面子。为了避免这种情况,组委会还会找来一些"临时演员"参与到这场巨大的真人秀里来。这些临时演员的来源各不相同,在某些年份,是由 ABC 电视台的员工充当;某些年份,学院会从网上召集临演。而更多的时候,是影艺学院找来一些年轻的、没有参加过奥斯卡的学院成员来充当"志愿者"。

曾经以临时演员的身份参加过奥斯卡颁奖礼的约书亚·考瑟梅尔(Joshua Crouthamel)是一个旅游杂志的编辑。按照他的说法,以临时演员的身份参加奥斯卡颁奖典礼"是一个不小的考验"。在奥斯卡举办当天的下午,学院会找来一些志愿者举着印有明星名字的牌子充当明星进行彩排、测试转播器材。而所有的临时演员(每年 100 人左右)则被召集到后台开会。导演组对他们的要求是:不许随便说话、不许乱跑、不许喝酒。举止要得体,不能做出不雅动作。最重要的是,一旦颁奖典礼开始,临演就要完全听从导演组的指挥,让他们坐哪里就坐哪里——不管是男是女,是老是少,一定要适时地微笑、鼓掌、起立。没事的时候,不能在后台乱窜,要待在指定的休息室里休息。

有的临时演员运气比较好,有机会替大明星撑场面。比如在考瑟梅尔参加的那届颁奖典礼上,他就先后替了妮可·基德曼、奥兰多·布鲁姆和威尔·史密斯的妹妹。当然,并不是所有的嘉宾都会离开自己的座位。坐在考瑟梅尔边上的伊桑·霍克,整个晚上都没有离开过座位。考瑟梅尔说自己"出演"奥斯卡的那一晚上忙着四处填座,几乎没有时间上厕所。只有在播放广告的间隙,他才找到了一个机会如厕。在洗手间门口,他碰到了伊利亚·伍德,一开始没有认出来,而是跟他嘀咕了几句今晚比较无聊的社交废话之后,才突然发现,这个小个子年轻人,原来就是"霍比特人弗罗多"。而等他回到座位,只看到已经另有一个临演坐了上去。他这才明白,所有的临演都是一个整体,导演所需要的,"就是他们的屁股",而不是他们的形象。

奥斯卡评委都是些什么人?

他们总数超过 6000 人,来自世界各地,但大部分生活在洛杉矶、纽约、旧金山和伦敦。其中白人占到 90% 以上,男性占到 75% 左右,平均年龄约 60 岁,除了你能想到的著名明星、导演,还有像默多克这样的传媒业大亨。他们为一场全球电影业关注的盛会进行秘密投票,其结果可以彻底改变某位电影人的前途,也可以让一家公司股价飙升。他们就是"美国电影艺术与科学学院"的成员。该学院自称是"世界上最杰出的和电影有关的组织",成员由"在电影领域最成就卓著的男男女女"组成,评委名册还包括一些电视演员。

奥斯卡评委如何投票?

奥斯卡的投票分为两轮,第一轮选出提名者,第二轮则挑出获奖者。第一轮投票时,成员的选票只能投给自身所属领域的候选人,就是说,演员们选出最佳男女主角、配角的提名,特效师则只能选出最佳特效的提名影片。入围名单揭晓后,所有成员可以为各个类别的奖项投票。

(资料来源:http://ent.qq.com/a/20140331/014557.htm#P-11)

本章小结

本章内容主要围绕商务会务与仪典的礼仪展开,重点介绍了签约仪式、开业仪式、剪彩仪式、庆典仪式、颁奖会和新闻发布会等6种会务与仪典形式,包括分别涉及筹备、程序等相关问题。通过本章的学习,学生应掌握常见的会务与仪典的相关礼仪。

模拟实训

情境展现

A商品城坐落在经济强市H市繁华商业街上。该商城总投资2亿元,总建筑面积20万平方米,拥有1000多间铺位,是一个集物流、小商品批发、生活娱乐、电子商务等各项功能为一体的大型批发市场,年交易额50亿元以上,现已成为H市的采购中心、物流中心、商贸中心。

为了进一步打响A商品城的品牌,商城邀请XSD策划公司进行策划设计。XSD策划公司为其设计了"热情、豪放、超越"的企业理念,并形成了系统的CI规划体系,充分体现了商品城领导的高瞻远瞩和策划大手笔。

2015年12月25日,A商品城在名都大酒店举办新闻发布会,向社会隆重推出CI识别系统。到会的有市、局级主管商业的领导、社会知名人士、业主代表。在新闻发布会上,A商品城的吴总经理介绍了商城的情况及今后的经营规划,公关部经理孔小姐向与会人员宣读了CI宣言,并展示了部分VI设计,H市程副市长莅临到会祝贺,他对A商品城所取得的成就充分地予以肯定,XSD策划公司首席设计师张小姐对设计意图进行了说明。新闻发布会上,记者提问十分活跃,就商城领导人和前景发展进行了采访。本次新闻发布会,由A商品城行政部洪经理主持。

与会人员相信,随着商城CI的导入,商品城将更具知名度,而且能为更多的业主带来"钱景",达到"共赢"的目的。

实训任务

请根据所给资料写一份关于该商城新闻发布会的策划方案,根据职业情景提示的资料模拟演示新闻发布会的场景。

模拟要求

以班级为单位,由5人组成新闻发布小组,分别扮演吴总经理、孔小姐、程副市长、张小姐和主持人,其他同学扮演新闻记者。

要求:

(1)每位发言人都以相对应的身份角色发言,每位记者都应提问。

(2)新闻媒体的名称由同学自拟,采访用的话筒、身份牌由学生自行准备。

(3)发言材料及提问根据情景材料设计,允许在此基础上做适当的延伸和扩展。

(4)如有录像条件,将新闻发布会录像,待实训结束后,在班里播放,进行评价。

(5)进行文字资料整理、拍照等存档工作。

评价方式

根据每小组实训总体情况及学生在实训中担任的角色、表现,为每位参与实训的同学打分。

第十章　商务宴请礼仪

☞ 学习目标

1. 了解各种宴请形式及其各自特点。
2. 了解宴请的 6M 原则，学习如何得体地出席一次宴会。
3. 掌握宴会的筹备过程，以及中西式宴会桌次、席位的安排规则。
4. 掌握中西式宴会用餐的礼仪，学习如何优雅、得体地参加宴会。

☞ 情境导入

"左手接杯"引来的麻烦

焦女士是一名白领丽人，她机敏漂亮，待人热情，工作出色，因而颇受重视。有一次，焦女士所在公司派她和几名同事一起，前往东南亚某国洽谈业务。平时向来处事稳重、举止大方的焦女士，在外出访问期间，由于行为不慎而招惹了一场不大不小的麻烦。

事情经过大致是这样的：焦女士和她的同事一抵达目的地，就受到了东道主的热烈欢迎。在为他们举行的欢迎宴会上，主任亲自为每一位来自中国的嘉宾递上一杯当地特产的饮料，以示敬意。轮到主人向焦女士递送饮料时，一直是"左撇子"的焦女士，不假思索，自然而然地抬起自己的左手去接饮料。见此情景，主人骤然变色，对方没有把那杯饮料递到焦女士伸过去的左手里，而是非常不高兴将它重重地放在餐桌上，随即理都不理焦女士就扬长而去了，大家觉得非常纳闷。

讨论：
焦女士不当的行为是什么？为什么会由此招惹这场麻烦？

第一节　宴请的形式与特点

国际上通用的宴请形式有四种：宴会、招待会、茶会和工作进餐，每种形式均有特定的规格和要求。

一、宴会

宴会，指比较正式、隆重的设宴招待，宾主在一起饮酒、吃饭的聚会。宴会是正餐，出席者按主人安排的席位入座进餐，由服务员按专门设计的菜单依次上菜。按其规格又有国宴、正式宴会、便宴、家宴之分。

1. 国宴

国宴是一国元首或政府首脑为国家重大庆典，或为外国元首、政府首脑到访而举行的正式宴请活动，是接待规格最高、礼仪最隆重的一种宴请形式。当然，接待规格最高并非指宴席的价格档次最高，而是指参加宴席的人员其公职身份、地位最高。因为国宴由国家元首或政府首脑主持，被宴请的对象主要是其他国家元首或政府首脑，同时可能还有其他高级领导人和社会各界名流出席作陪。国宴一般有以下一些基本特征：

（1）政治性强，礼仪礼节特殊而隆重。国宴是具有特定文化背景、规格标准较高、由完整套餐菜点组成的正式招待宴会。由于主持人和被宴请者分别代表不同的国家，从而使宴请带有比较强烈的政治气氛，因此国宴的礼仪礼节和整体设计既要体现主办国民族自尊、自信、自强和热情好客的风尚，体现国家独立自主的尊严以及高度的精神文明，同时又要体现国家与民族之间平等尊重、友好合作的时代主题。国宴的礼仪礼节要求严格，接待安排细致周密，无论是出席宴请的宾客和主持人，还是负责接待的工作人员，都必须以庄重、得体的举止出现在国宴的举办场所。

（2）举行国宴的场所具有国家最高级别的象征意义。宴会环境高贵典雅，气氛热烈庄重。国宴从环境布置、乐队，到赴宴人员和服务人员的装束、言谈举止都必须显示出热烈、庄严的气氛。如举办场地悬挂国旗，安排乐队演奏双方国歌及席间乐曲等。

（3）宴会台面与菜品设计既要体现本国特色，又要考虑宾客的宗教信仰和风俗习惯。

（4）宴会举行的时间一般在中午或晚上。

（5）负责外交事务的部门和人员通常要负责安排和组织宴请的接待工作。

（6）国家元首或政府首脑亲自主持，座次按照礼宾次序排列。

2. 正式宴会

正式宴会通常指政府部门和人民团体为欢迎应邀来访的国外宾客或来访的宾客为答谢主人而主办的宴会，接待规格仅次于国宴。正式宴会除不挂国旗、不奏国歌以及出席规格不同外，其余安排大体与国宴相同。餐桌服务式宴

席一般在中午或晚上进行,其主要特点是:

(1) 宾主就餐服饰比较讲究,并都按身份排位就座。

(2) 提供全套餐桌服务,礼仪与服务程序都十分讲究。

(3) 席间一般有致辞和祝酒,有时也设乐队演奏伴宴乐曲。

(4) 菜品规格要求高。

(5) 就餐环境十分考究,一般要求有较完备的服务设施。常通过整体装修、场地布置、台面设计来烘托气氛。

(6) 对餐具、酒水、陈设、服务员装束、仪态都有严格要求。

(7) 宴席菜单设计精美,多数情况要派发请柬。

3. 便宴

便宴是一种非正式宴请,规格可大可小,不拘严格的礼仪程序,追求一种亲切、随意的进餐环境和效果,是联络感情、沟通信息、交际活动中较为普遍采用的宴请形式之一。常见的有午宴、晚宴,有时亦有早上举行的早餐。这类宴请形式简便,可以不排席位,不作正式讲话,菜肴道数亦可酌减。西方人的午宴有时不上汤,不上烈性酒。便宴较随便、亲切,宜用于日常友好交往。

4. 家宴

家庭宴会是以代表家庭主人或私人身份,为宴请他人而举行的不同规格、不同形式的招待宴会。如婚嫁宴会、祝寿宴会、生日宴会和团聚宴会等。家宴可以在家中举行,也可在饭店举行。家宴通常没有太多的礼仪限制,用于公关、社交活动之中,旨在深化情感、发展友谊。西方人喜欢采用这种形式,以示亲切友好。家宴往往由主妇亲自下厨烹调,家人共同招待。

二、招待会

招待会指只备一些食物、饮料,而不备正餐、不排座次的一种较为自由的宴请形式。其具体形式又可分为冷餐会、鸡尾酒会和自助餐宴会等。

1. 冷餐会

冷餐会属于自助式宴会,菜点一般要求质量较稳定,易于运送、存放和取食;以冷食为主,亦可配上部分热菜,连同餐具陈设在菜桌上,供客人自取。菜肴点心一般事前摆放在桌上,供客人自由选择,多次取食。酒水大多陈放在桌上,有时也可由服务员端送。食品和饮料均事先放置于桌上,招待会开始后,自行进餐。冷餐会举办时间一般在中午 12 时至下午 2 时,或下午 5 时至 7 时左右。客人可多次进食,站立进餐,自由活动,边谈边用。冷餐会的地点可在室内,也可在室外花园里。对年老、体弱者,要准备桌椅,并由服务人员招待。此种宴请形式一般不排席位,适宜于招待人数众多的宾客。我国举行大型冷餐招待会,往往用大圆桌,设座椅,主桌安排座位,其余各席并不固定座位。根据主客双方身份、参加人数、冷餐会规格和隆重程度可高可低,规模可大可小。

2. 酒会

酒会或称鸡尾酒会,也是一种通行的招待方式。酒会以酒水招待为主,略备小吃,如各色面包、小泥肠、三明治等,以牙签取食。酒水和小吃由服务员用托盘端送,也有的将食品置于小桌上由客人自取。

所谓鸡尾酒,实际上是一种混合酒,其配方据说至今已有2000多种。关于"鸡尾酒"的来历说法不一。一说,从前外国有一位驸马,善于配制混合酒,很受宾客欢迎,应接不暇,心乱中丢失了调酒的勺子,便信手拔下头饰上的鸡毛来调制,因而得名。另一说,西欧某国,猎人上山狩猎时各自带酒,一次进餐时,大家把酒混在一起共饮,酒味极佳。由于各种颜色的酒混在一起,五光十色,在阳光下闪烁,像雄鸡尾那样好看,因而得名。

鸡尾酒会是一种较为活泼,有利于宾客之间广泛接触与交流的宴请形式。在酒会上,气氛随便,边饮边谈。

现在有的酒会并没有准备鸡尾酒,亦统称鸡尾酒会。特点如下:

(1) 酒会一般采用站立形式,不设座椅,仅设桌子、茶几,没有主宾席,所有客人站着进餐,方便客人随意走动。

(2) 提供的菜肴饮品以酒水为主,尤其是鸡尾酒等混合调制饮料,同时配以布丁、三明治、串烧、炸薯条等小食品,但不用或少用烈性酒。

(3) 酒会举行时间较灵活,中午、下午、晚上均可。酒会的请柬通常注明酒会的延续时间,客人可在酒会进行期间任何时间到达或离开,不受约束。

(4) 酒会请柬上一般都注明起讫时间,客人可在此期间入席,来去自由,不受限制。

(5) 配制好的鸡尾酒放在桌上,客人按需要自取。小食品由服务人员托送。

(6) 酒会既可作为大中型中西餐宴席的前奏活动,也可用于举办记者招待会、新闻发布会、签字仪式等活动。

3. 自助餐宴会

自助餐宴会是一种比较方便灵活的宴请形式,现在比较流行。招待会设餐台,大型招待会还可设多处餐台。餐台上陈列各种食品菜肴,有的布置成各种图案,色彩缤纷,甚为好看。餐盘、刀、叉及餐巾、口纸等放置在桌上,客人可自取选用,也可由招待员端送。自助餐会的特点是:

(1) 免排座次:正规的自助餐,不固定用餐者的座次,甚至不为其提供座椅。

（2）节省费用：自助餐多以冷食为主，不搞正餐，不上高档的菜肴、酒水，可大大地节约开支，并避免浪费。

（3）各取所需：用餐者碰上自己偏爱的菜肴，只管自行取用，不必担心会有人嘲笑。

（4）招待多人：需要为众多的人士提供饮食时，自助餐是一种首选。它不仅可以款待数量较多的来宾，而且也可较好地处理众口难调的问题。

三、茶会

茶会属座餐式，是各类社团组织、单位或部门在节假日或需要之时举行的一种以饮茶、吃点心为主的欢聚或答谢的宴请形式。茶会是正式宴请中最简便的一种招待形式，其基本特点如下：

场地、设施要求简单。茶会通常设在会议厅或客厅，厅内设茶几、座椅，一般不排席位，但有贵宾出席时可考虑将主人与贵宾安排坐在一起，而其他人随意就座。宾主共聚一堂，饮用茶点，漫话叙谈。席间可安排一些短小的文艺节目助兴。

茶会，顾名思义是请客人品茶。因此，茶叶、茶具的选择，应考虑季节、茶会主题、宾客风俗与喜好等因素。如春、夏、秋季举行茶会一般用绿茶，冬季举行茶会用红茶；接待欧美宾客会用红茶，接待日本及东南亚宾客会用绿茶；某些接待外国客人的茶会，有时又以咖啡代替茶叶，其组织和安排与茶会相同。

茶会举行的时间一般在下午 4 时左右(亦有上午 10 时举行的)。由于茶话会简便而不失高雅，气氛随和而热烈，近年来国内许多大型接待活动已由传统餐桌服务式宴席向茶话会过渡，体现了人们简朴务实的时代风尚。

四、工作进餐

工作进餐是指在商务交往中具有业务关系的合作伙伴，为了进行接触、交换信息、联络感情或洽谈生意，而假借用餐的形式所进行的一种商务聚会。工作餐不同于正式的宴会，是一种常用的灵活的商务交际形式，其基本特点是：

1. 重在创造一种氛围

即一种有利于商务人员进一步进行接触的轻松、愉快、和睦、融洽、友好的氛围。

2. 目的性强

工作餐的目的是工作第一，进餐第二。商务人员讲究的是务实，工作餐自然也是如此,就餐双方一般都心中有数,意欲借聚餐实现某种目的。

3. 一般规模较小

它可以是两个人之间的单独约会,也可以是有关双方各派几名代表参加。参加工作餐的总人数,以不超过 10 人为宜。

4. 随意性

相对于正式宴会来说,工作餐有一定的随意性,只要双方无异议,可以随时随地举行,聚餐前也不必向客人发出正式请柬,时间也不必提前约。一般情况下,提议者电话邀请,对方同意参加,即可举行工作餐。按用餐时间分为工作早餐、工作午餐、工作晚餐,但工作餐通常安排在工作日的午间,以不影响参加者工作为准。

5. 一般只请与工作有关的人员,不请配偶

双边工作进餐往往排席位,尤以用长桌更便于谈话。如用长桌,其座位排法与会谈桌席位安排相仿。

6. 提议者做东

首先提议举行工作餐者,即应为做东者。而东道主一方出席工作餐时的行政职务的最高者,理所当然是主人。依惯例,工作餐不论规格高低,提议方应负责工作餐的付账。

第二节 宴请筹备与出席

宴请,是一种比较重要的交往方式。一般情况下,举办宴请和参加宴请都不仅仅是为了吃吃喝喝,而是以交际为目的。因此,无论请客还是被请,无论举办或参加何种宴请,都应该讲究和遵循宴请礼仪。

一、宴请的 6M 原则

无论是中式宴请还是西式宴请,都应根据国际惯例遵守 6M 法则,即宴会举办过程中要注意的 6 个跟 M 有关的重要问题。

1. 费用(money)

宴会费用开支的大小,往往意味着客人受重视的程度和宴会的规格。在举办宴会时,有两点必须明确:第一要反对铺张浪费,第二要从简务实。

2. 氛围(mood)

环境高雅与否、就餐环境的档次如何,实际上意味着对方受重视的程度如何。商务宴请讲究环境雅致、气氛和谐。

3. 会面（meeting）

在一般情况下，出席宴会者，除了宾主双方之外，往往需要有作陪的人员。作陪的人就客人而言，需要考虑他的配偶和随员。作为主人而言，要注意邀请参加宴会的人员，应该得到主宾的认可，否则不邀而至，不通报对方，意味着对主人的一种失礼。

4. 音乐（music）

凡重要的宴会，均可安排必要的音乐会活跃气氛，增加宴会的档次。作为宴会的主办者，宴会的音乐首先要尽可能考虑现场进行演奏，现场乐队演奏比播放乐曲效果要好。其次，在考虑具体的曲目时，一方面要体现本国特色、本民族特色、本地区特色；另一方面要以轻松愉快为主，不能过分严肃，更不能过分悲哀，否则会影响就餐者的情绪。再次，在力所能及的范围内，要考虑安排来宾，尤其是主宾所欣赏、所热爱的乐曲，这样会使对方有被尊重之感。最后，在安排宴会的乐曲时，要尽量地避免对方不能理解、不能接受的曲目，这同样意味着对对方的尊重。

5. 举止（manner）

餐桌举止要文明，并注意餐桌六忌：

（1）不吸烟。

（2）进了嘴的东西不要吐出来。在任何情况下，菜肴一旦入口就不能够当众吐出，万一遇到骨刺之类或者需要吐出来的东西，要以手掌或者餐巾略加遮掩。特别要强调，不要剔牙或者抠牙。

（3）让菜不夹菜。

（4）祝酒不劝酒。用餐期间可以向别人祝酒，可以提议干杯，但是不勉强别人。

（5）不在餐桌上整理自己的服饰。女士不要当众补妆或者清理自己的头发，男士不能够在外人面前宽衣解带，必须要整理服饰的时候，可以选择前往洗手间。

（6）在重要的宴会上，特别是在涉外宴会上，吃东西不发出声音。从国际礼仪的角度来讲，吃东西发出声音会被看作没有教养。

6. 菜单（menu）

宴请菜肴的安排需要深思熟虑，正式的宴会，主人应该提前在餐桌上摆放菜单。另外，在安排菜肴时，要注意交往以对方为中心，要优先考虑客人的选择。特别要尊重主宾的选择，要尽量避免在菜单上面安排客人尤其是主宾不能够接受的菜肴。饮食禁忌大体上分为以下几类：

第一，个人禁忌。即个人的口味偏好，安排菜肴时应事先对宾客的口味有一定了解。

第二,行业禁忌。不同的行业有不同的禁忌,比如司机是禁酒的,这属于行业禁忌。

第三,健康禁忌。有些患者和病人,出于维护个人健康的考虑,有些菜肴是忌食的,比如糖尿病人是绝对不能吃含糖较高的食物的。

第四,民族禁忌。

第五,宗教禁忌。就菜单安排时的饮食禁忌而言,民族禁忌和宗教禁忌是需要我们高度重视的。尊重对方就是尊重对方的选择,在任何情况下,违反对方的民族禁忌和宗教禁忌的菜肴,是绝对不可以上桌的。

二、宴请的筹备

1. 周密安排

在筹备期间要明确四件事,分别是宴请的规格种类、参加人员、宴请时间和宴请地点。

(1) 规格种类。宴请的规格,依宴请目的和主要宾客的身份地位而定,过低显得失礼,过高也无必要;宴请种类,依宴请的性质、目的和内容而定。

(2) 参加人员。在综合考虑宴请的性质、主宾的身份、国际惯例和两国关系、以往外方对我方的做法等因素,确定该请哪些方面的人士,请到哪一级别,请多少人,主方由什么人出来作陪等。对出席宴会的人员应列出名单,写明姓名、职务、称呼。

(3) 宴请时间。可以按照主办方的实际需要而定,如单位庆典、朋友聚会;也可以按照客人的活动安排而定,如接风送行;还可以按照事情的进展情况而定,如谈判成功。确定宴会时间,一要考虑客人方便,避开其重大节日、假日或是有重要活动的时间。二要照顾参加人员的习俗,避开对方的禁忌日。比如邀请中国同胞不要安排在除夕夜,邀请西方朋友则应避开每月的 13 日。宴请时间最好放在晚间,如确实需要也可以放在午间,时间不宜过长,一般不超过 2 小时。如果条件允许,时间确定之前,可以先征求主宾意见。

(4) 宴请地点。在确定宴请地点时应考虑到所选择的地方与宴请目的、性质和主宾的身份地位相适应,并且能够充分表达对客人的敬意,同时还要交通便利、环境优雅、菜肴精美、价格合理、服务到位。

2. 盛情邀请

(1) 发送请柬。组织比较正式的宴会,应该制发请柬。大型宴会的请柬,可以以单位名义发,也可以以个人名义发;小型宴会一般以个人或夫妇二人的名义发;工作餐以单位名义发。如果以夫妇二人的名义发送请柬,主宾、陪客的配偶均可列为受邀对象。如果受邀夫妇都有重要身份,则应分别发送请柬。请柬应尽早(一般提前一至二周)发出,以便宾客调整时间。为了减少失误,可以在宴会前夕,再电话联系,进行确认。

撰写中文请柬,应该在信封上写明被邀请者的姓名、职务,在内文中就无需提其名字了。请柬内容应包括宴请的时间、地点、形式,有时还须写明事由、着装要求以及请客人给予答复等。落款处写上主人的姓名。

涉外请柬需要分别用中外文打印或书写。篇章结构由主题、称谓、正文、敬语、落款以及附注构成。请柬写好后装入美观大方的信封中,信封应用中外两种文字写清客人的姓名。

(2) 其他方式。组织比较轻松随意的"便餐"式的宴请,可以采用打电话或请人代转的方式进行邀请。无论采用哪种方式,都要做到两点:一是"话"说到,说明理由,表达敬意和诚意;二要把"事"落实,明确告知时间、地点、参加人员,询问清楚对方能否出席,有无其他需要。

3. 定制菜单

(1) 主随客便。菜单以客人的爱好为准,充分考虑客人尤其是主宾的饮食习惯、口味好恶、宗教禁忌、健康状况等具体情况。规模较大的宴会,酒水最好准备三种以上。

(2) 量力而行。一般情况下,安排菜单不要超出自己的实际能力,因为这样会使客人感到不安。

(3) 适当控制。文明社会中,铺张浪费越来越被人们所不齿,因为大吃大喝而被客人误解,最终不欢而散的事情也屡见不鲜。因此定制菜单,应该多在品种、口味上动脑筋,不要追求以贵为好、以量取胜。

4. 桌次和席位安排

正式宴会,一般都事先排好桌次座位,以便宴会参加者各入其位,入席时井然有序,同时也是对客人的尊重。非正式的便宴,有时可不安排座次。按照国际惯例,桌次高低以离主桌位置远近而定,右高左低。桌数较多时,要摆桌次牌。宴会可用圆桌、方桌或长桌,一桌以上的宴会,桌子之间的距离要适中,各个座位之间的距离要相等。团体宴请中,宴桌排列一般以最前面的或居中的桌子为主桌。

(1) 中式宴会的桌次和席位安排

中式宴会通常 8~12 人一桌,人数较多时也可以平均分成几桌。在宴会不止一桌时,要安排桌次。其具体原则是:

① 以右为上。当餐桌分为左右时,以面门为据,居右之桌为上。

② 以远为上。当餐桌距离餐厅正门有远近之分时,以距门远者为上。
③ 居中为上。多张餐桌并列时,以居于中央者为上。
④ 在桌次较多的情况下,上述排列常规往往交叉使用。
中式宴会桌次安排示例如下:

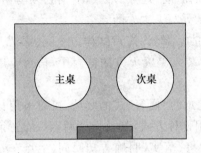 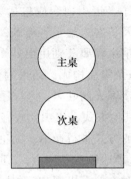

图 10-1　两桌桌次安排

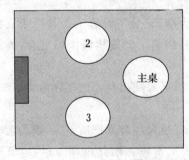 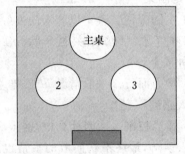

图 10-2　三桌桌次安排

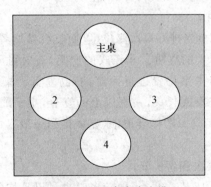

图 10-3　四桌桌次安排

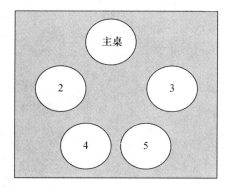

图 10-4　五桌桌次安排

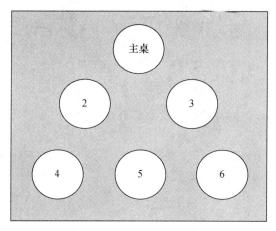

图 10-5　六桌及以上桌次安排

中式宴会的席次安排。席次,指同一餐桌上的席位高低。排列席次的原则是:

① 面门为上。即主人面对餐厅正门。有两位主人时,双方可相对而坐,即一人面门,一人背门。

② 主宾居右。即主宾在主位(第一主位)右侧。

③ 好事成双。即每张餐桌人数为双数,吉庆宴会尤其如此。

④ 各桌同向。即每张餐桌的排位均大体相似。

中式宴会席位安排示例如下:

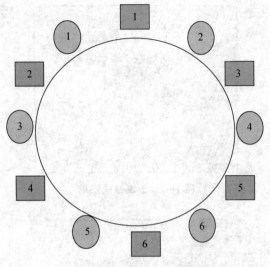

图 10-6　单主人席位安排

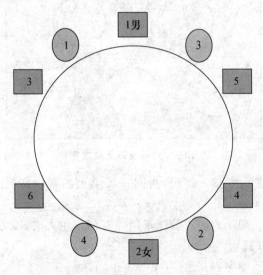

图 10-7　异性双主人席位安排

（2）西式宴会的桌次和席位安排

西餐宴会一般使用长桌,桌子的设置可根据参加人数的多少和场地的大小而定。正式宴会上,桌次的高低尊卑以距离主桌位置的远近而定,越靠右的桌次越尊贵。桌次较多时一般摆放桌次牌。若用餐人数较多,可以把长桌拼成其他图案,以便大家一起用餐。

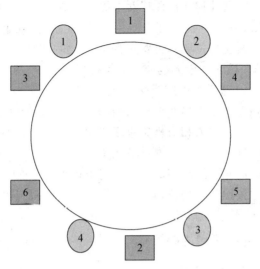

图 10-8　同性双主人席位安排

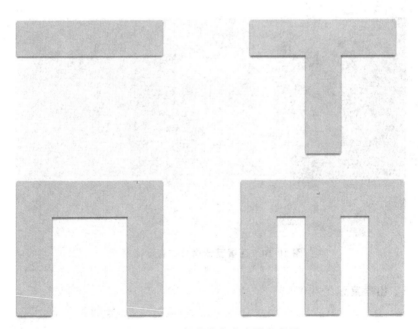

图 10-9　西餐宴请桌次布置参考图

除非极其盛大的西餐宴会，大多情况下，西餐宴会一般不涉及桌次，席位安排主要是位次问题。西餐席位安排与中餐席位排列有所差别。

① 女士优先。西餐礼仪往往体现女士优先原则。在安排用餐席位时,一般女主人为第一主人而在主位就座,男主人作为第二主人坐在第二主人之位。

② 交叉排列。西餐排位要将男女宾客交叉排位,以便每一位女士都有在她左边的男士的帮助。熟人和生人也应当交叉排列,即一个用餐者的对面和两侧是异性或不熟悉的人,这样可以广泛交流。

③ 英国式的顺序。主人坐在桌子两端,原则上男女交叉而坐。

④ 法国式的顺序。主人相对坐于桌子中央,以女主人的座位为准,主宾坐在女主人的右上方,主宾夫人坐在男主人的右上方。

⑤ 面门为上。面对餐厅正门的位子要高于背对餐厅正门的位子。

⑥ 以右为尊。按照礼仪规范,就某一具体位子而言,其右侧位子要高于左侧位子。

⑦ 距离定位。同一张桌上越靠近主人的座位越尊贵。

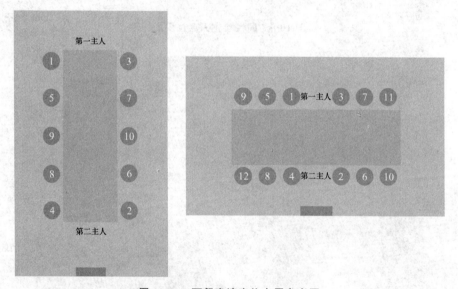

图 10-10　西餐宴请席位布置参考图

三、出席宴请的礼仪

1. 及早回复

接到邀请以后,无论能否参加,都要尽快给予回复。如果收到了请柬,还应以书面形式回复。在西方国家,正式晚会请柬的日期下,都有"RSVP"四个缩写字母,意思是敬请赐复,这样的请柬,应当在收到后的第一天内回复。

2. 梳妆打扮

出席宴会前,最好稍作梳洗打扮。男士要穿着整洁的上衣和皮鞋,女士要穿套装和有跟的鞋子。如果指定穿正式服装的话,男士必须打领带,精神饱满、容光焕发地赴宴,以保证宴会的隆重气氛与和谐环境。切忌穿着工作服或带着倦容赴宴。

3. 准时赴宴

按时应邀出席是一种礼貌。因为客人抵达时间的迟早、逗留时间的长短反映了对主人的尊重。除了身份高的人可以迟到些外,一般客人应提前两分钟左右到达比较适宜。如遇突发事件不能到达或迟些到达,应打电话告知。

4. 适当交际

到达宴席地点后应主动向主人问好。进入宴会厅之前先了解自己的桌次和座位。入座时,应向其他人让礼,要从椅子左侧入座。如邻座是年长者或女士,男士应主动地为其拉开椅子,协助其坐下。进餐前要与同席的人热情有礼貌地交流,以创造一个和谐融洽的用餐气氛。

5. 用餐文雅

用餐时应讲究礼节和小节,面对一桌子美味佳肴,不要急于动筷子,须等主人动筷说"请"之后才能动筷。主人举杯示意开始,客人才能用餐。如果酒量还能够承受,对主人敬的第一杯酒应喝干。用餐时应细嚼慢咽,不要发出咀嚼声和舔咂嘴的声音。在正式宴会中,是不允许边进餐边吸烟的,吸烟须在进餐前或进餐后到休息厅吸。餐桌上要注意让菜不夹菜,助酒不劝酒。

6. 退席时机

注意把握时机,千万不要选择在席间别人说话时或说完一段话之后退席,以免引起误会。一般的退席时间应该选择在大家都吃完以后,如有水果上来,应在吃完水果之后。如果自己确有要紧的事必须先走,可向主人悄悄告辞,并且道谢,不必惊动太多客人。

7. 致谢礼节

退席时客人应向主人有礼貌地握手致谢,称赞宴会组织得好,菜肴丰盛精美。或者在参加正式宴会后的两至三天之内,写信或打电话表示感谢。

第三节 用餐礼仪

一、中餐用餐礼仪

1. 中式宴会菜肴

一个普通的中式宴席,通常都有八到十道菜。请客时,有几道菜上桌十分讲究,一定要是双数。根据某些地区的风俗,七道菜是祭奠用的。上菜的一般顺序是先上冷盘,后上热菜,顺序是:拼盘或点心、热荤、羹、炒炸品、汤或扒品、鱼类、饭面、甜菜、甜点心或水果。

热菜应从主宾对面席位的左侧上,上单份菜或配菜席点和小吃先宾后主,上全鸡、全鸭、全鱼等整形菜,头的一边要朝正主位。应把新上的菜摆在桌中或主宾处,将旧菜推到副主宾一边。

在准备菜单时,有四类菜肴应优先考虑:第一是有中餐特色的菜肴,吃中餐要首选有中餐特色的代表性菜肴,在宴请外籍人士时更应当重视。第二是有本地特色的菜肴,尤其在宴请外地人时,尽量安排有本地特色的菜。第三是本餐馆的看家菜。如果举办家宴,主人还可以露一手拿手菜。

2. 中式宴会餐具使用礼仪

(1) 筷子

筷子是中餐最主要的餐具。使用筷子,通常必须成双使用。用筷子用餐的时候,要注意下面几个"小"问题:

第一,不论筷子上是否残留着食物,都不要去舔。用舔过的筷子去夹菜,是不是有点倒人胃口?

第二,和人交谈时,要暂时放下筷子,不能一边说话,一边像指挥棒似地舞着筷子。

第三,不要把筷子竖插放在食物上面。因为这种插法,只在祭奠死者的时候才用。

第四,严格筷子的职能。筷子只是用来夹取食物的。用来剔牙、挠痒或是用来夹取食物之外的东西都是失礼的。

第五,给别人布菜时最好使用公筷,没有公筷可以使用对方的筷子。

(2) 勺子

它的主要作用是舀取菜肴、食物。有时,用筷子取食时,也可以用勺子来辅助。尽量不要单用勺子去取菜。用勺子取食物时,不要过满,免得溢出来弄脏餐桌或自己的衣服。在舀取食物后,可以在原处"暂停"片刻,待汤汁不会再往下流时,再移回来享用。

暂时不用勺子时,应放在自己的碟子上,不要把它直接放在餐桌上,或是让它在食物中"立正"。用勺子取食物后,要立即食用或放在自己碟子里,不要再把它倒回原处。而如果取用的食物太烫,不可用勺子舀来舀去,也不要用嘴对着吹,可以先放到自己的碗里等凉了再吃。不要把勺子塞到嘴里,或者反复吮吸、舔食。

(3) 盘子

稍小点的盘子就是碟子,主要用来盛放食物,在使用方面和碗略同。盘子在餐桌上一般要保持原位,而且不要堆放在一起。

需要着重介绍的,是一种用途比较特殊的被称为食碟的盘子。食碟的主要作用,是用来暂放从公用的菜盘里取来享用的菜肴的。用食碟时,一次不要取放过多的菜肴,看起来既繁乱不堪,又像是饿鬼投胎。不要把多种菜肴堆放在一起,弄不好它们会相互"窜味",不好看,也不好吃。不吃的残渣、骨、刺不要吐在地上、桌上,而应轻轻取放在食碟前端,放的时候不能直接从嘴里吐在食碟上,要用筷子夹放到碟子旁边。如果食碟放满了,可以让服务员换。

(4) 水杯

水杯主要用来盛放清水、汽水、果汁、可乐等软饮料时使用。不要用它来盛酒,也不要倒扣水杯。喝进嘴里的东西万万不能当众漱口,这与当众撒尿没区别!还有绝不能再吐回水杯。

(5) 餐巾

中餐用餐前,比较讲究的话,会为每位用餐者上一块湿毛巾。它只能用来擦手。擦手后,应该放回盘子里,由服务员拿走。有时候,在正式宴会结束前,会再上一块湿毛巾。和前者不同的是,它只能用来擦嘴,却不能擦脸、抹汗。

(6) 牙签

尽量不要当众剔牙。非剔不行时,用另一只手掩住口部,剔出来的东西,不要当众观赏或再次入口,也不要随手乱弹,随口乱吐。剔牙后,不要长时间叼着牙签,更不要用来扎取食物。

3. 用餐注意事项

(1) 餐前

① 中式餐宴,夫妇往往坐在一起。

② 入座宜从左侧进入,轻拉椅背,慢慢入座。

③ 钥匙、手机、香烟、打火机等私人物品,应放进手提包内。

④ 脱下的长外套不可直接披在椅背上,大衣、外套等则应交给服务员放置衣帽间保管。

⑤ 手机最好关机,或转成震动模式,如有紧急电话需接,请离座至适当场地接听。

(2) 餐中

① 客人入席后,不要立即动手取食,应待主人打招呼,由主人举杯示意开始

时,客人才能开始;客人不能抢在主人前面。

② 夹菜要文明,应等菜肴转到自己面前时,再动筷子,不要抢在邻座前面,一次夹菜也不宜过多。

③ 要细嚼慢咽,这不仅有利于消化,也是餐桌上的礼仪要求。绝不能大块往嘴里塞,狼吞虎咽,这样会给人留下贪婪馋鬼的印象。

④ 不要挑食,不要只盯住自己喜欢的菜吃,或者急忙把喜欢的菜堆在自己的盘子里。

⑤ 夹菜时,要看准后一次夹走,不要夹起后又放下来回挑选,更不要用筷子在菜中翻弄,最不可取的就是夹走超过自己份数或盘中的大部分菜肴。

⑥ 进餐的动作要文雅,夹菜时不要碰到邻座,不要把盘里的菜拨到桌上,不要把汤泼翻。

⑦ 不要发出不必要的声音,如喝汤时"咕噜咕噜",吃菜时嘴里"叭叭"作响,这些都是粗俗的表现。

⑧ 不要一边吃东西,一边和人聊天。

⑨ 骨头和鱼刺不要吐在桌子上,可用餐巾掩口,用筷子取出来放在碟子里。

⑩ 进餐过程中不要玩弄碗筷,不要让餐具发出任何声响,或用筷子指向别人,这些都是极为失礼的。

⑪ 用手去嘴里乱抠也极为失礼。

(3) 餐后

① 用餐完毕,必须等男女主人开始送客之后,才能离座。

② 餐后不宜当着客人面结账,也不宜拉拉扯扯抢着付账,如真要抢着付账,应找适当的时机悄悄地去结账。

③ 送客时,应该提醒其所携带或是寄存的物品,并且鞠躬致意,尽量等客人完全离开视线后再返回座位。

二、西餐用餐礼仪

1. 西式餐具使用礼仪

(1) 餐具的排列

左边放叉,右边放刀。刀叉数目与菜的道数相当,使用顺序按上菜顺序。食盘上方放匙,用小匙吃冷饮,大匙喝汤。匙的上方为一排酒杯,从左到右,由小到大。匙的左方是面包碟,右方为黄油碟,碟内有专用小刀。餐巾放在汤盘或水杯里。

（2）餐具的使用

刀叉使用的基本原则是右手持刀或汤匙，左手拿叉。若有两把以上，应由最外面的一把依次向内取用。刀叉的拿法是轻握尾端，食指按在柄上。餐刀绝对不能沾嘴唇。汤匙则用握笔的方式拿即可。如果感觉不方便，可以换右手拿叉。吃体积较大的蔬菜时，可用刀叉来折叠、分切。较软的食物可放在叉子平面上，用刀子整理一下。临时离桌，刀叉以八字形状摆在盘子中央。用餐后，将刀叉并拢斜放在盘内，柄向右。

（3）餐巾的使用

餐巾的主要作用是防止弄脏衣服，兼作擦嘴及手上的油渍。在正式宴会上，客人需待主人先拿起餐巾时，自己方可拿起餐巾。男士要等女宾放好餐巾后再放餐巾。餐巾平铺在双膝上端的大腿上。最好用双手打开餐巾，切忌用来回抖动的方式打开餐巾。不要将餐巾别在领口上、皮带上或夹在衬衣的口子，也不要用餐巾擦拭餐具或擦脸。中途离席时将餐巾放在椅子上。餐毕，宜将餐巾折好，且把干净的一面置放餐桌上再离席。

2. 西餐菜肴食用礼仪

西餐正餐的上菜顺序既复杂多样，又非常讲究。一般由"一主六配"构成，或配七八道菜肴。按上菜的顺序，吃什么菜用什么餐具，喝什么酒用什么酒杯，一顿内容完整的正餐，一般要吃上一两个小时。

（1）头盘

也称为开胃品，一般有冷头盘和热头盘之分，常见的品种有鱼子酱、鹅肝酱、熏鲑鱼、鸡尾杯、奶油鸡酥盒、蜗牛等。

（2）汤

大致可分为清汤、奶油汤、蔬菜汤和冷汤四类。品种有牛尾清汤、各式奶油汤、海鲜汤、美式蛤蜊汤、意式蔬菜汤、俄式罗宋汤和法式葱头汤等。西餐中的喝汤习惯，应用勺由内往外舀。喝汤时不能发出响声，不能对着热汤吹气。汤碗不能直接就口，应用左手端碗，将汤碗稍为侧转，再以右手持汤匙舀汤。

（3）副菜

通常为水产类菜肴与蛋类、面包类、酥盒菜肴。因为鱼类等菜肴的肉质鲜嫩，比较容易消化，所以放在肉类菜肴的前面，叫法上也和肉类菜肴主菜有区别。西餐吃鱼类菜肴讲究使用专用的调味汁，品种有鞑靼汁、荷兰汁、酒店汁、白奶油汁、大主教汁、美国汁和水手鱼汁等。吃鱼有讲究，应从鱼的中间切开，把肉拨到两边取掉鱼刺鱼骨，慢慢食用。

(4) 主菜

肉、禽类菜肴是主菜。肉类菜肴的原料取自牛、羊、猪和小牛仔等各个部位,其中最有代表性的是牛肉或牛排,肉类菜肴配用的调味汁主要有西班牙汁、浓烧汁精、蘑菇汁、白尼丝汁等。禽类菜肴的原料取自鸡、鸭、鹅,最多的是鸡,可煮、炸、烤,主要的调味汁有咖喱汁、奶油汁等。吃肉类时有两种方式:一是边割边吃;一是先把肉块(如牛排)切好,然后把刀子放在食盘的右侧,单用叉子取食。前者是欧洲的古老习惯,后者则是美式的吃法,前者比较正式。

(5) 沙拉

蔬菜类菜肴在西餐中称为沙拉,可以安排在肉类菜肴之后,也可以与肉类菜肴同时上桌。与主菜同时搭配的沙拉,称为生蔬菜沙拉,一般用生菜、番茄、黄瓜、芦笋等制作。沙拉除了蔬菜之外,还有一类是用鱼、肉、蛋类制作的,这类沙拉一般不加味汁,在进餐顺序上可以作为头盘食用。还有一些蔬菜是熟食的,如花椰菜、煮菠菜、炸土豆条。熟食的蔬菜通常是与主菜的肉食类菜肴一同摆放在餐盘中上桌,称为配菜。

(6) 甜品

西餐的甜品是主菜后食用的,可以算作是第六道菜。从真正意义上讲,它包括所有主菜后的食物,如布丁、冰激凌、奶酪、水果等。吃甜点可用叉或匙。喝汤时,用匙进食。握匙的正确姿势为:用大拇指按住匙的把,其他手指轻轻托住另一边。舀汤时,应从盘子里面向外舀,盘中汤不多时,千万不可端起汤盘吮吸,而应用左手将汤盘微微外倾,用匙舀尽。吃梨、苹果不要整只去咬,而应用水果刀将水果切成四至六块,剜去果心,用手拿着一块一块吃。吃香蕉则剥皮后整只放在盘子里,用刀、叉切开,一块一块吃。吃水果时,有时会送上一小水盂,这是供洗手之用的,切勿将此当作饮料饮用。

(7) 热饮

最正规的热饮是红茶或什么都不加的黑咖啡。喝咖啡和茶的方式是用小茶匙搅拌放糖,搅匀后仍将茶匙放回原处再喝(茶匙不能放在茶杯里),喝时,右手拿杯把,左手端杯托碟。请记住喝咖啡或茶一定要端起杯子找嘴,不要俯身去用嘴迁就杯子。喝完咖啡和茶,宴会就该结束了,客人可以开始告辞。

在普通情况下,出于时间或金钱方面的考虑,一般不用西餐正餐,而是采用西餐便餐的形式,即不把"一主六配"的菜肴点全,而是选择点前菜、主菜(鱼或肉择其一)和甜点。点菜并不是由前菜开始点,而是先选一样最想吃的主菜,再配上适合主菜的汤。点得太多吃不完反而失礼。

案例分析

国宴的故事

中国是礼仪之邦，自古有"仓廪实而知礼节"之说，可见古代圣贤常把"吃"和"礼节"紧密联系在一起。民以食为天，领袖们也是如此，每天要"吃喝"。当然，最隆重的"吃喝"非国宴莫属。在此场合下，"吃喝"确实离不开政治。

先吃饭，再致辞

在我国与前苏联关系正处于尖锐对立的时期，来访国宾和东道主任何一方讲话中经常会针对时代背景讲几句，如果涉及"苏修"和"小修"的说法，"苏修"和"小修"的驻华外交使节就立刻退席，以示抗议，一下子宴会厅还没正式用餐就空了几桌。后来，周总理指示：往后宴会先吃饭，等吃完4道菜之后，宾主双方再讲话。此举深受欢迎，"苏修"和"小修"的驻华外交使节常常鼓腹离去。

国宴要简约但不能简单

1965年，毛泽东主席对宴会做了指示，认为宴会规格太高，曾经批评说："接待宴会，大讲排场，吃掉的还没有扔掉的多，白白浪费了国家的金钱和物资，千篇一律都上燕窝鱼翅那些名贵的菜，花钱很多，又不实惠。有些外国人根本不吃这些东西，我们请外国人，有'四菜一汤'就可以了。"

国宴上的音乐

1972年2月，美国总统尼克松访华，这是震惊世界的大事，周恩来总理在宴会厅设宴招待。当晚的国宴就是四菜一汤，除冷菜拼盘外，热菜为：芙蓉竹笋汤、三丝鱼翅、两吃大虾、草菇盖菜、椰子蒸鸡、杏仁酪。点心为：豌豆黄、炸春卷、梅花饺、炸年糕、面包、黄油等。那时，周总理谆谆教导礼宾人员，要认真仔细做好礼仪工作，完成这项重大政治任务。考虑到尼克松对音乐很内行，他的钢琴弹得非常好，宴会前周恩来总理亲自在宴会厅审查中国人民解放军军乐团排练的美国乐曲。当晚国宴上军乐团演奏《美丽的亚美利加》《牧场上的家》等乐曲，优美动听，受到尼克松等美国客人的赞扬。

不吃鱼翅的总统

宴请要有针对性，但有时礼宾人员却忽略了。20世纪80年代，胡耀邦总书记有一次宴请罗马尼亚总统齐奥塞斯库，国宴上了一道鱼翅。齐奥塞斯库总统直到国宴结束时竟一口未动。送走齐奥塞斯库总统后，胡耀邦批评了国宴厨师："招待外宾，你们不要只考虑中国的传统食俗，主要考虑到外宾。我吃不好不要紧，可以回家吃。齐奥塞斯库总统吃不好，他回去上哪儿去吃？"

冷餐酒会式的国宴

有一次宴会厅举行的国庆酒会给我留下难忘的印象。1980年9月初,中央书记处开会决定,当年的国庆招待会不再举办几千人的宴会,"只以国务院总理名义举行冷餐酒会"。效果甚佳。那次冷餐酒会约400人出席,宴会厅主席台背景挂国徽,装饰红旗。不设主宾席,不摆座位。大厅中间摆小圆桌,桌上放了一些小吃。酒会后,瑞士、阿尔及利亚等国驻华使节表示,酒会形式比过去分桌入席好,宾主可以自由交谈,增加接触。姚依林副总理等领导同志也肯定这次改革。新世纪,国宴多安排在人民大会堂西大厅举行。国宴也随着时代的进程而越来越简约并与国际接轨。

(资料来源:中华网)

思考:

上述国宴的故事反映了在宴会举办中的哪些要点?

故事感悟

跨越66年风雨的宴会

2015年11月7日下午,两岸领导人习近平、马英九在新加坡香格里拉大酒店会面。

习近平在长约4分多钟的致辞中表示,没有任何力量可以把我们分开,我们是打断骨头连着筋的兄弟,是血浓于水的一家人。全国台湾研究会副秘书长杨立宪告诉《新闻极客》,习近平致辞中很大的篇幅讲到两岸一家亲,就是66年经历了很多风风雨雨,没有事情能够阻挡住两岸同胞的这种亲情。

圆桌晚宴并肩而坐

会谈和发布会结束后,两岸领导人一行赴晚宴。晚宴地点仍然在香格里拉大酒店。

此次便餐晚宴不分主客,是"AA制"分担餐费,双方各出一半,是会后便餐,"不是谁请谁,就是大家一起吃饭"。

习近平和马英九并肩而坐,共同坐在大圆桌面对门口最里面的主人位子。

根据台湾《联合报》曝光的晚餐座位表,两人相邻而坐。马英九在左,习近平在右,两岸官员则穿插入座。顺着大圆桌左边,马英九旁边坐着中央政策研究室主任王沪宁,再旁边依序为:台湾"国安会"秘书长高华柱、国务委员杨洁篪、"国安会"咨询委员邱坤玄、总书记办公室主任丁薛祥、陆委会副主委吴美红。习近平的右边坐着"总统府秘书长"曾永权,再旁边依序是:"中央办公厅"主任栗战书、陆委会主委夏立言、"国台办"主任张志军、"总统府副秘书长"萧旭岑、"国台办"副主任陈元丰。陆委会副主委吴美红是赴宴的唯一女性,习近平的夫人彭丽媛未一同出席,而马英九的夫人周美青此次没有一同前往新加坡。

一小时晚饭,喝酒吃湘菜、川菜、杭帮菜

晚宴从晚上6时左右开始,7时左右马英九离开酒店。这次晚宴,马英九携酒助兴。据台湾地区"中央社"报道,台湾"总统府"在晚宴上准备了2瓶由台湾"国安会"秘书长高华柱珍藏的1990年份金门高粱酒,以及马英九最喜欢的马祖老酒8坛。

这两瓶金门高粱酒具特殊意义,被称为"和平之酒"。

据报道,高华柱带来的两瓶金门陈年高粱酒,将作为"和平之酒"送给习近平,《新闻极客》发现,该酒已于上世纪90年代左右停产,目前拍卖会上卖价数万元人民币一瓶。该酒因包装黑色,被称为"黑金刚",又被称作"台湾茅台",目前"喝一瓶就少一瓶"。

"1990年份"也让这两瓶酒有特殊意义,1990年9月,两岸红十字会在金门签署协议,当时高华柱则是金门127师的师长,为纪念"金门协议"签署,当时高华柱特别买了一批金门高粱酒珍藏。

根据台湾媒体公布的晚宴菜单,从菜系上看包括湘菜、川菜以及杭帮菜。凉菜(前菜)是金箔片皮猪、风味酱鲍片脆瓜,热菜有湘式青蒜爆龙虾、竹叶东星斑XO糯米饭、杭式东坡肉、百合炒芦笋,主食是四川担担面,甜品为桂花糖雪蛤汤圆、水果拼盘。

(资料来源:新浪新闻网)

本章小结

本章介绍了国际上通用的四种宴请形式:宴会、招待会、茶会和工作进餐,并详细阐述了各自的特点,以及在筹备和举行宴请时礼仪的关键点,最后一部分介绍了中餐和西餐在进餐时的礼仪。要求学生通过本章的学习,重点掌握宴会的筹备过程,以及中西式宴会桌次、席位的安排规则,掌握中西式宴会用餐的礼仪,学习如何优雅、得体地参加宴会。

模拟实训

某公司需要组织一个十周年庆典,庆典在某酒店宴会厅举行。要求嘉宾下午6点到场。请各自按照抽取的身份分工进行以下内容的模拟:

人物

公司运营总监、总监秘书、行政经理、公司前台、嘉宾 A、嘉宾 B、嘉宾 C、嘉宾 D。

地点

某酒店三楼宴会厅。

实训任务

以班级为单位,选择 8 人参加情境模拟,其他学生作为评委打分。8 名学生分别扮演上述 8 位人物,根据各自的角色完成下述任务:

公司组织方:

1. 怎样对客户进行邀请;
2. 如何安排中餐宴会的细节;
3. 如何接待;
4. 如何着装;
5. 如何送客。

嘉宾方:

1. 怎样答复邀请;
2. 如何着装;
3. 怎样就餐;
4. 怎样告别。

评价方式

评价方式以表格打分为主,针对每个学生的表现进行打分,并撰写实训报告。

第十一章　涉外礼仪礼宾

☞ 学习目标

1. 学习并了解涉外商务礼仪的一些原则及特点。
2. 了解各国的商务礼俗和禁忌。
3. 通过学习掌握外交礼遇的三条原则和四条标准。
4. 熟悉一些主要国家的商务礼俗和禁忌。

☞ 情境导入

握手是国际交往中最常见的礼节,就是这小小的握手却在中美和中苏关系发展的关键时刻尖锐地象征了两国关系。

1972年2月,美国总统尼克松访华,这是一次"破冰之旅"。周恩来总理当时给我们确定的接待方针是"不冷不热,不卑不亢,待之以礼,不强加于人"。

尼克松乘坐的专机于2月21日中午抵达北京,周恩来总理等到机场迎接。尼克松下机时,为了突出他和他的夫人,使照片拍出好的效果,不让基辛格、罗杰斯等人同他一起下机,等他跟周恩来握手之后,其他人才下舷梯。而周恩来又是怎样做的呢?在尼克松步出机舱,走下舷梯近一半时,周恩来鼓起掌来,尼克松也报之以掌声。请注意,周恩来不是等尼克松一出舱就鼓掌,也不是根本不鼓掌,而是等尼克松下梯一半时才鼓掌,足见周恩来总理对礼仪细节的重视。

尼克松对周恩来说:"我非常高兴来到中华人民共和国的首都——北京。""这是中美两国领导人越过一个大洋,越过相互敌对20多年的握手,这表明中美关系从此揭开了新的一页。"而周恩来则对这次历史性的握手作了寓意深长的形容:"你的手伸过世界上最辽阔的海洋——我们25年没有交往了啊!"

机场欢迎仪式,按惯例是悬挂两国国旗,奏两国国歌和检阅仪仗队等。尼克松既是国家元首,又是政府首脑,我方的接待完全符合礼仪。但同当时我们接待其他国家贵宾的仪式相比还是有所区别的,最明显的一点就是没有群众欢迎场面。所以,西方媒体在报道中对我们接待工作的评价是"合于礼而不热"。

在欢迎宴会上,由于周恩来的精心安排,中国乐队演奏了美国民歌和尼克松家乡的歌曲《美丽的亚美利加》《牧场上的家》,让尼克松夫妇感到非常亲切。周恩来一般在和其他国家的领导人碰杯时,总是让自己酒杯上沿去碰对方杯子的中间部分,以示对来访客人的尊重。但这次在向尼克松敬酒时,却特意将他的酒杯杯沿和尼克松的酒杯杯沿持平后再碰杯。这种细节安排既不失礼也不过分,显示了我们对美国人不卑不亢的态度。

第一节 涉外商务礼仪概述

涉外礼仪是人们在对外交往中,用以维护自身形象,向交往对象表示尊重与友好的约定俗成的习惯做法,其基本内容是参加国际交往必须认真了解并遵守的常规做法。中国在加入世界贸易组织之后,各方面都迅速地与国际接轨,作为商务人员有必要掌握好相关的礼仪知识。

一、现代国际礼仪的基本准则

《联合国宪章》在"序言"中阐述了"大小各国平等权利"的信念,规定了各会员国应当遵循的七项原则,其中第一项为:"本组织系基于各会员国主权平等之原则。"

现代国际关系以公认的"主权平等"为基础。"主权平等"包含两方面的含义:一方面,每个国家都享有平等权利,不受他人侵犯;另一方面,每个国家都有尊重别国主权的义务,不得借口行使自己的主权而侵犯他国的主权。国家不论大小,都应当具有独立自主处理自己内外事物、管理自己国家的权利。国家与国家相互之间是平等的,所有国家都是国际社会的平等成员。

"主权平等"既然是现代国际关系的基本准则,作为国际交往中行为规范的现代国际礼仪,当然也必须遵循这一准则。

"主权平等"常常体现在以下几个方面:

第一,国家的尊严受到尊重;国家元首、国旗、国徽不受侮辱。

第二,国家的外交代表,按照国际公约的规定,享有外交特权和豁免权。

第三,不以任何方式强制他国接受自己的意志;不以任何借口干涉别国的内部事务。

第四,在交往中,实行"对等"和大体上的"平衡"。

所谓"对等"实际上就是"礼尚往来",交往的双方人员,身份要大体相当;代表团互访时,双方的接待规格应相差不多;"投之以桃报之以李"是"对等"原则的正面运用。在国际交往中,有时也从负面运用这一原则,如:你赶走我的武官,我就驱逐你的参赞;你怠慢了我,我也请你坐一坐"冷板凳"等。

所谓"平衡",也可以理解为"一视同仁"或"不歧视"的原则。但是,所谓"平等""平衡"都是相对的,不是绝对的。在国际交往中,在礼仪上给予"破格接待"的,也有诸多先例。可见,国际礼仪程序的运用也是一种外交艺术。

第五,"主权平等"的原则,在国际组织中和国际会议上,表现为每一个参加国都有同等的"代表权"和"投票权",每一个国家所投的票在法律上具有同等效力。

第六,在"礼宾序列"问题上,也应当体现各国"主权平等"的原则。在国际会议上,各国代表的位次,不是按国家大小强弱的原则来排列,一般是按会议所用文字的国名字母顺序来排列。在签订条约协定时,应遵守"轮换制",既每个缔约国在其保存的一份文本上名列首位。它的代表在这份文本上首先签字。在国际活动中,各国代表的序列,应以代表的职务高低或就职时间的先后作为排列的依据。在文字的使用上,每个国家都有使用本国文字的权利。在签订国际条约协定时本国文字与别国文字具有同等效力。

二、现代国际礼仪的特点

(1) 必须以相互尊重、主权平等为基础。现代的国家关系应当是完整的主权国家之间的关系。这与封建割据、闭关自守的封建国家之间的关系,宗主国同殖民地附属国之间的关系不同。国家不论大小强弱,主权应当一律平等。

(2) 国家之间,除双边关系发展外,多边往来大量增加的趋势十分明显,从而在礼仪做法上也提出了许多新问题,产生了新的做法。

(3) 国际礼仪的内涵更加丰富,包括政治外交、经济贸易、文化教育、军事国防以及民间往来等各方面、多层次的国际往来,也都通过一定的礼仪形式来进行。特别是随着国际经济贸易的发展,许多公司都设有专职礼仪人员或公关部门。

(4) 礼仪活动更加讲求实效,活动的形式更加多样,具体安排更加灵活。例如,领导人之间的实质性会谈更加受到重视;日程安排更加紧凑合理,举行宴会讲究礼仪但不事铺张;参加宴会的人数有所压缩;宴会上发表正式讲话的次数有所减少;动员群众参加的大规模场面很少;互访代表团人数减少;生活接待更加注意安全、舒适、方便等。

(5) "外交礼仪简化"成为趋势。由于国际交往和活动急剧增多,繁义缛节势必成为人们不堪负荷的重担,分去人们许多时间和精力。因此,外交礼仪简化在国际上成了一种必然趋势。

三、外交礼遇的三条原则和四条标准

（一）外交礼遇三原则

（1）对等的原则：即一方出场与来访者在级别、职务以及待遇、费用等方面大体上要对等。除非有特殊的安排，否则外交礼遇不宜随便提高或降低。

（2）破格的原则：有的来访者身份虽然不高但有较深背景，或一方对另一方有特殊要求，或为了达到某种目的而给来访者以破格的较高接待礼遇。

（3）从简的原则：即重精神、重友谊、重实效，不重形式，不讲排场，不事铺张。从简不等于冷落，要注意生活照顾，尽量做到热情周到。

我国的外交礼遇规格是在长期的外交实践中逐渐形成的。它是中西结合，以中为主，具有中国特色。我们的做法是：一是国家不论大小一律平等，反对大国沙文主义，尊重各国的风俗习惯，不强加于人，不卑不亢，落落大方，反对低三下四的庸俗作风；二是礼宾安排要与我国的对外政策相一致，要有针对性，重礼仪，重实效，生活上要尽量热情周到；三是提倡勤俭办外事，反对讲排场，摆阔气。

（二）外交礼遇的四条基本标准

举办任何一项对外交际活动，都需要大量的具体工作。因此，要求每一个礼宾工作人员既要有高度的政治责任感，又要熟悉各方面的业务，并且还要有既严密又灵活的工作作风。一般来讲，衡量接待工作完成得好不好，有四条基本标准：礼遇、宣传、安全、服务。

第二节　各国商务礼俗及禁忌

"入境而问禁，入国而问俗，入门而问讳"是当今商务交往的一条原则。国际商务礼仪是商务交往之中的国际惯例和共性的东西，而各国的商务礼俗则是具有特殊性或个性的东西，了解国际商务礼俗，有助于我们认识世界，扩大视野，更有利于在当今国际交往频繁的时代把握商机。

一、亚洲一些国家的商务礼俗与禁忌

在亚洲，社会风俗及商务礼俗既受到伊斯兰教和佛教的影响，还受到中国传统的道教与儒教以及印度教与犹太教等的复合性影响，差异性极大。

（一）日本、韩国的商务礼俗与禁忌

日本与韩国在世界经济贸易中的地位相当重要，与我国的商务往来也都十

分频繁,所以必须了解其商务习俗与禁忌。

1. 日本人在国际商务交往中的特点

日本人经商一般比较慎重、耐心而有韧性,自信心、事业心和进取心都比较突出,带有典型的东方风格。

(1) 日本人重视礼节和礼貌

与日本商界打交道,要注意服饰、言谈、举止和风度。与日本人初次见面,要互相鞠躬,互递名片,一般不握手。如果没有名片,就自我介绍姓名、工作单位和职务,如果是老朋友或者是比较熟悉的就主动握手或拥抱。他们常用的寒暄语是"您好""您早""再见""请休息""晚安""对不起""拜托您了""请多关照""失陪了"等。日本人鞠躬很有讲究,往往第一次见面时行"问候礼",是30度;分手离开时行"告别礼",是45度。日本人盛行送礼,每年的"岁暮"和"中元"是送礼最多的时候。他们既讲究送礼,也讲究还礼,不过日本人送礼、还礼一般都是通过运输公司的服务员送上门的,送礼与受礼的人互不见面。

(2) 在商务谈判中往往不明确表态

在商务谈判中,应切记的是,若日商在你阐述意见时一直点头,这并不表示他同意你的主张和看法,而仅仅表示他已经听见了你的话。他们在签订合同前一般都很谨慎,且历时也很长,但一般很重视合同的履行,同时对对方履行合同也很苛求。因此,同日商签订合同应十分仔细,事前最好有中间人介绍,在合同签订前要仔细审查并应完全理解每一条款的准确含义,以免以后造成纠纷。

(3) 商务谈判中常"微笑着讨价还价"

日商一般都具有较高的文化素质和个人涵养,能自如地运用笑脸进行讨价还价,以实现获取更多利益的目标。他们既保持笑脸和友好的态度,又在利益上毫不放松。

(4) 商务谈判时"任劳任怨作细致准备"

对商业谈判,他们往往事先就已撰写了详尽的计划方案,作了精心准备。若在谈判中出现新的变化,他们会夜以继日地迅速形成文字,使对方充分理解,为其成功创造机会。同他们进行商务交往,在认真准备的同时,还必须有很高的应变能力,随时有对策。

(5) 谈生意时注意长远效果

与日商谈生意应坚持"看货论价",绝不要被高折扣率所迷惑,日商很注意交易和合作的长远效果,而不过分争执眼下的利益,善于"放长线钓大鱼"。例如,日本商人可能会以明显低于市场的价格向你出售某种生产设备,然而当以后你再向其购买特有的零部件配套设备或生产原料时,他们会把价格提高到吓人的程度。因此,与日商交往时,自己也应有长远和全局观念,既注意眼前利益,又不致以后受制于人。

(6) 在交易中"抓关键人物,促成交易"

日商很重视在交易中建立和谐的人际关系,十分重视做对交易有决定作用的人物的工作,在他们身上不惜花大工夫。在同日商商谈开始的时候,去拜访日本企业中同等地位的负责人也十分重要。他会促使日本企业重视与你之间的合作关系。

2. 日本人的习俗及商务禁忌

第一,日本人不喜欢偶数(8 例外,9 及其他某些奇数也不受欢迎)。在贸易谈判时要照顾他们的感情,尽可能不用偶数。日语发音中"4"和"死"相似,"9"与"苦"相近,因此,忌讳用 4、9 等数字。此外,13、14、19、24、42 等数字也在忌讳之列,还忌讳三人合影。

第二,日本不流行家宴,商业宴会也难得让女士参加。商界人士没有携带夫人出席宴会的习惯。商界的宴会普遍是在大宾馆举行鸡尾酒会。

第三,日本人没有相互敬酒的习惯。与日本人一起喝酒,不宜劝导他们开怀畅饮。日本人接待客人不是在办公室,而是在会议室、接待室。他们不会轻易让人进入机要部门。

第四,日本人有当天事当天完成的习惯,时间观念强,生活节奏快。

第五,日本人很忌讳别人打听他的收入。年轻的女性忌讳别人询问她的姓名、年龄以及是否结婚等。

第六,送花给日本人时,别送白花(象征死亡),也不能把玫瑰和盆栽植物送给病人。菊花是日本皇室专用的花卉,民间一般不能赠送。日本人喜欢樱花。

第七,在商品的颜色上,日本人喜淡雅,厌绿色,忌用荷花、狐狸(贪婪)、獾(狡诈)等图案。

第八,在日本,招呼侍者时得把手臂向上伸,手掌朝下,并摆动手指,对方就懂了。

第九,在日本,用手抓自己的头皮是愤怒和不满的表示。

第十,在日本发信时,邮票不能倒贴,倒贴邮票表示绝交。装信也要注意,不要使收信人打开后,看到自己的名字朝下。

3. 韩国的商务礼俗与禁忌

韩国的习俗与我国朝鲜族基本相同,也是一个很注重礼仪的国家,尤其在尊老爱幼、礼貌待人方面更为注重。

对于韩国的商务习俗我们应注意以下几个要点:

(1) 前往韩国进行商务访问的最适宜时间是从每年的 2 月到 6 月、9 月、11 月和 12 月。尽量避开多节的 10 月,以及 7 月到 8 月中旬、12 月中下旬。

(2) 韩国商务人士与不了解的人来往,要有一位双方都尊敬的第三者介绍和委托,否则不容易得到对方的信赖。为了介绍方便,要准备好名片,中英文或韩文均可,但要避免在你的名片上使用日文。到公司拜访,必须事先约好。会谈的时间最好安排在上午 10 点或 11 点左右,下午 2 点或 3 点。

(3) 在商务交谈中,至关重要的是首先建立信任和融洽的关系,否则谈判要持续好长时间,尤其是在韩国进行长期的业务活动,需要多次访谈才能奏效。

(4) 韩国商人不喜欢直说或听到"不"字,所以常用"是"字表达他们有时是否定的意思。此外,在商务交往中,韩国人比较敏感,也比较看重感情。只要感到对方稍有点不尊重自己,生意就会告吹。韩国人重视业务中的接待,宴请一般在饭店举行。吃饭时所有的菜一次上齐。饭后的活动,有时会邀客人到歌舞厅娱乐、喝酒,拒绝是不礼貌的。

(二) 东南亚及佛教国家的商务礼俗与禁忌

1. 佛教及其主要礼俗与禁忌

总部设立在泰国曼谷的世界佛教徒联谊会,是世界性的佛教组织。

佛教分为大乘、小乘、密宗等教派,还有三者合一的喇嘛教。出家的男女信徒分别生活于寺庵中,称为"僧"或"尼",不出家的佛教徒称为居士。

佛教的戒律甚多,最基本的有不杀生、不盗窃、不邪淫、不饮酒、不妄语,统称为"五戒"。有的佛教徒终年食素,不食荤腥,有些吃"花斋"。在斋戒的时间里,不吃鱼肉和葱、蒜、辣椒等辛辣食品。

佛教最重要的节日为佛诞节,也称为浴佛节或泼水节,流行于东亚和东南亚的一些国家。在一些佛教影响区域,如泰国、缅甸、越南、锡金等国,人们非常重视人的头部而轻视脚部,忌用手触人的头部,即使对小孩子的头也不例外,忌将脚朝上,更不能将脚板对着人。

2. 东南亚国家的商务礼俗与禁忌

(1) 泰国

泰国商人喜欢诚实而富有人情味。在泰国,佛祖和国王是至高无上的。人的头是神圣的,脚除了用于走路之外,最好不要轻举妄动,否则很可能会冒犯朋友而自己还不知道。泰国人见面时通行的是合掌礼,双掌相合上举,抬起在额与胸部之间,双掌举得越高,表示尊敬程度越高,但地位高者、老者还礼时手腕不得高过前胸。泰国人喜欢大象与孔雀,白象被视为国宝。荷花是他们最喜的花卉。他们喜欢红、黄色,尤其喜欢蓝色,视为"安宁"的象征。他们忌用红笔签名和狗的图案。

图 11-1　泰国商务礼仪

(图片来源:百度图库)

(2) 越南

在越南,如遇到与自己年龄相仿的人,不要以"先生""小姐""师傅"相称,更不能称"大哥""大姐",而应礼貌地尊称对方为"二哥""二姐"。越南人很好客,在南方一些山区做客,可以同他们一起喝"同坛酒"。路口有绿色树枝的村寨和门口悬有绿色树枝的人家,外人不得进入。越南的傣族人忌讳与他们的姓氏同音的事物的名称。

(3) 缅甸

缅甸素有"佛塔之国"之称。无论什么人进入佛塔或寺庙,甚至进入某些人家,都必须脱鞋后光脚进入。缅甸人认为牛是最忠诚的朋友,吃牛肉是一种忘恩负义的行为。缅甸认为"右为大,左为小","右为贵,左为贱",随时都要遵守"男右女左"的原则。缅甸人忌讳星期天送东西给人,星期二忌讳做事。睡觉时,缅甸人的头必须朝着代表光明的东方。

(4) 印度尼西亚

印度尼西亚有90%的人是穆斯林。前往印尼洽谈商务的最佳时间是每年的9月到次年6月,因为多数印尼商人在七八月外出避暑度假。印尼商人很强调行业互助精神,待人很有礼貌,不讲别人的坏话,但却较难成为知心朋友。一旦建立了推心置腹的交情,与之合作就比较容易,而且可靠。喜欢有人到家里访问,是印尼商人的一个重要特点,家访是与印尼商人谈商务能得以顺利进行的一种有效手段。印度尼西亚是一个多民族的国家,很多民族有本民族的特殊礼仪与禁忌。若到印度尼西亚访问旅游,最好先了解一下这些礼仪与禁忌。

(5) 马来西亚

伊斯兰教为其国教,与马来西亚人进行商务活动的最佳时间是每年的3月至7月。因为多数商人均在11月到次年2月休假,同时也要注意避开斋月和重大传统节日。马来西亚人喜爱绿色,忌讳黄色;忌讳的数字为0、4、13;忌讳的动物有猪、狗,却极爱猫。

(6) 菲律宾

菲律宾大多数人信奉天主教,文化带有很明显的西班牙色彩,但菲律宾南部的居民,却多数信仰伊斯兰教,遵循伊斯兰教教规。

(7) 新加坡

新加坡商人谦恭、诚实、文明和礼貌,他们在谈判桌上一般会表现出三大特点:一是谨慎,不做没有把握的生意;二是守信用,只要签订合同,便会认真履约;三是看重"面子",特别是对老一代人,"面子"往往具有决定性的作用。

新加坡人禁忌说"恭喜发财",认为"发财"是指"发不义之财",因而是对别人的侮辱与谩骂。在新加坡,留长发的男子不受欢迎。新加坡注重环保,文明卫生,在新加坡随地吐一口痰,要罚款200新元;随地扔一个烟头,罚款1000新元(相当于一般人的月收入)。

二、欧洲一些国家的商务礼俗与禁忌

(一) 英国的礼俗与禁忌

英国人崇尚"绅士风度"和"淑女风范",讲究"女士优先"。在日常生活中,英国人注重仪表,讲究穿着,男士每天都要刮脸,凡外出进行社交活动,都要穿深色的西服,忌戴条纹的领带;女士则应着两件式套裙或连衣裙。英国人的见面礼是握手礼,戴着帽子的男士在与英国人握手时,最好先摘下帽子再向对方示敬,但切勿与英国人交叉握手,因为那样会构成晦气的十字形,也要避免交叉干杯。与英国人交谈时,应注视着对方的头部,并不时与之交换眼神。与人交往时,注重用敬语"请""谢谢""对不起"等。英国人奉行"不问他人是非"的信条,也不愿接纳别人进入自己的私人生活领域,把家当成"私人城堡",不经邀请谁也不能进入,甚至邻里之间也绝少往来。非工作时间即为"私人时间",一般不进行公事活动,若在就餐时谈及公事更是犯大忌而使人生厌。日常生活绝对按事先安排的日程进行,时间观念极强。

在商务谈判中，英国人说话、办事都喜欢讲传统、重程序，对于谈判对手的身份、风度和修养看得很重。通常，英国客商不太重视谈判的准备工作，但他们能随机应变，能攻善守。

在英国从事商务活动，对以下特殊礼俗和禁忌应加以注意：

(1) 不要随便闯入别人的家。但若受到对方的邀请，则应欣然而往。这无疑可理解为对方向你发出商务合作可能顺利实现的信号。但在访问时最好不要涉及商务，不要忘记给女士带上一束鲜花或巧克力。

(2) 给英国女士送鲜花时，宜送单数，不要送双数和13枝，不要送英国人认为象征死亡的菊花和百合花。

(3) 不要以英国皇室的隐私作为谈资。英女王被视为其国家的象征。

(4) 忌用人像作为商品的装潢。喜欢蔷薇花，忌白象、猫头鹰、孔雀商标图案。

(5) 忌随便将任何英国人都称英国人，一般将英国人称"不列颠人"，或具体称为"英格兰人""苏格兰人"等。

(6) 英国人最忌讳打喷嚏，他们一向将流感视为一种大病。

(二) 法国的礼俗与禁忌

在与法国人的社交中，称呼对方时宜称其姓，并冠以"先生""小姐""夫人"等尊称。唯有区别同姓之人时，方可姓与名兼称。熟人、同事之间，才直呼其名。

法国人天性浪漫好动，喜欢交际。在商务交往中，常用的见面礼是握手，而在社交场合，亲吻礼和吻手礼则比较流行。法国人使用的亲吻礼，主要是相互之间亲面颊或贴面颊。至于吻手礼，则主要限于男士在室内象征性地吻一下已婚女士的手背，但少女的手不能吻。在商务活动中，法国商人特别注重"面子"。在与之交往时，如有政府官员出面会使他们认为有"面子"而更加通情达理，有利于促进商务活动的进行。在商务谈判中，法国商人对双方提交的各方面材料十分重视。他们通常对对方要求较高，而对自己却极少"求全责备"。合同在法国客商眼里极富有"弹性"，所以他们经常会在合同签订后，还一再要求修改。

在商务交往中，法国商人有一个十分独特的地方，就是坚持要求使用法语。在商务活动中，法国人若发现跟自己交谈的人会说法语，却使用了英语，他肯定会生气。但也忌讳别人讲蹩脚的法语，认为这是对其祖国语言的亵渎。若对法语不纯熟，最好讲英语或借助翻译。

法国人爱花，生活中离不开花，在他们看来，不同的花可表示不同的含义。百合花是法国人的国花。他们忌送给别人菊花、杜鹃花、牡丹花、康乃馨和纸做的花。

法国人喜欢有文化和美学素养的礼品。唱片、磁带、艺术画册等是法国人最欣赏的礼品。他们非常喜欢名人传记、回忆录、历史书籍,对于鲜花和外国工艺品也颇有兴趣。讨厌那些带有公司标志的广告式礼品。

公鸡是法国的国禽。它以其勇敢、顽强的性格而得到法国人的青睐。野鸭商标图案,也很受法国人喜爱。但他们讨厌孔雀、仙鹤,认为孔雀是淫鸟、祸鸟,并把仙鹤当作蠢汉和淫夫的代称。法国人不喜欢无鳞鱼,所以也不大爱吃。

对于色彩,法国人有着自己独特的审美观。他们忌黄色、灰绿色,喜爱蓝色、白色和红色。

(三)德国的礼俗与禁忌

德国人勤勉矜持,讲究效率,崇尚理性思维,时间观念强。他们不喜欢暮气沉沉、拖拖拉拉、不守纪律和不讲卫生的坏习气。多数德国商人都具有上述性格。在商务活动中,德国商人讲究穿着打扮。一般男士穿深色的三件套西装,打领带,并穿深色的鞋袜。女士穿长过膝盖的套裙或连衣裙,并配以高筒袜,化淡妆,不允许女士在商务场合穿低胸、紧身、透明的性感上装和超短裙,也不允许她们佩戴过多的首饰(不超过一件)。与德国人打交道时,如在这些方面加以注意,则有助于赢得好感和信任。反之,则会被视为待人无礼和不自重。

在商务谈判中,德国商人不仅讲效率,而且准备周详,瞧不起"临阵磨枪"缺乏准备的对手;喜欢在商谈前即准确地做好谈判议程安排;在谈判中他们倔犟好胜,表现得较为固执,难以妥协,因而交易中很少让步。但他们重合同,讲信誉,对合同条文研究得极为仔细与透彻,合同一旦签订,任何对合同的更改要求都不会得到他们的理会。他们执行合同也十分严格。德国人在交谈中很讲究礼貌。他们比较注重身份,特别是看重法官、律师、医生、博士、教授一类有社会地位的头衔。对于一般的德国人,应多以"先生""小姐""夫人"等称呼相称,但德国人没有被称为"阁下"的习惯。

德国人爱吃油腻食品,且口味偏重。香肠、火腿、土豆是他们最爱吃的东西。他们爱饮啤酒,但在吃饭、穿衣、待客方面都崇尚节俭。给德国人赠送礼品务须审慎,应尽量选择有民族特色、带文化味的东西。不要给德国女士送玫瑰、香水和内衣,因为它们都有特殊的意思,玫瑰表示"爱",香水与内衣表示"亲近"。即使女性之间,也不宜互赠这类物品。用刀、剪和餐刀、餐义等西餐餐具送人,有"断交"之嫌,也是德国人所忌讳的。在服饰和其他商品包装上禁用万字符或类似符号,忌讳茶色、黑色、红色和深蓝色。

(四)俄罗斯的特殊礼俗与禁忌

俄罗斯是一个重礼好客的多民族国家。其礼俗兼有东西方礼仪的特点。

俄罗斯人整体文化素质很高,许多家庭都有极丰富的藏书。他们的"见面礼"是亲吻与拥抱,即使在商务活动中也是如此。

俄罗斯人做生意比较谨慎。在谈判桌上,他们从不吝惜时间,擅长讨价还价,在生意场上显得有些拖沓。和俄罗斯人交往,应特别注意以下一些特殊礼俗与禁忌:

(1) 日常交往中主动问好是起码的社交礼仪。

(2) 在称呼上,"您"和"你"有不同的用法,"您"用来称呼长辈、上级和不熟识的人,以示尊重;而"你"则用来称呼自家人、熟人、朋友、平辈、下辈和儿童,表示亲切、友好和随便。

(3) 送礼和收礼都极有讲究。俄罗斯人忌讳别人送钱,认为送钱是一种对人格的侮辱,但他们很爱外国货,外国的糖果、烟、酒、服饰都是很好的礼物。如果送花,要送单不送双,双数被认为是不吉利的。

(4) 对颜色的好恶和东方人相似,喜红忌黑;对数字,他们却和西方人一样忌讳"13",但对"7"这个数字却情有独钟;忌食狗肉。

(5) 俄罗斯人豪爽大方,忌讳别人说他们小气。

(6) 俄罗斯人特爱整洁,随便乱扔东西,会受到众人的鄙视。喜欢向日葵商标图案。

(五) 东欧一些国家的礼俗与禁忌

(1) 波兰盛行吻手礼,他们认为吻手象征着高贵,连街头执勤的女警,也要求人们行吻手礼;喜欢谈论和赞美他们的国家和文化,也乐于谈及个人家庭生活;一切有战略意义的地点和建筑都严禁拍照;洗手间的表示方式极为独特:"△"符号表示男厕;"O"表示女厕,这点应注意。

(2) 在匈牙利、罗马尼亚、保加利亚等国家,每年6~8月是商人的度假月。在此期间商事活动不宜往访,还有圣诞节及复活节前后两周也不宜往访。多数东欧人家中都铺有地毯,客人进门时最好脱鞋,以示对主人生活习惯的尊重。

匈牙利人习惯以白色代表喜事,黑色表示庄重或丧事。罗马尼亚人忌穿堂风,认为穿堂风有损健康,他们不允许两人对着的窗子同时打开。保加利亚人和阿尔巴尼亚人习惯"点头不算摇头算"。保加利亚人喜欢玫瑰花,不喜欢鲜艳明丽的色彩。

阿尔巴尼亚大多数人信仰伊斯兰教,在南斯拉夫也有为数众多的穆斯林,他们遵循伊斯兰教教义。在阿尔巴尼亚的某些乡村,男女有别较为严格,有些地方还设有不许女人进入的"男人堂"。

(六) 欧洲其他国家的礼俗与禁忌

(1) 奥地利人热情好客,和蔼可亲,民族自尊心强。与之进行商务交往时,切忌将其误认为德国人,也不要搞错企业家的头衔,否则,会因此而导致不良后果。奥地利是一个传统的旅游国家,但若前去奥地利从事商务活动,最好安排在每年的2~4月或9~1月之间。

(2) 荷兰人日常生活中必不可少的饮料是牛奶,但为客人倒牛奶时,讲究倒到杯子的2/3处,否则会被认为是一种失礼或缺乏教养的行为。荷兰人爱谈政治和体育等方面的话题,对中国的孔孟之道也乐于谈及,更喜欢别人对其家庭布置的夸奖,但忌讳谈及个人私生活等话题。荷兰是个花的王国,郁金香是荷兰的象征。荷兰人是理财的好手,收入虽不少,但乱花钱被看作是一种浪费而为人们所轻视。荷兰人注重工作效率,喜欢安静而平和的生活。在荷兰,人们大多习惯吃生、冷食品,送礼忌送食品,且礼物要用纸制品包好。到荷兰人的家里做客,切勿对女主人过于殷勤。在男女同上楼梯时,其礼节恰好与大多数国家的习俗相反:男士在前,女士在后。

(3) 挪威人友善而好客。若受邀到当地人家做客,切记给女主人带上一束鲜花或是巧克力作为礼物;在挪威严禁酒后开车,否则将受到极重的处罚;每年的7月、8月和9月初为挪威人享受阳光的季节,在此期间最好不要找他们办公事,否则将会被视为不考虑他人的自私行为。

(4) 瑞典人享受着"从摇篮到坟墓"的各种社会保障,文化素养也高。人们见面很少有人接吻,即使恋人也不表现得过分亲昵;同人见面,以握手为礼。瑞典是个半禁酒的国家,即使在家中饮酒,也要持"购酒许可证"到指定的地点购买,还要交一笔可观的税。瑞典人爱吃生、冷食品,喜欢清鲜,不爱油腻,对中国的粤菜很感兴趣。在瑞典忌讳送酒,禁忌蓝、黄、白色的组合。

(5) 在丹麦,敬酒有很严格的礼节和顺序。如主人"请"字未出口,任何人不能动杯。其他人要待主人、年长者、位尊者饮酒之后,才能饮酒。

(6) 瑞士人有极强的环保意识,尤其爱鸟。在瑞士不仅没有噪音,连人们说话也是轻声细语。瑞士人作风保守、严谨,办事讲究实际,时间观念极强。从事商务活动宜穿三件套式西装。拜访公私机构均应预约。公事信函应寄单位收,而不要寄某主管或职员,以免误事。瑞士商人特别愿与"老字号"进行交易。历史悠久的老公司若在名片、信封上印上本公司的创建日期,这样往往会收到意想不到的效果。在瑞士,猫头鹰是死亡的象征,忌做商标,也忌用黑色,喜欢几何图形。

(7) 比利时商人理性、稳健、诚实、工作努力。他们不像有的国家在休息时间不谈公事,相反,一些上层办事人员,在需要时,即使正逢周末或休假,也会赶回办理公事。比利时商人讲究职业道德,很少做使人上当受骗的事。比利时商人特别注意外表和地位,与之交往时,容易因所住饭店级别不高、穿着不雅或是身份地位不高而受到轻视。与比利时商人交易时,要直接与同级负责人会谈,事先请他们指明会见日期,并且要保证会见双方的身份、地位相当,否则很难获得见面的机会。

(8) 西班牙人性格直率,易发火,但争吵后不计前嫌,往往一通争吵后又满面笑容。西班牙人喜欢狮子、石榴,忌山水、亭台楼阁商标图案。在西班牙,忌送认为与死亡有关的菊花。

(9) 葡萄牙人非常重视和喜爱葡萄酒,且在饮酒时对酒的温度、酒标形状、开瓶及斟酒等方面均有不少的讲究。

三、美洲一些国家的商务礼俗与禁忌

(一) 美国与加拿大的礼俗禁忌

1. 美国

美国人崇尚进取和个人奋斗,不大注意穿着。通常相见时,只点头微笑,打声招呼,而不一定握手。一般也不爱用先生、太太、小姐、女士之类的称呼,而认为对关系较深的人直呼其名是一种亲切友好的表示,从不以行政职务去称呼别人。在美国等西方国家乃至世界上许多国家,都有付小费的习惯,在美国付小费被认为是对服务人员提供服务的尊重和酬劳。付小费的方式可根据当地习惯灵活运用,例如,不必找零钱,或将小费置于茶盘、酒杯下面,或塞在服务人员手中。有些旅馆、饭店账单上列有10%~15%的服务费,可不付小费。但其他服务,如帮助叫出租车、开车门、取存衣帽、代搬行李以及对旅馆看门人员、服务员,还得付不低于1美元的小费,但对政府公务员、客机上的机组人员等,是不付小费的。美国人在进行商务谈判时,喜欢开门见山,答复明确,不爱转弯抹角;在谈判中谈锋甚健,不断地发表自己的见解和看法;商务谈判前准备充分,且其参与者各司其职,分工明确;一旦认为条件适合即迅速作出是否合作的决定,通常在很短的时间内就可以做成一大笔生意。

在和美国人开展商务谈判时,应特别注意以下几个方面的问题:

第一,和美国人做生意大可放手讨价还价,但在磋商中要注意策略,立足事实,不辱对方。若不同意美商的某些论点,可用美国人自己的逻辑进行驳斥,往往能收到很好的效果。美国人十分欣赏那些富于进取精神、善于施展策略、精于讨价还价而获取经济利益的人,尤其爱在"棋逢对手"的情况下和对方开展谈判和交易。自卑的人在美国社会受到普遍的轻视。

第二,美国商人法律意识很强,在商务谈判中十分注重合同的推敲,"法庭

上见"是美国人的家常便饭。

第三,绝对不要对对方的某一个人进行指名批评。把以前在谈判中出现过的摩擦作为话题,或是把处于竞争关系的公司的缺点指出来进行贬低,都是违反美国人经商原则的。

第四,注意商品的包装与装潢。包装与装潢新奇的商品往往能激起他们的购买欲与销售欲。

第五,忌各种珍贵动物头形的商标图案。

2. 加拿大

加拿大是和美国相邻的一个大国,但在礼俗上与美国人存在区别。与加拿大人进行商务交往,应注意:

第一,赴约时要求准时,切忌失约。

第二,日常生活中忌白色的百合花,白色的百合花只在开追悼会时才使用。喜欢枫叶,国旗上就印有五个叶瓣的枫叶,有"枫叶之国"之称。

第三,切勿将加拿大与美国相比较,这是加拿大人的一大忌讳。

第四,销往加拿大的商品,必须有英法文对照,否则禁止进口。

第五,当听到加拿大人自己把加拿大分为讲英语和讲法语的两部分人时,切勿发表意见。因为这是加拿大国内民族关系的一个敏感问题。

(二) 巴西与阿根廷的礼俗与禁忌

1. 巴西

巴西是南美面积最大、人口最多的国家,也是世界上种族融合最广泛的国家之一。巴西人95%左右信奉天主教或基督教。巴西人感情外露,人们在大街上相见也热烈拥抱。无论男女,见面和分别都以握手为礼。妇女们相见时脸贴脸,虽然唇不触脸,但双方都用嘴发出接吻时的声音。巴西人忌讳棕色和黄色。他们以棕色为凶色,认为深咖啡色或暗茶色会招致不幸;认为人死好比黄叶落下,紫色配黄色为患病之兆。巴西的男人爱开玩笑,但忌以当地的民族问题作笑料。在巴西,因人种复杂,与人交往时,切勿轻易探问对方的种族。巴西人忌用"OK"手势,因为他们认为这是一种不文明的表示。

2. 阿根廷

阿根廷是南美最富有的国家之一,有"世界粮仓"之誉。阿根廷人惯于保持体面,重视礼节,并常以衣帽取人,因而人们平时都很注重仪表,穿西服、系领带,保持一副绅士派头,但灰色西服不受欢迎,它给人一种阴郁之感。阿根廷人相见,其礼仪与巴西相类似,但商界流行的是握手礼。阿根廷人忌讳以贴身用品为礼物送人;忌讳谈有争议的宗教政治问题;严禁男子留胡须,对满脸胡须者甚至还追究法律责任。

(三) 其他南美国家的礼俗禁忌

(1) 在哥伦比亚,男人进屋或离开时,须与在场的每一个人握手,以示礼貌;女人也以与在场的每一位女性握手为礼。哥伦比亚人喜爱红、蓝、黄色,禁忌浅色。

(2) 委内瑞拉人时间观念强,特别讲究办事效率。讨论问题直截了当,讨厌别人拖泥带水。委内瑞拉人分别以"红、绿、茶、黑、白"五种颜色代表五大政党,故此五色不宜用在包装纸上。委内瑞拉人忌讳孔雀,凡与孔雀有关的东西和图案都被视为不祥之物。

(3) 到智利人家中做客,切忌随便闯入,必须站在门外等待主人邀请方能进门。谈话时,主人的家庭和孩子是较好的话题,切忌议论与当地宗教和政治有关的问题。

(4) 在玻利维亚人家中做客吃饭,若饭后饭盘内还留有剩余食物,是对主人的失礼。谈话时要避免涉及宗教和政治。

(5) 圭亚那人十分尊重产妇,但在生育方面却有一个十分奇特的习俗:妻子怀孕在身,丈夫必须忌言;接近预产期,丈夫必须忌食;妻子临产,丈夫必须装模作样地大声呻吟;孩子一生下来,丈夫则要立即钻入吊床,抱起孩子当"产翁",并接受亲友的祝贺。

(6) 乌拉圭是一个遍地是牛羊的国度,也是世界著名避暑胜地。在那里,青色多因被认为代表黑暗而受禁忌。在其科烈达镇,戴帽子是未婚女子的一个标志。

四、非洲部分国家的特殊礼俗与禁忌

(一) 非洲伊斯兰教国家的特殊礼俗与禁忌

在地中海和红海沿岸的埃及、利比亚、摩洛哥等国也信奉伊斯兰教。它们除遵奉伊斯兰教教义外,还有着一些特殊的礼俗及禁忌。

(1) 埃及人喜欢绿色和白色,并习惯于用其表示快乐;讨厌黑色和蓝色,以其表示不幸。喜欢金字塔形莲花图案,"针"为其特有的忌讳物与忌讳话,农村妇女通常用该语进行对骂。在埃及人面前,不能把两手的食指碰在一起,他们认为这个手势不雅。

(2) 利比亚的图阿雷格是世界上独一无二的男子戴面纱的民族,且规定只有自由民才能戴,奴隶无资格戴。这里禁酒的法律极为严厉。

(3) 到摩洛哥人家中做客必须主动脱鞋;摩洛哥人认为3、5、7、40是积极的

数字;喜欢绿、红、黑色,忌白色;忌六角星和猫头鹰图案。

(4) 在马里,人们相见时,习惯将一只手放在胸前,一边走一边不停地向对方问候,直至背道走过很远,彼此听不见对话为止。马里的黑人崇尚黑色,以黑为美的象征,其女士们通过染色使自己更黑更美。

(5) 尼日利亚东部的伊特人忌讳苗条女子,认为只有胖的女人才能成为贤惠的妻子。

(6) 苏丹人特别喜欢牛。除祭祖、祭神外,一般忌讳杀牛。

(二) 非洲其他国家的特殊礼俗与禁忌

1. 埃塞俄比亚

埃塞俄比亚居民有35%信奉基督教,其最大的特点是时间的划分不同于世界上任何国家。他们把太阳升起的时间作为一天计时的开始,这样格林尼治时间上午6点就成为他们的白天零点,而格林尼治时间下午6点则是他们的"白天12点"的结束和"夜间12点"的开始。他们把一年分为13个月,前12个月都是30天,而第13个月,则只有5至6天。在埃塞俄比亚,一切住宅和公共场所,都没有门牌号码。

2. 中非共和国

中非共和国信奉拜物教和图腾,每个家庭所崇拜的某种动物为神和力量、勇气的象征,不能捕杀,更不能食用。男女不能围在一桌进食。即使儿子和母亲、女儿与父亲也不例外。若不是同姓的异性,还需分在两个不同房间进食,即使女婿和岳母,公公和儿媳妇也是如此。

3. 加纳

在加纳,酋长有着至高的地位,外来人每到一处,都应拜会当地的酋长。加纳人把凳子看作是最神圣的财产加以崇拜,凳子既是他们的日用品又是馈赠品。加纳人对色彩极为讲究,不同的颜色对他们有着不同的含义。

4. 肯尼亚

肯尼亚人性情温和,容易交朋友,但部族意识极为强烈,还认为任何以7结尾的数字均不吉利。

5. 赞比亚

赞比亚是世界"铜都",除旅游观光地区外,不能随意拍照。否则,不仅相机和胶卷会被没收,还可能被抓进拘留所和警察局,甚至可能招来自动步枪的射击。

五、阿拉伯及伊斯兰教国家的商务礼俗与禁忌

（一）伊斯兰教及其主要礼俗与禁忌

伊斯兰教的教规很多，教徒必须履行的宗教职责主要是五善功力，即念功、拜功、课功、斋功、朝功。其中，对商务活动影响最大的是拜功。

1. 饮食习俗与禁忌

第一，《古兰经》中明确规定：凡猪、动物的血与内脏为禁忌食物；虎、豹、蛇、鹰、马、骡、驴、狗等禽兽肉也为禁忌食物，其他可食动物，若非由阿訇"安排"而宰杀的也不可食用。有些阿拉伯地区，还忌食脚上有蹼的禽类或无鳞鱼，伊拉克南部的什叶教派，还忌吃兔肉。

第二，伊斯兰教国家一般都有禁酒的规定。唯独伊拉克有所例外，但在斋月期间必须用白布把酒瓶盖起来。

第三，抓饭为其传统进食方式，但要注意不能用左手进食，因为他们认为左手是不洁的。

2. 语言及行为的习俗与禁忌

在阿拉伯国家，一般见不到女主人，谈及或问候女主人，都是失礼的。在一些国家，甚至连主人家中的孩子也不能提及。若见到了阿拉伯人的妻子，虽然可打招呼，但切勿与之握手。和阿拉伯人坐在一起，忌用脚对着主人，更不要把腿架起来。若露出鞋底，是对主人极大的不敬。同阿拉伯人谈话应避免谈政治和宗教，也不要谈及猪、狗及其他为他们所禁忌的东西。在阿拉伯国家，男人之间手牵着手走路是相互友好和尊重的表示，这正好和西方国家相反。

3. 节日及工作时间的习俗与禁忌

在伊斯兰教国家，通用的是伊斯兰历而非公历。伊斯兰历9月为阿拉伯人的斋月。在斋月，穆斯林白天禁食，午后不办公。每周星期六到下星期四，为办公日，星期五则为休息和祈祷日。伊斯兰教教义规定，穆斯林每天应做5次祈祷，当祷告时，正在进行的一切工作暂停，甚至正在驾车行驶者也要停车做祷告。当其祷告时，客人只能耐心等待，切不可打断其祷告，或表示出不耐烦。开斋节和宰牲节为伊斯兰教的两大节日，和阿拉伯人谈公事前，最好请他们喝一杯浓咖啡或薄荷茶。

4. 穿戴及送礼的习俗与禁忌

在伊斯兰教国家，穿戴不得体会受到当地人的指责。他们忌穿短裤、无袖衬衫及露膝短裙。即使在游泳池，也绝不准穿"三点式"泳衣。给阿拉伯人送礼极有讲究。若为初次相见，切勿送礼，否则难脱行贿之嫌。送给阿拉伯人的物

品,价值不能低,不能送带有动物形象的物品,更不能送女人的图像等。不能给阿拉伯人的妻子送礼,但给孩子送礼特别受到欢迎。除非是私人朋友之间,送礼最好在有第三者在场时进行,不要私下送礼。

(二) 阿拉伯人的商务习俗

在阿拉伯人的社会里,宗教和等级制度根深蒂固。宗教控制和影响着国家的经济政治和日常生活。忽视了宗教就不能从事商务活动,不尊重对方的教义和习俗,他们是不可能和你做生意的。同宗同族的人在做生意时占有天然的优势。

阿拉伯人重感情,讲信誉,要争取他们的好感和信任,与之建立起朋友关系,是和他们进行商务往来的基础。在阿拉伯国家,不可能一次见面或是一次电话就可做成一笔生意。如想向他们推销商品,前两次见面时最好不要提及,第三次才可稍微提一下,再访问两次后,方可进入商谈。讨价还价是阿拉伯人做生意时的一个重要习惯,他们认为在买东西时与对方讨价还价是对对方的尊重。有意思的是,不讨价还价即将东西买走的人,还不如讨价还价后却什么东西也不买的人受到店主的尊重。

在与阿拉伯人进行商务交往中,"IBM"是一种经常出现的语言。这里的"IBM"是阿拉伯商业圈中三个词语的字头。"I"表示"因夏拉"(神的意志);"B"代表"波库拉"(明天再谈);"M"为"马列修"(不要介意)。阿拉伯商人常用"IBM"以保护自己和抵挡对手。比如说,双方已在商谈中订好了合同,而后来情况有了变化,若想单方面取消合同,他可名正言顺地说这是"神的意志"。若在商谈中刚好谈出一点名堂,自己已取得较为有利的地位,对方却常常耸耸肩,来上一句"明天再谈吧";而当明天再谈时,对你有利的形势已不复存在,一切都要从头开始。或许你对他们的上述行为或商业上的其他不愉快而感到不满,他却拍拍你的肩膀说:"不要介意,不要介意",让你哭笑不得,不知如何是好。与阿拉伯人进行商务合作,一般都必须通过代理商。如果没有合适的中间商,其商务合作很难进展顺利。

(三) 一些伊斯兰教国家的特殊礼俗与禁忌

由于阿拉伯人分布广泛,所以各国之间礼俗上也存在一些差别。

沙特阿拉伯是最为严格的伊斯兰教国家,那里的人也特别讲究礼仪。他们见面时首先要互致问候和祝贺:"撒拉姆,阿拉库姆"(你好),"伊夫凯,拉克"(身体好)。沙特人非常大方,你若对他身上的某物表现出好感,他往往会马上送给你,你若不接受,反而会得罪他。他们爱以咖啡和茶待客,迎送客人喜欢用薰香和喷洒香水这种传统的待客礼节。在沙特阿拉伯,抽烟、喝酒、唱歌、跳舞都被认为是一个穆斯林堕落的表现。禁演电影,但可在家看录像。在沙特,黄色象征着神圣和尊贵,只有王室才能使用,对平民是忌用的。有意思的是,沙特的甸蛮人忌讳笑,晚辈见了长辈,笑为不敬不孝的举动。

在科威特、巴林等海湾国家的阿拉伯人家中做客,最好保持好的食欲,因为吃得越多,主人越高兴。

伊拉克人忌讳蓝色,认为蓝色是魔鬼的象征,他们除不吃猪肉以外,还不吃辣椒和蒜。

伊朗人称好时不伸大拇指,禁忌外人评论婴儿的眼睛。

阿拉伯各国都禁用六角星做图案。

案例分析

案例一

一位颇有身份的西欧女士到华访问,下榻北京一家豪华大酒店。酒店以贵宾的规格隆重接待:总经理在酒店门口亲自迎接,从大堂入口处到电梯走廊,都有漂亮的服务员夹道欢迎、问候,贵宾入住的豪华套房里摆放着鲜花、水果等,西欧女士十分满意。陪同入房的总经理见女士兴致很高,为了表达酒店对她的心意,主动提出送一件中国旗袍,她欣然同意,并随即让酒店裁缝给她量了尺寸。总经理很高兴能送给尊敬的女士这样一件有意义的礼品。

几天后,总经理将赶制好的鲜艳、漂亮的丝绸旗袍送来时,不料这位洋女士却面露愠色,勉强收下,后来离店时却把这件珍贵的旗袍当作垃圾扔在酒店客房的角落里。总经理大惑不解,经多方打听好不容易才了解到,原来这位洋女士在酒店餐厅里看到女服务员都穿旗袍,误以为那是女侍者特定的服装款式,主人赠送旗袍,是对自己的不尊敬,故生怒气,将旗袍丢弃一边。总经理听说后啼笑皆非,为自己当初想出这么一个"高明"的点子而懊悔不已。

分析:
1. 这位总经理的错误是什么?
2. 除在课文中讲授的西方服务禁忌外,你还了解哪些西方服务禁忌?

本章小结

"礼"是上层建筑的一部分,它的发展以物质生产和社会发展为基础。自从有了阶级和国家,"礼"的发展也达到了一个新的阶段。人们相互交往要讲究礼节,注意礼貌,遵循一定的礼仪规范行事,进行国际交往时更是如此。一个国家的领导人、公职人员、涉外工作人员以及出境旅游者在涉外场合的行为举止,不仅仅是一种私人行为,更会产生一定的对外影响。一个公司、企业、社会团体的代表在涉外场合的言谈举止,不仅关系到本公司、本社团的形象,影响到买卖交易的成败,有时甚至影响到国家的荣誉。

本章主要从国际礼仪的基本准则、特点、原则、标准以及各国商务礼俗和禁忌等方面来展开的,希望通过本章的学习,大家能对各国的商务礼俗和禁忌有一个大致的了解,在以后进行涉外交流时,有一个良好的关于商务礼仪的行为意识,从而维护我们个人、单位甚至是国家的对外形象。

模拟实训

实训宗旨

涉外礼仪趣味表演,涉外礼仪知识掌握,技能培养,寓教于乐。

实训口号

入乡随俗,求同存异。

实训方式

2课时。

实训组织

1. 参考涉外礼仪知识,创设外交情景,包括基本习俗、禁忌、文化、礼仪个性和风格;

2. 以宿舍为单位,涉外礼仪趣味表演,不能重复;

3. 要求服饰与国家相符;

4. 要求自导自演;

5. 挑错。

实训要求

不能同寝室的互相猜,猜对的与挑出错误的都有奖励。

思考

1. 现代国际礼仪的基本准则是什么?

2. 外交礼遇的三条原则和四条标准是什么?

3. 欧洲国家和地区的习俗礼仪有哪些特点?

4. 美国的商务习俗礼仪有哪些特点?

参 考 文 献

1. 朱光潜:《西方美学史》,江苏文艺出版社 2008 年版。
2. 叶朗:《中国美学史大纲》,上海人民出版社 1985 年版。
2. 叶朗:《美学原理》,北京大学出版社 2009 年版。
3. 陈望衡:《美与当代生活》,武汉大学出版社 2005 年版。
4. 李雷:《日常审美时代》,社会科学文献出版社 2014 年版。
5. 朱立元:《现代西方美学二十讲》,武汉大学出版社 2006 年版。
6. 于民:《中国美学思想史》,复旦大学出版社 2010 年版。
7. 易中天:《破门而入——美学的问题与历史》,复旦大学出版社 2006 年版。
8. 李泽厚:《美学三书》,天津社会科学院出版社 2007 年版。
9. 冯达甫译注:《老子》,上海古籍出版社 1991 年版。
10. 李泽厚:《实用理性与乐感文化》,三联书店 2008 年版。
11. 金知明注译:《论语精读》,学林出版社 2007 年版。
12. 朱熹集注:《陈戍国标点》,岳麓书社 2004 年版。
13. 李渔:《单锦珩校·闲情偶寄》,浙江古籍出版社 1985 年版。
14. 〔美〕佩吉·波斯特:《礼仪圣经》,李明媚译,群言出版社 2008 年版。
15. 〔美〕艾米莉·博斯特:《礼仪》,会梁译,陕西师范大学出版社 2009 年版。
16. 〔美〕杰奎琳·惠特摩尔:《商务礼仪》,姜岩译,中央编译出版社 2010 年版。
17. 〔德〕爱德华·傅克斯:《欧洲风化史》,王楠、柳青译,陕西人民出版社 2014 年版。
20. 金正昆:《礼仪金说:商务礼仪》,北京联合出版公司 2013 年版。
21. 杨路:《高端商务礼仪:56 个细节决定商务成败》,北京联合出版公司 2013 年版。
22. 周朝霞:《商务礼仪》,中国人民大学出版社 2014 年版。
23. 曹艺:《商务礼仪》,清华大学出版社 2013 年版。
24. 陈荣锋、邱胜男:《商务礼仪》,旅游教育出版社 2009 年版。
25. 许爱玉:《现代商务礼仪》,浙江大学出版社 2005 年版。
26. 彭澎:《礼仪与文化》,清华大学出版社 2007 年版。
27. 高福进:《西方人的习俗礼仪及文化》,上海辞书出版社 2003 年版。
28. 王烨:《中国古代礼仪》,中国商业出版社 2015 年版。
29. 彭林:《彭林说礼》,电子工业出版社 2011 年版。
30. 顾希佳:《礼仪与中国文化》,人民出版社 2001 年版。